TURKISH

Basic Course
Volume 1, Units 1-30

Lloyd B. Swift, Selman Ağrali

An Audio-Cassette Course Specially created to accompany this book are 12 audio cassettes. They are available from the publisher.

FOREIGN SERVICE INSTITUTE
DEPARTMENT OF STATE

auDiO·FORum

A Division of Jeffrey Norton Publishers, Inc.
Madison, CT 06443

Turkish Basic Course Vol. 1

ISBN 0-88432-049-9 text and cassettes
ISBN o-88432-734-5 text only

This printing was produced by Audio-Forum,
a division of Jeffrey Norton Publishers, Inc.,
One Orchard Park Road
Madison, CT 06443 USA.

Printed in the United States of America

from the PREFACE

Turkish Basic Course, Units 1-30, may be described as an introduction to spoken Turkish in that it includes the major patterns of simple sentences and a vocabulary of about 475 high-frequency items. It is the first of a projected three-volume series. The subsequent volumes will complete the basic conversation course in approximately 60 units and will present graded reading selections as well as advanced exposition and conversation exercises.

This text, the successor of a number of drafter versions prepared for Foreign Service Institute programs, is ... the syllabus for about 240 hours of classroom instruction as used by the Foreign Service Institute. The principal author, Lloyd B. Swift, and his collaborator, Selman Agrali, have profited from work on earlier versions by present and former members of the FSI language staff whose names are cited in Mr. Swift's foreword.

Support for the typing, tape recording and publication of the text was provided by the Office of Education, Department of Health, Education and Welfare, under the provisions of the National Defense Education Act.

The tapes to accompany this text were recorded in the studios of the Foreign Service Institute under the technical direction of Gary Alley.

James R. Frith, Dean
School of Language Studies
Foreign Service Institute

AUTHOR'S FOREWORD

<u>Turkish Basic Course</u>, <u>Units 1-30</u> is based in varying degrees upon a number of draft versions of FSI's Turkish language training materials. Since some of these versions received fairly wide circulation beyond FSI and were duplicated for a variety of programs both within the government and outside, some detailed tracing of the development of the present text is required both to give credit to those whose work is built upon and to acquaint the potential user with the relation between the current text and those of its precursors which he may have seen before.

Units 1-15 of the present work incorporate some of the dialog and drill materials of the 1959 <u>Turkish Basic Course</u>, <u>Units 1-5</u> by Carleton T. Hodge and Mualla (Agralı) Peck, which was distributed for some time in multilith form by the Center for Applied Linguistics. That text was extensively revised with new notes by the undersigned and drills by Mrs. Peck and was printed in 1961 as <u>FSI Turkish Basic Course</u>, <u>Units 1-5</u>. This book was never published for general distribution but was reprinted for various government training programs. Single copies made available to universities may have formed the basis for wider use. For the present edition, these units were renumbered, rearranged and extensive revisions and additions made to the dialogs, notes and drills.

Units 16-28 incorporate certain dialog materials going back more than a decade to a course prepared at FSI by Mualla Atlamaz and Ismet Başay under the direction of Naomi Pekmezian. Extensively revised and with new notes and drills by the undersigned and Mrs. Peck, these materials formed the basis for Units 6-10 as used at FSI and reproduced in the volume <u>Turkish Basic Course</u>, <u>Units 6-15</u> by Princeton University for the Inter-University Summer Program in Middle Eastern Languages in 1962. Further revised and with additional drills by Perran Soleau these materials appeared as <u>FSI Turkish Basic Course</u>, <u>Units 6-10</u> in a printed version in 1963. This book, again, was not published for general sale but did receive considerable circulation and use in and out of government. For the present edition Units 6-10 have undergone renumbering, rearrangement, revision and supplementation of dialogs, notes and drills.

Units 29 and 30 incorporate some material from Unit 11 of the earlier versions of FSI Turkish materials, together with considerable new material.

The writers of the present text are clearly indebted to those whose names are mentioned above. However, the book as it appears is solely the responsibility of Selman Agralı, Turkish Instructor and the undersigned.

Lloyd B. Swift

Coordinator of Program Development

School of Language Studies

TABLE OF CONTENTS

Introduction:

    Introduction for the Student.   XVII

    Introduction for the Teacher.   XXIII

Unit 1

    1.0   Dialog: Good Morning   1

    1.1   Note: Special Symbols   2

Unit 2

    2.0   Dialog: Good Evening   4

    2.1   Note: Pronunciation   5

        a. The Alphabet and phonemic system.   5

        b. General Hints on the Pronunciation: Vowels   6

    2.2   Pronunciation Drills on Vowels   8

Unit 3

    3.0   Dialog: Goodbye, Goodnight   11

    3.1   Note: /r/   12

    3.2   Pronunciation Drills on /r/   12

    3.3   Note: /l ḷ/   13

    3.4   Pronunciation Drills on /l ḷ/   13

Unit 4

    4.0   Basic Sentences: Classroom Expressions   16

    4.1   Note: Syllabification   18

Unit 5

    5.0   Dialog: Where's the Hotel?   20

    5.1   Variation Drills on Basic Sentences   22

5.2 Note: Consonants   24

   a) /k k̰ g g̰/   24

   b) /t d n/   24

   c) /p t k k̰ ç/   24

5.3 Pronunciation Drills on Consonants   24

Unit 6

6.0 Dialog: 'Is there a Restaurant?'   30

6.1 Variation Drills on Basic Sentences   31

6.2 Note: Basic Turkish Structure   32

6.3 Grammar Drills on Basic Turkish Structure   34

6.4 Note: /vár/   34

6.5 Grammar Drills on /vár/   35

6.6 Numbers Above Ten   36

Unit 7

7.0 Basic Sentences: Classroom Expressions   37

7.1 Note: Plural Suffix /lér/, /-lár/ Pour Vowel Harmony   38

7.2 Note: /bir/ and the word-order of 'modification'   40

Unit 8

8.0 Dialog: 'Where is there a Gas Station?'   41

8.1 Variation Drills on Basic Sentences   43

8.2 Note: High Vowel Harmony   44

8.3 Note: The Two Kinds of Vowel Harmony Compared   45

8.4 Note: The Infinitive Suffix {-mák}   47

8.5 Note: Word Stress in Turkish   47

8.6 Pronunciation Drill on Word Stress   48

Unit 9

9.0 Dialog: 'At the Gas Station'   51

9.1 Variation Drill on a Basic Sentence   52

9.2 Note: 'I [am]', 'you [are]' etc. suffixes to the predicate: 53

    $\{-(y)\imath m\}$, $\{-s\imath n\acute{\imath}z\}$, $\{-(y)\imath z\}$

9.3 Note: Interrogative suffix $\{-m\imath\}$ 54

9.4 Grammar, Drills on Personal 'Additional Information' Predicate   55

    Suffixes

9.5 Grammar Drills on the Interrogative Suffix $\{-m\imath\}$ 60

Unit 10

10.0 Basic Sentences: Classroom Expressions   62

10.1 Variation Drill on a Basic Sentence   64

10.2 Note: Imperative   64

10.3 Grammar Drill on Imperatives   66

10.4 Note: $\{-ma\}$ Negative Verbal Extension   66

10.5 Drill: Negative Imperatives   68

10.6 Note: Paticiples: Suffix $\{-\acute{\imath}yor\}$ 68

10.7 Grammar Drills on the Participle in $\{-\acute{\imath}yor\}$ 71

10.8 Review Drill on /bir/   75

10.9 Narrative Drill   75

Unit 11

11.0 Dialog: 'Can You Help Me?'   76

11.1 Note: ğ   78

11.2 Pronunciation Drills on ğ   79

11.3 Note: Participles, Suffix $\{-(\acute{a},\acute{\imath})r\}$ 80

11.4 Grammar Drills on $\{-(\acute{a},\acute{\imath})r\}$ 83

Unit 12

12.0 Dialog: 'Getting the Cab'   87

12.1 Variation Drills on Basic Sentences   88

12.2 Note: $\{-da\}$ 'also'   89

12.3   Grammar Drills on {-da}   90

12.4   Note: Noun 'Relational' Suffix {-dá}   90

12.5   Grammar Drill on {-dá}   91

12.6   Note: Noun Relational Suffix {-(y)á}   91

12.7   Grammar Drill on {-(y)á}   92

12.8   Note: Noun Relation Suffix {-dán}   93

12.9   Grammar Drill on {-dán}   94

12.10 Note: {-ra-}   95

12.11 Grammar Drill on {-ra-}   95

12.12 Note: The Negative Participle with Suffix {-má(z)}   96

12.13 Grammar Drills on {-má(z)}   97

12.14 Narrative Drill   103

Unit 13

13.0   Dialog: 'The Cab Ride'   104

13.1   Variation Drills on Basic Sentences   106

13.2   Note: Pronunciation of /h/   107

13.3   Drills on /h/   108

13.4   Note: Possessive Suffixes   109

       a) Possessed Suffixes   109

13.5   Drill on Possessed Suffixes   112

13.6   Note: 'Possessor' Suffixes   114

13.7   Grammar Drill on Possessor Suffix   116

13.8   Drills on Possessive Constructions   116

13.9   Correlation Drills on Possessive Forms   120

Unit 14

14.0   Dialog: 'At the Consulate'   121

14.1   Variation Drill on a Basic Sentence   122

14.2   Turkish Equivalent of 'Have', /var/ and /yok/   123

14.3 Variation Drills on a Basic Sentence with /var/ and /yok/   124

14.4 An Alternative Way of Expressing "I have" etc.   125

14.5 Grammar Drills on Personal Referents with {-dá}   125

14.6 Note: {-dán} + /memnun/   125

14.7 Grammar Drill on {-dán} + /memnun/   126

Unit 15

15.0 Basic Sentences: 'Classroom Expressions'   127

15.1 Note: Past Suffix {-dí}   128

15.2 Grammar Drills on Past Suffix   132

15.3 Note: Position of {-mı} Relative to Personal Suffixes after {-dí}   137

15.4 Grammar Drills on Past (continued)   137

15.5 Note: {-(y)dı} Past Enclitic   141

15.6 Grammar Drills on {-(y)dı}   144

15.7 Grammar Drills on Participles + {-(y)dı}   148

15.8 Grammar Drills on {-(á, í)r} + {-(y)dı} and {-má(z)} + {-(y)dı}   152

15.9 Note: Possessive Compounds   156

15.10 Grammar Drill on Possessive Compounds   156

15.11 Note: Specific Direct Object Relational Suffix {-(y)í}   157

15.12 Grammar Drills on Specific Direct Object with {-(y)í}   159

15.13 Grammar Drills on Possessed Suffixes Plus {-(y)í}   160

15.14 Grammar Drills on Pronouns as Direct Object   161

Unit 16

16.0 Dialog: 'Greetings'   163

16.1 Vocabulary Drills   164

16.2 Questions on the Dialog and Related Questions   166

16.3 Note: Participle with Suffix {-(y)ácák}   167

16.4 Grammar Drills on Participle with {-(y)ácák}   170

16.5 Mixed Grammar Drills on Participles   173

16.6 Grammar Drills on {-(y)ácák} + {(y)dı}   175

Unit 17

17.0 Dialog: 'You Must Be Tired'   181

17.1 Vocabulary Drills   182

17.2 Questions on the Dialog and Related Questions   184

17.3 Note: {-(y)la} , /ile/ enclitic: 184

17.4 Grammar Drills on {-(y)la} /ile/   186

17.5 Note: Pronoun Forms Preceding {-(y)la} /ile/   188

17.6 Grammar Drill on {-(y)la} with Pronouns   188

17.7 Grammar Drill on {-(y)la} as 'with' (of instrument)   188

Unit 18

18.0 Dialog 'Meet My Friend'   189

18.1 Vocabulary Drills   191

18.2 Questions on the Dialog and Related Questions   193

18.3 Note: Suffix {-lí}   193

18.4. Note: Suffix {-síz}   193

18.5 Grammar Drills on {-lí}   194

18.6 Drills on {-lí} and {-síz} Contrasted   195

18.7 Additional Examples with {-síz}   197

18.8 Various Expressions with {-lí} and {-síz}   197

18.9 Narrative   197

Unit 19

19.0 Dialog 'Nejat's Father is Ill'   198

19.1 Vocabulary Drills   200

19.2 Note: The 'Presumptive' Enclitic {-(y)mış}   202

19.3 Note: Participle with Suffix {-míş}   203

19.4 Questions on the Dialog and Related Questions for Discussion   205

19.5 Grammar Drills on {-míş} 'Reported Past' without Personal   206

      Suffix .

19.6 Grammar Drills on {-(y)mış}   207

19.7 Drill on {-míş} + {-(y)dı}   212

19.8 Review Drill on {-(á,í)r} + {-mı} + {-sıníz}   212

Unit 20

20.0 Dialog: 'Let's Send Our Best Wishes'   213

21.1 Vocabulary Drills   214

20.2 Questions on the Dialog and Related Questions   219

20.3 Note: Suffix {-dır}   219

20.4 Grammar Drills on {-dır} Following Certain Expressions of   221

      Probability .

20.5 Narrative   224

Unit 21

21.0 Dialog: 'At the Station'   225

21.1 Vocabulary Drills   226

21.2 Questions for Discussion   227

21.3 Note: Verbal Noun with Suffix {-(y)ácák}   227

21.4 Grammar Drills on the Verbal Noun with Suffix {-(y)ácák}   228

21.5 Note: The Infinitive with Relational Suffix {-(y)á}   236

21.6 Grammar Drills on the Infinitive Verbal Noun with Suffix {-(y)á}   236

21.7 Note: The Infinitive Verbal Noun plus _istemek_   237

21.8 Grammar Drill on the Infinitive + /istemek/   237

Unit 22

22.0 Dialog: 'At the Station' (continued)   238

22.1 Vocabulary Drills   240

22.2   Questions for Discussion   241

22.3   Note: The Verbal Noun with Suffix {-dík}   242

22.4   Grammar Drills on the Verbal Noun with Suffix {-dík}   243

Unit 23

23.0   Dialog: 'At the Office'   247

23.1   Vocabulary Drills   249

23.2   Questions on the Dialog and Related Questions   249

23.3   Note: Suggestions in First Person, Requests for Third   250

       Person Action, with Suffixes {-(y)á} plus {-yím},{-lím},

       and {-sín}

23.4   Grammar Drills on {-(y)á} + {-yím}   252

23.5   Grammar Drills on {-(y)á} + {-lím}   253

23.6   Grammar Drills on Third Person Suggestions on Requests   256

       with Suffix {-sín}

Unit 24

24.0   Dialog: 'At the Office' (continued)   258

24.1   Vocabulary Drills   259

24.2   Note: {-lík}   262

24.3   Grammar Drill on {-lík}   262

24.4   Note: {-cí}   263

24.5   Grammar Drill on {-cí}   264

24.6   Grammar Drill on {-cí} + {-lík}   265

24.7   Note: {-(y)án}   265

24.8   Grammar Drills on {-(y)án}   266

24.9   Note: {-dán} --------beri   270

24.10 Grammar Drills on {-dán} -----beri   271

Unit 25

25.0 Dialog: 'Taking Leave'   272

25.1 Vocabulary Drill   273

25.2 Questions on the Dialog and Related Questions   273

25.3 Note: Verbal Noun with Suffix {-má}   273

25.4 Grammar Drills on the Verbal Noun with Suffix {-má}   274

25.5 Note: Verbal Noun with Suffix {-má} as Direct Object   275

25.6 Grammar Drills on the Verbal Noun with Suffix {-má} as   275

      Direct Object

Unit 26

26.0 Dialog: 'An Invitation'   278

26.1 Vocabulary Drills   280

26.2 Questions on the Dialog and Related Questions   280

26.3 Note: Omission of Possessed Suffixes on Certain Possesive   281

      Constructions

26.4 Note: Phrase Final Suffix {-(y)ken}   281

26.5 Grammar Drills on {-(y)ken}   282

26.6 Note: The General Verbal Conjunctive Suffix {-(y)íp}   285

26.7 Grammar Drills on {-(y)íp}   286

26.8 Note: Interjectives with ne 'what':   286

26.9 Grammar Drill on Interjectives with ne   287

26.10 Narrative Drill   287

Unit 27

27.0 Dialog: 'At Bülent's House'   288

27.1 Vocabulary Drills   289

27.2 Questions on the Dialog and Related Questions   290

27.3 Note: Comparison with and without daha   290

27.4 Grammar Drills on Comparisons   291

27.5 Note: The Use of en and of the Possessed Suffixes in the   291

      Superlative.

27.6 Grammar Drills on en 'most' etc.   292

27.7 Narrative Drill   294

Unit 28

28.0 Dialog: 'At Bülent's House' (continued)   295

28.1 Questions on the Dialog and Related Questions   297

28.2 Note: {-cík}   297

28.3 Grammar Drill on {-cík}   297

28.4 Note: {-(y)sa} Real Conditional Enclitic   298

28.5 Grammar Drills on {-(y)sa}   300

28.6 Note: {-(y)sa} Following Question Words '----ever':   306

28.7 Grammar Drills on neredeyse   307

28.8 Narrative Drill   307

Unit 29

29.0 Dialog: 'Admiring the Home'   308

29.1 Questions on the Dialog and Related Questions   310

29.2 Vocabulary Drills   311

29.3 Variation and Review Drills and Exercises   312

29.4 Narrative Drill   314

29.5 Note: Verb Base + {-(y)á} + /bil-/: The Positive Abilitative   314

      Verbal Extension

29.6 Grammar Drills on the Positive Abilitative Verbal Extension   315

29.7 Grammar Drills on {-(y)á} + /bil-/ + {-dí} 'Past'   318

29.8 Grammar Drills on Abilitative + {-íyor} : Present Habitual Ability   318

      to do the Action

29.9 Grammar Drills on $\{-(y)\acute{a}\}$ + /bil-/ + $\{-(y)\acute{a}c\acute{a}k\}$ 320

29.10 Note: $\{-(y)\acute{a}\}$ + $\{-ma\}$: 'The 'Negative Abilitative' Verbal   322

     Extension

29.11 Grammar Drills on the Negative Abilitative Form   323

29.12 Grammar Drills on $\{-(\acute{a},\acute{i})r\}$ + $\{-(y)d\imath\}$ and $\{-m\acute{a}(z)\}$ + $\{-(y)d\imath\}$ 325

29.13 Grammar Drills on Abilitative Forms + $\{-(y)sa\}$ 328

29.14 Miscellaneous Grammar Drills with Abilitative Forms   332

     + $\{-(y)sa\}$

29.15 Review Drills: $\{-(y)m\imath\c{s}\}$ with Nouns   333

Unit 30

30.0 Dialog: 'Learning About the Family'   335

30.1 Questions on the Dialog and Related Questions   338

30.2 Narrative Drill   339

30.3 Vocabulary Drills   339

30.4 Note: The 'Conditional Tense' with Suffix $\{-s\acute{a}\}$ 341

30.5 Grammar Drills on the Verbal form with Suffix $\{-s\acute{a}\}$ 342

30.6 The 'Necessitative' Participle with Suffix $\{-m\acute{a}l\acute{i}\}$ 350

30.7 Drills on the Participle with Suffix $\{-m\acute{a}l\acute{i}\}$ 351

30.8 Note: Time Telling   360

30.9 Drills on Time Telling   365

Glossary   367

INTRODUCTION FOR THE STUDENT

You are about to start the study of the Turkish language. Whatever your motivation for doing so, you will get greater enjoyment and satisfaction from your study if you will cooperate fully with the instructional system embodied in this course. This introduction is intended to acquaint you with the book and with the method advocated for its utilization. The Introduction for the Teacher which follows contains more detailed instructions for the use of this text. You may find it worthwhile to read that also.

The Turkish Language

Turkish is the principal language of the Republic of Turkey. It is a member, along with the related languages of Iranian and Soviet Azerbaijan and of various areas within the Soviet Union, mainly in Asia, of the Turkic group of the Altaic branch of the Uralic-Altaic language family. This Altaic branch also includes many other languages, mainly those grouped under the headings 'Mongol' and 'Manchu'.

The Turkic languages are remarkably similar in structure and even in vocabulary, at least as closely related to one another as, say, the Romance group of Indo-European languages.

The population of the Republic of Turkey is about 30,000,000, of whom the great majority are native speakers of Turkish, making Turkish by a considerable margin the largest language of the Turkic family. Among the remainder of the population of Turkey—native speakers of Kurdish, Laz, Circassian, Arabic, Greek, Armenian, Syriac and other languages—the great majority, at least of the men, have some acquaintance with Turkish. Thus this language will serve the student for communication in all parts of Turkey save the most isolated Kurdish village. In addition, substantial numbers of Turkish speakers are to be found in parts of Syria, Lebanon, Greece and Cyprus. Turkish can serve the student also as an introduction to the Turkic language family and provide him with a basis for establishing communication with Asian Turkic speakers as far east as Sinkiang Province in China and as far west as the Tatar regions on the Volga.

The Language of this Manual

The Turkish presented in this book is representative of the 'standard' speech of educated Turks in the cities and towns of Turkey. As in any country where communication has been poor until recently, in Turkey too there is considerable local variation in pronunciation and vocabulary. However, in schools all over Turkey the language you are about to learn is used and taught as the national standard and, if you learn it well, you will be speaking a tongue which has prestige throughout the country and which is understood everywhere. You may even have the experience of being told by Turks 'you speak better Turkish than I', a compliment which you should discount heavily.

The Intent and Structure of this Course

Although you will learn to read and write Turkish as you progress in this course, you will not have any formal instruction in writing, and reading of longer texts will be introduced gradually. This is because the essential skills required are to speak and to understand spoken Turkish. The writing system of Turkish is quite easy to master and fairly closely represents Turkish speech.

Language is a system of representation of 'ideas' and 'concepts' in formal symbols. These symbols are realized in communication as acts of speech which are communicative insofar as they can be understood by the hearer as representative of the symbolic language system which he has mastered. Interference with communication can take place at several points. The speaker may not have mastered the symbolic system so that, while what he says may be well pronounced, it will not adequately fit the language system. Again he may form sentences well in the language but pronounce them unintelligibly. Similar interference with communication can occur in the understanding of others' speech. Thus 'mastery' of a language requires approximation both of the native speaker's grasp of the symbolic system and of the native speaker's skills in oral production and 'hearing'.

The materials of this course are designed to facilitate both the learning of specific speech skills - pronunciation and perception of speech sounds in sequence - and the learning of basic language skills - control of the grammatical and the semantic systems of the language. For this reason the course is initially oriented toward pronunciation but quickly shifts its primary emphasis to a systematic presentation of the grammar accompanied by extensive drills.

The typical unit consists of a dialog or other 'basic sentences', variation drills and lexical drills to give students practice in using vocabulary in varied contexts, questions for discussion, notes (mainly on grammar), grammatical drills and (often) a narrative. The drills are of several types, use of which is outlined in the Introduction for the Teacher.

Students are expected initially to do each part of each unit orally with books closed. The printed text has four purposes:

1. To remind the student of what he has already heard.

2. To serve as an introduction to printed Turkish for reading.

3. To guide the student in practice outside of class.

4. To assist in memorization for those students who have been conditioned by their education to have a 'visual memory'.

The student who has no difficulty memorizing without the printed text and who has access to a tape recorder and the tapes of these materials for outside-of-class practice will have very little need of the printed text except for reading practice. All students should attempt to get along without the printed text as much as possible.

The Dialog

Each unit commences with a connected dialog between two or (occasionally) more speakers. This dialog is to be practiced, memorized and acted out until it has been 'overlearned' so that the utterances and their sequence are automatic and can be done without conscious thought or hesitation.

The dialogs are examples of normal Turkish speech. They consist initially of cliché sentences which are of high daily frequency of occurrence. Later more specialized dialogs are introduced. However, a language cannot be mastered simply by learning a certain number of typical and useful sentences. The student needs also to master the system of the language so that he can both produce and understand wholly novel sentences which he has never heard before and may never hear again. This is a much more complicated matter than memorizing useful sentences and requires extensive drills and exercises as well as a certain amount of formal explanation.

Variation and Lexical Drills

Variation drills may be of any of the several drill types outlined below in the Introduction for the Teacher. Mostly they are sample sentences or substitution drills (providing a pattern with words to be substituted at one or more places). Lexical drills are mainly sample sentences illustrating the various meanings of a single lexical item.

In a sample sentence drill each sentence is an example of useful Turkish but is unrelated to other sentences in the drill. Wherever possible such sentences should be immediately employed in communication by creating a short dialog - such as a question and its answer - employing the given sentence. Often it will be possible to vary the given sentence by changing the subject, the verb, the time or some other part of the sentence. Thus each separate sentence can be the basis for a response drill or a substitution drill or a combination. The imaginative teacher will create such drills spontaneously, but the student is not relieved by any lack of imagination on the part of his teacher from a responsibility to experiment with the given sentences. A good homework exercise, after a few units have been mastered and enough vocabulary assimilated, is to write out variations on these sample sentences and submit them for evaluation and correction by the teacher. This applies equally to sample sentence drills occuring in the grammar drill sections of the units.

Questions for Discussion

These consist of queries concerning the facts related in the memorized dialog plus certain questions directed to the students' own experience in similar situations. The student should not be content only to answer the latter questions from his own experience but should also ask these and similar questions of the teacher and his fellow students. It is in this part of the lesson that real communication in the language about real people and true facts takes place and this portion of the unit should not be quickly passed over. If the teacher does not dwell on this real communication, the alert student will prime himself with several questions to spring at the beginning of the next class session to extract some information from the teacher or a fellow student before the class can settle into routines.

Notes

The notes are intended to be self-explanatory. If the teacher is also a scientific linguist or if the course is being taught (as intended) by a team of linguist and native speaker, some explanation of the notes may be appropriate in class. However, in general, drill time in class with the native speaker should not be devoted to explanations of the grammar, and the native speaking instructor should not be expected to give explanations in English. If he is also a trained linguist and fluent in English, specific periods should be set aside for grammatical explanation and these should be kept separate from regular class sessions during which English should be used only for translations or paraphrases designed to keep the student aware of the meanings of the Turkish sentences being practiced. The cooperation of the student is required to avoid interrupting drill sessions with questions about grammar. During explanations of grammar it is always appropriate to ask how some idea is expressed, what should be said under certain conditions, when or where a particular form is appropriate, or who could be expected to use it. But the student should remember that questions beginning _why_ are seldom appropriate. Language is a system of more or less arbitrary symbols and the student is attempting to discover _how_ it works rather than to establish causal relationships (which are usually historic and have nothing to do with the native speaker's mastery of the contemporary language).

Drills

The drills which follow particular notes are intended to provide practice on the particular point or points discussed in the note. The Introduction for the Teacher describes in detail the use of drills. While the drills provided are extensive, they are clearly insufficient for proper practice of points which are causing special difficulties and may be excessive for certain points or for certain students who assimilate quickly. Many of the printed drills are capable of considerable expansion as needed.

Narrative

The narrative, which is a part of many units, presents essentially the same situation as was represented in the dialog but in expository rather than conversational style. This short story is intended to be memorized. Careful attention to the structures used will help to prepare the student for reading. Exercises which can be used with the narratives include (1) retelling the story in the student's own words, (2) retelling the story but changing the persons, times or locations of the events related and (3) telling a similar story about some personal experience.

A Word on the Use of Tapes

Tape recordings are provided of the major parts of these units. Drills and exercises which permit great flexibility in use - for example, multiple substitution drills - are not recorded.

It is recommended that beginning students try to spend one to three hours daily with the tapes regardless of the number of hours spent in class. This is because in an intensive course (four to six hours in class per day) the relative utility of the tapes is less than in a non-intensive course (one hour in class per day or less). Later in the course the student may find that the amount of work with tapes required for his needs lessens. However, throughout this basic course, regular work with tapes as a supplement to classroom drill should be maintained.

The dialogs and many of the drills in the tapes are recorded with spaces such that the student may use the tapes either for imitation of the native speaker or for anticipation plus imitation of the native speaker. Thus if sentences X and Y are being practiced these two modes would operate like this:

```
Imitation:
  Tape Voice: X
  Student:    X
  Tape Voice: X
  Student:    X
  Tape Voice: Y
  Student:    Y
     etc.
```

Anticipation plus Imitation
    Student (anticipating)   X
    Tape Voice: X
    Student (imitating):   X
    Tape Voice: X
    Student (anticipating):   Y
    Tape Voice: Y
        etc.

The recordings of the dialogs may also be used in a response mode like this:

    Tape Voice: X
    Student: Y
    Tape Voice: X
    Student: Y
    Tape Voice Y
    Student: Z
        etc.

Certain drills consist of a pattern and a cue for substitution into the pattern. These can only be done in a single mode - substitution plus imitation - thus

    Tape Voice: Pattern with X
    Student (imitating):   Pattern with X
    Tape Voice: Cue Y
    Student (substituting)   Pattern with Y
    Tape Voice (confirming): Pattern with Y
    Student (imitating):   Pattern with Y
    Tape Voice: Cue Z
    Student:(substituting): Pattern with Z

Such drills should be done completely orally since all cues are on the tape.

The tapes have been recorded with a minimum of repetition to save tape. Students should rewind often to repeat until satisfactory (error free) performance is achieved.

If facilities exist for recording the student's voice on the tape as he imitates, this should be done, extensively in the early units and selectively later on. Much time can be wasted needlessly listening to one's own voice, but selective and careful attention to one's imitation of the native model can improve pronunciation, phrasing and fluency.

Conclusion

Turkish is a language which has long intrigued scholars because of its unusual regularity, its euphony and the fact that its structure is quite different from that of Indo-European or Semitic languages. The adult student who wishes t be successful in studying Turkish needs to take a lively interest in the languag to be willing to experiment with variations on the printed materials in order to increase his grasp of the system of the language, and to be willing to put in long hours of practice and to tolerate correction. He needs also to learn about the life and culture of the people who speak Turkish. This text will provide hi

with only a minimal amount of such cultural information and needs to be supple-
mented with books, photographs, and artifacts and with as may contacts with Turks
as can be managed. Nobody can <u>teach</u> you Turkish. You have to <u>learn</u> it. This
book and the method of using it suggested to you and to your teacher are intended
to help you to learn Turkish. Of the four elements in this learning situation -
<u>the book</u>, <u>the tapes</u>, <u>the teachers</u> and <u>you</u> - the book is the least important and
<u>you</u> the most important. The writers and teachers who have contributed to the
growth of this book over the years hope it will help you to learn Turkish.

<u>FSI TURKISH BASIC COURSE</u>

Vol. I (Units 1-30)

<u>INTRODUCTION FOR THE INSTRUCTOR</u>

Each unit in this book consists of four major parts:

1. A Dialog or other Basic Sentences.

2. Grammar Notes.

3. Drills.

4. Questions for Discussion.

Drills are generally in two groups.

1. Variation drills on the Basic Sentences or Lexical Drills illustrating differences in word usage.

2. Grammar Drills giving practice in particular structures.

In early units there are also many drills on sounds for pronunciation practice.

The purpose of this introduction is to advise the instructor of the purpose and the use of each of these major divisions of the material.

<u>Dialog</u> or <u>Basic Sentences</u>:

Step 1: The dialog is presented by the instructor whose native language is Turkish at normal speed and the students listen with books closed. 'Normal speed' is not slower than the speed the instructor would use in natural conversation with another Turk.

Step 2: The instructor presents the words or phrases of the 'build-ups' and then the entire sentences in order as printed at normal speed and the students repeat in imitation of the instructor with books closed. The instructor can indicate which student should repeat next simply by looking directly at the student while presenting the word, phrase or sentence.

<u>FSI TEMEL TÜRKÇE DERS KİTABI</u>

Birinci Cilt (Ders 1-30)

<u>ÖĞRETMENLER İÇİN ÖNSÖZ</u>

Bu kitaptaki her dersin dört esas bölümü vardır:

1. 'Dialog' denilen kısa bir Konuşma veya 'Basic Sentences' denilen diğer temel cümleler.

2. 'Grammar Notes' - yani Gramer Notları.

3. 'Drills' denilen Alıştırmalar.

4. Görüşülecek Sorular.

Alıştırmalar genellikle iki gruptur:

1. Temel cümlelerde 'Variation Drills' (Çekim Alıştırmaları) veya kelime kullanışında farkları tarif eden 'Vocabulary Drills' (Kelime Alıştırmaları).

2. Özel yapılar üzerinde uygulama veren Gramer Alıştırmaları.

Başlangıçtaki derslerde söyleyiş uygulaması için çok ses alıştırmaları da vardır.

Bu önsözün amacı öğretmenlere bu esas bölümlerin her birinin niçin ve nasıl kullanılacağını açıklamaktır.

<u>Dialog</u> (Konuşma) veya <u>Basic Sentences</u> (Temel Cümleler):

Birinci işlem: Dialog, ana dili Türkçe olan öğretmen tarafından, normal bir hızla öğrenciye sunulur ve öğrenciler de kitaplarına bakmadan dinlerler. 'Normal hız' öğretmenin başka bir Türkle tabi'î bir konuşma yaparken kullandığı hızdan daha yavaş olamaz.

İkincin işlem: Öğretmen, 'build-up' (geliştirme) denilen müstekil kelimeleri veya cümlecikleri, ve sonra bütün cümleleri, sırayla kitapta yazıldığı gibi tekrar normal bir hızla söyler, öğrenciler de kitapları kapalı olarak öğretmeni benzetleyerek tekrarlarlar. Kelimeyi, ibareyi veya cümleyi söylerken öğretmen sadece sonra gelen öğrenciye doğru bakarak kimin tekrar etmesi lâzım geldiğini ima edebilir.

If the complete utterance offers particular problems for the student, the instructor develops the utterance for the student gradually, beginning from the end (with the final phrase) and building up by adding the preceding parts one at a time. The instructor must, however, be particularly careful not to distort the intonational pattern of the utterance in building it up in this fashion. Partly for this reason the utterances in early units are kept very short, and the instructor is advised to prefer frequent repetition of the whole utterance to partial presentation. If a student cannot repeat correctly after two or three attempts the instructor passes to another student, returning later to the student who experienced the difficulty.

Step 3: After the students are able to repeat correctly in imitation of the instructor, they open their books and practice reading the utterances with correct pronunciation, intonation and at normal speed, as previously defined.

Step 4: After the instructor is satisfied that all students can do steps one to three, the students take roles in the dialog and repeat from memory with books closed.

It is valuable to listen to the tape of the dialog in the laboratory between the third and fourth steps. In this way student memorization of the dialog may be facilitated.

Before the instructor progresses to the next step he should be able to give an affirmative answer to each of the following questions:

For Step 2: Can each student repeat every utterance of this dialog after me with correct speed phrasing, pronunciation and intonation?

For Step 3: Can all students read all the utterances of this dialog correctly?

For Step 4: Can every student take any any role in this dialog and perform it correctly and naturally?

Eğer ifadenin bütünü öğrenciye özel bir zorluk çıkarırsa, öğretmen ifadeyi kısım kısım, sondan (son cümlecikle) başlayarak, ifadenin önce gelen kısımlarını da teker teker ilave ederek öğrenciye geliştirtir. Mamafih, öğretmen ifadeyi bu şekilde geliştirirken, ifadenin ses ahengini bozmamağa özellikle dikkat etmelidir. Kısmen bu sebeble başlangıçtaki derslerde ifadeler çok kısa yazılmıştır, ve öğretmene kısmî tekrarlama yerine bütününü tekrarlaması öğütlenir. Eğer bir öğrenci üç veya dört denemeden sonra ifadeyi doğru tekrarlayamıyorsa, öğretmen diğer bir öğrenciye geçer, güçlük çeken öğrenciyle sonra tekrar çalışır.

Üçüncü işlem: Öğrenciler öğretmenlerini doğru olarak benzetleyip tekrar edebildikten sonra, kitaplarını açarlar, önceden belirtildiği gibi normal hızla, ses ahengiyle, doğru söylenişle ifadeleri okumağa çalışırlar.

Dördüncü işlem: Öğretmen, bütün öğrencilerin birinci işlemden üçüncü işleme kadar yapabildiğine kani olduktan sonra, öğrenciler konuşmada rol alırlar, kitapları kapalı olarak ezberlerinden konuşmayı tekrarlarlar.

Üçüncü ve dördüncü işlem arasında dersin konuşma bandını laboratuvarda dinlemek faydalıdır, böylece öğrenciler konuşmayı kolaylıkla belleyebilirler.

Öğretmen ondan sonraki işleme başlamadan önce olumlu olarak aşağıdaki her bir soruya cevap verebilmeli:

İkinci işlem için: Her bir öğrenci benden sonra bu konuşmanın her ifadesini doğru hızla, kelime bağlantılarını, söylenişi ve ses ahengini tekrar edebilir mi?

Üçüncü işlem için: Her öğrenci bu konuşmanın her ifadesini doğru okuyabilir mi?

Dördüncü işlem için: Doğru ve tabi'î olarak her öğrenci bu konuşmada her hangi bir rol alıp oynayabilir mi?

Variation Drills on Basic Sentences
or Vocabulary Drills

Drills in these categories are nor-
mally printed immediately after the
dialogs. Their operation is no dif-
ferent from that of Grammar Drills.
The instructor should consult the
section below on 'Drills' for instruc-
tions in the teaching and use of
these.

Questions on the Dialog and Related
Questions for Discussion:

This section of the units is printed
at different places in different units.
These written questions are intended
to suggest the types of questions
which the instructor can ask as a
stimulus to conversation about the
dialog and about the students' own
experience. This is a more important
part of the unit than the space it oc-
cupies indicates because it is the
only part of the unit which offers an
opportunity for the student to express
himself more freely than in dialog or
drill. The instructor asks the ques-
tions and related questions which are
within the ability of the students and
the students reply. The instructor
should not be satisfied with incom-
plete or halting answers. If the stu-
dent's answer is hesitant or grammati-
cally incorrect the instructor should
provide the correct answer and insist
that the student repeat it after him
until his production is correct. Often
it is a useful drill for the instruc-
tor to have each student repeat this
correct answer after him. After this
each student should also be given an
opportunity to ask questions of the
instructor and of other students. Here
again, the instructor should never, in
the interest of saving time, allow
incorrect or hesitant sentences with-
out correcting them and having the
students repeat them after him until
they can produce them correctly. This
kind of correction of student efforts
to express themselves is perhaps the
one most important part of this exer-
cise. In this way students attempt to
express their own ideas in Turkish and
are taught how to express those ideas
correctly. The instructor needs, how-
ever, to be very careful not to permit
this part of the unit to become a les-
son in new grammar and new vocabulary.

Variation Drills on Basic Sentences
(Temel Cümlelerde Çekim Alıştırmaları)
veya Vocabulary Drills (Kelime Alıştır-
maları):

Bu ulamlarda alıştırmalar çoğunlukla
konuşmalardan hemen sonra yazılmıştır.
Onların uygulanması Gramer Alıştırma-
larınkinden ayrımlı değildir. Bunların
kullanışı ve öğretimi için öğretmen bu
önsözün aşağıda 'Alıştırmalar' kısmını
gözönünde tutmalıdır.

Questions on the Dialog and Related
Questions for Discussion (Konuşmalarda
Sorular ve Görüşme için Konuşmayla
Alâkalı Sorular):

Dersin bu kısmı derslerin muhtelif yer-
lerinde basılmıştır. Öğrencinin kendi
tecrübesi hakkında ve konuşmaya dair
öğretmen mükâleme için kışkırtma (stim-
ulus) olarak soruların tiplerini sor-
abilir ki bu yazılı sorularla fikir
vermek amaçlanmıştır. Gösterilen yerin
işgalinden dersin bu kısmı daha mühim-
dir, çünkü öğrenciye alıştırmada veya
konuşmada olduğundan daha serbest ken-
disini ifadesine fırsat veren dersin
yalnız o kısmıdır. Öğretmen, yazılı
olan soruları ve öğrencilerin iktidarı
dahilinde diğer alâkalı soruları sorar
ve öğrenciler de cevap verirler. Öğret-
men tamam olmayan veya tereddütlü cevap-
lardan memnun olmamalı. Eğer öğrencinin
cevabı tereddütlü veya gramer kaideler-
ine göre yanlışsa, öğretmen öğrenciye
doğru cevabı vermeli ve doğru söyletin-
ceye kadar tekrar etmesini israr etme
lidir. Ekseriya öğretmenin bu doğru
cevabı kendisinden sonra her öğrenciye
tekrar ettirmesi kullanışlı bir alıştır-
madır. Bundan sonra her öğrenciye,
öğretmene ve diğer öğrencilere sorular
sormak için de fırsat verilmelidir.
Gene burada, öğretmen zaman tasarrufu
bakımından yanlış veya tereddütlü cüm-
leleri düzeltmeden bırakmamalı ve ken-
disinden sonra onları öğrencilere doğru
olarak söyletebilesiye kadar tekrar
ettirmelidir. Öğrencinin meramlarını
ifade etmek için belki bu uygulamanın
en mühim kısmı bu düzeltme çeşitidir.
Bu şekilde doğru olarak bu fikirleri
nasıl ifade etmeleri öğretilir ve öğren-
ciler kendi şahsi fikirlerini Türkçede
ifade etmeye teşebbüs ederler. Mamafih,
öğretmen yeni kelime ve yeni gramerde
dersin bu kısmının ders olmasına müsaa-
de etmemek için çok dikkat etmelidir.

Occasionally a new word will be required and should be supplied by the instructor but more often the instructor needs to tell the student simply 'You don't yet know the words (or the grammar) required to say that easily. Try to express only ideas within your capability at this time'.

Questions can be devised with increasing degrees of difficulty of subject matter. The easiest question is one to which the answer is contained entirely in the dialog. A harder question is one which can be answered by using facts which are in the dialog but which requires constructing a sentence which is not is the dialog. The hardest question is one about facts known to the student from his own experience but not included in the dialog.

Again questions can be devised which have increasing degrees of difficulty grammatically. The easiest question is one which can be answered 'yes' or 'no'. Harder is the question asking for a choice between alternatives: 'Did he come or go?'. Hardest is the question asking for information, using question words like 'how?', 'when?' or 'why?'

A combination of these two dimensions results in nine degrees of difficulty from the easiest -- yes-no questions with answers directly quotable from the dialog -- to the hardest -- information questions about things known to the student from his own experience. The instructor should try at each stage to devise questions at different levels of difficulty and to help the students also to learn to ask such questions.

Notes:
    Notes are read outside of class by the students and, if necessary, explained by the linguist directing the course. Talking in class about the content of the notes should be kept to a minimum. If there is no linguist to explain them, the native-speaking instructor may pronounce the given examples while the students reread the notes in class and may give additional examples of the same phenomonon. A great deal of time should not be spent in class on the explanation of the content of the notes.

Bazen yeni bir kelime talep edilirse, öğretmen tarafından bu kelime verilmelidir, fakat daha ziyade öğretmen zaruri olarak sadece öğrenciye 'Söylemek istediğinizi kolayca ifade etmek için lüzümlü kelimeleri (veya grameri) henüz bilmiyorsunuz. Şimdilik yalnız iktidarınız dahilinde olan fikirleri ifade etmeğe çalışınız' demelidir.

Bahis mevzuu hususun zorluk derecesini gittikçe artırmayla sorular tertip edilebilir. Tamamen cevabı konuşmanın içinde bulunanı en kolay sorudur. Konuşmada olan olaylardan bahseden fakat konuşmada bulunmayan bir cevap cümlesinin yapılmasını icap ettiren soru daha zordur. Konuşmaya dahil olmayan ve fakat öğrencinin kendi şahsi tecrübesinden bilinen olaylar hakkında olanı en zor sorudur.

Gene gramer kaidelerince zorluk derecesi gittikçe artırılan sorular tertip edilebilir. 'Evet' veya 'Hayır' cevap verilebilen olanı en kolay sorudur. Şıklar arasında seçmek icabederse, soru daha zordur. Meselâ 'Geldi mi veya gitti mi?' 'Nasıl?', 'Ne zaman?', veya 'Niçin?' gibi soru kelimeleri kullanarak malûmat için sorulan soru en zordur.

Bu iki buut birleşimin neticesinde soruların en kolayından en zoruna dokuz derece zorluk vardır -- konuşmadan hemen aktarma yolu ile 'Evet-hayır' cevap verilebilen sorulardan -- öğrencinin kendi şahsî tecrübesinden bilinen şeyler hakkında malûmat sorularına kadar. Öğretmen her merhalede ayrışık seviyede güç sorular tertiplemeği denemeli ve öğrencilere böyle sorular sormayı öğrenmelerine de yardım etmelidir.

Notes (Notlar):
    Notlar ders dışında öğrenciler tarafından okunur ve lûzum olursa kursu idare eden 'linguist' (dil uzmanı) tarafından açıklanır. Sınıfta notların içeriği konusunda az konuşulmalıdır. Bunları açıklayan dil uzmanı yoksa, öğrenciler notu tekrar sınıfta okurken, ana dili Türkçe olan öğretmen yazılı olan örnekleri söyleyebilir ve aynı tabi'ilikte ilave örnekler verebilir. Notların içeriğinin açıklanmasında sınıfta fazla zaman sarf edilmemelidir.

Drills:

As explained above drills are generally in two groups in each unit.

a) <u>Variation Drills on Basic Sentences</u> giving students opportunities to make changes in using previously memorized patterns, and <u>Vocabulary Drills</u> which provide examples of varied uses of a particular vocabulary item.

b) <u>Grammar Drills</u> which give practice in patterns explained in immediately preceding grammar notes.

Drills in these two groups may be of any of the various types of drills explained below under 'Types of Drill'.

Types of Drill:

Drills in this course are of a considerable variety. Most drills are <u>Substitution Drills</u> of one of the various types explained below. The instructor, by adapting previously learned words to appropriate places in the pattern, may convert into substitution drills those drills which are not substitution drills. Drills are arranged to be presented orally to students whose books are closed, but the form used in the book for the more complex drills is intended to provide maximum convenience for the student working on tape or outside of class. The various kinds of drills and how each is to be used are outlined in the list below:

a) Sample Sentence Drills

These drills consist of separate sentences, unrelated to each other, illustrating a special point of grammar or a vocabulary item. Each may be used as the basis for an 'ad hoc' drill of one of the types of substitution drills explained below. On the other hand they may be drilled by repetition and memorization as if they were Basic Sentences. Where possible it is worthwhile for the instructor and students to make up with each sentence a short conversation, selecting and changing a suitable section of a previously memorized dialog.

Drills (Alıştırmalar):

Yukarıda açıklandığı gibi alıştırmalar her derste genellikle iki ayrı gruptadır:

a) Öğrencilere önceden bellenmiş örneklerin kullanılmasında değiştirme fırsatları veren <u>örnek (temel) cümlelerde çekim alıştırmaları</u> veya özel eksözlük sözlerinin değişik kullanılmasında örnekler veren <u>kelime (luğât) alıştırmaları</u>.

b) Hemen bundan önceki gramer notunda açıklanmış olan örnek için uygulama veren <u>gramer alıştırmaları</u>.

Bu her iki gruptaki alıştırmalar, aşağıda 'Alıştırmanın Çeşitleri' altında açıklanan çeşitli alıştırmaların tiplerinden her hangi biri olabilir.

Types of Drill (Alıştırmaların Çeşitleri):

Bu kursta alıştırmalar oldukça çeşitlidir. Alıştırmaların çoğu aşağıda açıklanan <u>Değiştirme Alıştırmalarının</u> ayrışık çeşitlerindendir. Öğretmen, daha önce öğrenilmiş kelimeleri örnek cümlede uygun gördüğü yere uydurarak, değiştirme olmayan alıştırmaları değiştirme alıştırmalarına çevirebilir. Kitapları kapalı olan öğrencilere bütün alıştırmalar sözlü verilmek için düzenlenmiştir, fakat kitapta daha karışık alıştırmalar için kullanılan şekil, bandla veya ders dışında çalışan öğrenciye azami kolaylık göstermeğe amaçlanmıştır. Alıştırmaların çeşitleri ve her birinin nasıl kullanılacağı aşağıda liste halinde yazılmıştır:

a) Sample Sentence Drills (Örnek Cümle Alıştırmaları):

Bu alıştırmalar, gramere ait özelliği veya kelimeleri tanımlayan, birbirleri ile ilgisi olmayan, ayrışık cümlelerden ibarettir. Bu cümlelerin her aşağıda açıklanan değiştirme çeşitlerinin birinde 'ad hoc' (uydurma) bir alıştırma için kural olarak kullanılabilinir. Diğer taraftan bunlar <u>Temel Cümlelermiş</u> gibi tekrarlanmakla ve bellenmekle alıştırılabilinir. Mümkünse önce bellenmiş bir konuşmanın uygun bir kısmını seçip değiştirerek, öğretmen ve öğrenciler bu cümlelerle kısa birer konuşma yapmaları faydalıdır.

b) Substitution Drills

1. Simple Substitution Drills

In these drills a single pattern sentence is given and a list of words or phrases which fit into just one place in the pattern. With these acceptable Turkish sentences can be made. The instructor first presents each sentence in its entirety for student comprehension and repetition. Occasionally the English translation of the sentence is asked of the students in order to find out whether they understood the sentence or not, but normally this should not be necessary since the given pattern is either clear from previous learning or its translation is printed and all substitution items are already known to the student. After all sentences have been mastered in this way, the instructor presents to the students first the pattern and then only the individual substitution items as cues for the student to produce the entire sentence with the item inserted in the proper slot.

2. Multiple Substitution Drills

In these drills lists of words or phrases are given for free substitution in two or more slots. These drills are so designed that any combination of these items in the slots produces an intelligible sentence. Of course, this kind of drill gives quite a few intelligible sentences which may prove not to be very useful in actual situations. For this reason, the instructor is advised not to go through all the drill patterns which are possible with the items presented, but rather to choose items for substitution which make the more likely sentences.

In effect, simple and multiple substitution drills presented in these units are not, as printed, true drills, but rather provide material to the instructor with which he can construct drills resembling one or more of the further types of substitution drills listed below.

b) Substitution Drills
(Değiştirme Alıştırmaları):

1. Simple Substitution Drills
(Basit Değiştirme Alıştırmalaları):

Bu alıştırmalarda birer örnek cümle verilir ve bu örnekte yalnız bir yere uyan bir kaç kelime veya cümlecik liste halinde sıralanır. Bunlarla makbul Türkçe cümleler yapılır. Öğrencinin anlaması ve tekrarlaması için öğretmen önce her cümleyi bütünlüğü ile sunar. Bazèn öğrencilere cümlenin İngilizcesi sorulur, bu şekilde cümleyi anlayıp anlamadıkları anlaşılır, fakat normal olarak buna gerek olmamalı, verilmiş olan örnek ya önceki öğrenmeden bellidir veya tercümesi kitapta yazılıdır ve bütün değiştirme özdekleri zaten öğrencilerce bilinmektedir. Bu şekilde bütün cümleler iyice öğrenildikten sonra, öğretmen önce örneği ondan sonra uygun açıklığa özdeği koymasını ve bütün cümleyi yapmasını, ipucu olarak yalnız bir değiştirme özdeğini öğrenciye söyler.

2. Multiple Substitution Drills
(Takım Değiştirme Alıştırmaları):

Bu alıştırmalarda iki veya daha fazla aralıklarda serbestçe değiştirme yapmak için listeler halinde cümlecikler ve kelimeler verilmiştir. Bu alıştırmalar öyle düzenlenmiştir ki özdeklerin her hangi bir ayrışık takımı aralıklarda anlaşılır cümle verir. Tabii, alıştırmanın bu çeşiti, anlaşılmış olan bir çok cümleyi verir ki hakiki vaziyetlerde fazla kullanışlı oldukları ispat edilemez. Bu sebeple, öğretmene sunulmuş olan özdeklerle mümkün olan bütün alıştırma örneklerini baştan sonuna kadar yapmaması, fakat tercihan daha münasip cümleler yapmak için değiştirme özdekleri seçmesi öğütlenir.

Gerçi, bu derslerde sunulmuş olan basit ve takım değiştirme alıştırmaları, basılmış oldukları gibi hakiki alıştırmalar değildir, fakat öğretmene aşağıda liste halinde yazılan bundan başka değiştirme alıştırmalarının bir veya daha fazla örneklerine benzeyen alıştırmalar yapabilmesi için malzeme verir.

3. Progressive Substitution Drills

As can be understood from the examples
printed in the book the example sen-
tences of these drills are printed on
the right hand side of the page and
'cues' on the left hand side. The
sentences are varied by substituting
the cues one by one in the patterns.
If the drill is truly progressive,
it is intended that the items be sub-
stituted into the slots in order. Thus
the first item is substituted in the
first slot, the second into the second
slot and so on. The substitution con-
tinues until all slots have been used
for substitution after which the pro-
gression is again repeated in order,
etc.

Progressive Substitution Drills are
especially used when it is not clear
from the grammar which slot the cue is
to be put into. For example in the
English sentence John hit Bill there
are two noun slots and the substitu-
tion cue Mary may be used in either.
Unless it has been established that
the first cue is to be substituted in
the subject slot, and the next in the
object slot and so on, the student has
no way of knowing whether Mary is to
be substituted as subject or as object.

4. Random Substitution Drills

These appear on the printed page and
are operated like the progressive sub-
stitution drills described above ex-
cept that the substitutions are not
made in the several slots in any pat-
terned order. This type of drill is
possible when the grammar of the sen-
tence makes clear which slot each
substitution is intended to fill. Thus
in the English sentence He hit Mary.,
if the substitution item is 'she' it
must clearly be made in the subject
slot, while if it is 'her' it must be
made in the other. If the substitu-
tion items 'you' were presented, how-
ever, this pattern could not be oper-
ated as a random substitution drill
since 'you' may be put into either slot.

3. Progressive Substitution Drills
(Tedricî Değiştirme Alıştırmaları):

Kitapta basılmış olan örneklerden de
anlaşılacağı gibi bu alıştırmaların
örnek cümleler sahifenin sağ tarafında,
'cue' denilen ipuçları da sol tara-
fında yazılmıştır. Örnekte sırayla
ipucu ile değişiklik yapılarak cümle-
ler üretilir. Eğer alıştırma gerçek-
ten tedricî ise, özdeklerin sırayla
aralıklarda değiştirilmesi amaçlanmış-
tır. Böylece ilk özdek ilk aralıkta
değiştirilir, ikincisi ikinci aralıkta
ve saire. Alıştırmada değiştirme için
bütün aralıklar kullanılıncaya kadar
değiştirmeye devam edilir; sonra deva-
mı yine sırayla tekrar edilir v.s.

Tedricî Değiştirme Alıştırmaları bil-
hassa ipucunun hangi aralıkta konacağı
gramer bakımından sarih olmıyan örnek-
ler için kullanılır. Meselâ İngiliz-
cede John hit Bill cümlesinde iki isim
aralığı vardır ve değiştirme ipucu
Mary her ikisinde de kullanılabilinir.
İlk değiştirmenin özne aralığında,
sonrakinin tümleç (nesne) aralığında
değiştirileceği tesbit edilmedikçe
öğrencinin bu cümlede Mary'yi özne
için mi veya tümleç için mi değiştire-
ceğini bilmesine imkân yoktur.

4. Random Substitution Drills:
(Gelişigüzel Değiştirme Alıştırmaları)

Bu gelişigüzel değiştirme alıştırmaları
kitapta basılmış olan örneklerde
göründüğü gibi, yukarıda açıklanan ted-
ricî değiştirme alıştırmaları gibi
yönetilir, yalnız değiştirmeler ayrışık
aralıklarda sırayla yapılmaz. Her
değiştirmenin hangi aralığı dolduraca-
ğını cümlenin grameri belli ettiği
zaman, bu tip alıştırma mümkündür.
Meselâ, İngilizce cümlede He hit Mary.,
eğer değiştirme özdeği 'she' ise, özne
aralığında açıkça yapılmalı, eğer 'her'
ise diğerinde yapılmalıdır. Hernasılsa,
eğer değiştirme özdeği 'you' sunulsay-
dı 'you' her iki aralığa eşit olarak
konulabileceğinden, bu örnek gelişig-
zel değiştirme alıştırması olarak
yönetilemezdi.

5. Substitution-Modification Drills

In both types of substitution drills explained above in No. 3 and No. 4 there may be a change in the form of the item presented as cue. For example, where only the plural form is suitable, the singular may be presented as cue item for substitution into a slot. Again, when the grammar clearly requires some other form of the verb, the infinitive form of the same verb may be presented as cue. Thus the putting of the cue item in the slot requires a change in the form of the presented item. Most of the substitution drills in this book are actually of this type because this is the best way for the student to add the suffixes required by the grammar, but it has not been felt necessary to use the word 'modification' in the book after the initial units.

6. Substitution-Correlation Drills

In these drills substitution of an item in one slot requires a change at some other point or points in the pattern. This is, of course, possible in either progressive or random substitution drills. An example from English is furnished by the sentence 'He gave her a book yesterday.' If the word 'tomorrow' is presented as cue for a substitution, the form of the verb 'gave' is inappropriate and should be changed to 'will give' or 'is going to give.'

In all these kinds of substitution drills sometimes a word is given as cue which will not actually be used in the pattern but which will signal the need of a change in one or more suffixes in the pattern. For example, to signal a change in personal endings a personal pronoun may be given as cue. Again, to signal a change in the tense of a sentence a time word may be presented as cue. In all such drills the cue is printed in the book inside parenthesis to indicate that it is not to be used directly in the pattern.

5. Substitution-Modification Drills (Özdek Değişmesiyle Değiştirme Alıştırmaları)

Yukarıda No. 3 ve No. 4'de açıklanmış olan her iki tip değiştirme alıştırmalarında değiştirme için sunulmuş olan özdeğin şekli de değişebilir. Meselâ, nerede yalnız çoğul şekli uygunsa, aralıkta değiştirme için ipucu olarak tekel sunulmuş olabilir. Gene örnek cümlenin grameri tarafından açıkça fi'ilin diğer bir şekline ihtiyaç gösterildiği zaman aynı fi'ilin mastar şekli ipucu olarak sunulabilir. Böylece ipucu özdeğinin aralığa konması, sunulmuş olan özdeğin şekil değiştirmesine ihtiyaç gösterir. Bu kitaptaki değiştirme alıştırmalarının çoğu hakikatte bu tiptendir çünkü bu, gramerin icap ettirdiği ekleri ve sontakları öğrecinin ilave etmesi için en kullanışlı yoldur, fakat 'Modification' (Özdek Değişmesi) kelimesi başlangıçtaki derslerden sonra kitapta kullanılmasına lüzum hissedilmemiştir.

6. Substitution-Correlation Drills (Değiştirme-Oran Alıştırmaları)

Bu alıştırmalarda bir aralıkta özdeğin değiştirilmesi, örneğin başka noktada değişmesine ihtiyaç gösterir. Tabiî, bu, ya tedricî veya gelişigüzel değiştirme alıştırmalarında da mümkündür. İngilizceden verilen misal cümlede 'He gave her a book yesterday (Dün ona bir kitap verdi)', ipucu olarak değiştirme için 'tomorrow (yarın)' kelimesi sunulmuşsa, 'gave (verdi)' fi'ilinin şekli uygun olmaz ve 'will give (verir)' veya 'is going to give (verecek)' şekline değiştirilmelidir.

Bazen bu değiştirme alıştırma çeşitlerinin hepsinde örnekle kullanılmayan fakat örnekteki ek veya sontakılarda bir değişmenin icap ettiğini işaret eden bir kelime ipucu olarak sunulmuştur. Meselâ şahıs sontakılarında bir değiştirmeyi işaret etmek için ipucu olarak bir şahıs zamiri verilebilir. Gene, cümlenin zamanında bir değiştirmeyi işaret etmek için ipucu olarak bir zaman kelimesi sunulabilir. Bütün bu çeşit alıştırmalarda ipucu, örnekte sunulan şeklin kullanılmayacağını göstermek için, parantez içinde basılmıştır.

c) Transformation Drills:

These are drills in which one form of a sentence is presented and the student is requested to produce a sentence which is related to the pattern sentence in an easily generalizable way. For example, a positive pattern may be presented and the student requested to respond with the negative; or a statement is given and the student asked to produce the corresponding question, or vice versa. Relatively few drills of this type are printed in the materials but large numbers of the drills which are printed can be operated also with appropriate transformations.

The Operation of Drills

Step 1. Drills are done first like the sentences of the dialogs. That is, each new utterance of the drills is repeated in imitation of the instructor until it is correctly produced with closed book.

Step 2. The students read the drill sentences from their books.

Step 3. The drill is presented orally in order as printed with the instructor giving the appropriate cue or stimulus, and the students producing the proper response utterances without looking at the book.

Narratives

In many of the units occur short paragraphs in narrative style relating the same situation as was covered in the dialog. Narratives are presented and drilled as were the dialogs. As the utterances in the narratives are normally longer than in dialogs, phrases may have to be presented separately. Each narrative should be memorized as were the dialogs and each student should relate it with acceptable fluency and grammatical accuracy. Often is is suitable to require the students to tell a similar narrative in their own words or to change the person, time or locale of the narrative and retell it.

c) Transformation Drills (Toptan Değiştirme Alıştırmaları)

Bu alıştırmalarda cümlenin bir şekli sunulmuştur ve öğrenciden kolayca genelleştirilebilir usulde örnek cümleyle alâkası olan bir cümle yapması talep edilmiştir. Meselâ, öğrenciye olumlu bir örnek sunulur ve öğrencinin bu cümlenin olumsuz halini söylemesi istenebilir: veya verilen bir ifadeye uygun bir soru sorması istenir. Kitapta bu tipte nispeten az alıştırma basılmıştır, fakat basılmış olan alıştırmaların çoğu uygun toptan değiştirmelerle de uygulanabilir.

The Operation of Drills (Alıştırmaların Uygulaması)

Birinci işlem. Evvelâ konuşmaların cümleleri yapıldığı gibi alıştırmaların cümleleri de yapılmalıdır. Bu demektir ki alıştırmanın her ifadesi kitapları kapalı olarak öğrenciler tarafından, doğru yapılıncaya kadar tekrar edilmelidir.

İkinci işlem. Öğrenciler kendi kitaplarından alıştırma cümlelerini okurlar.

Üçüncü işlem. Alıştırma, kitapta basıldığı gibi sırayla sözlü olarak sunulur ve öğretmenin uygun ipucu (cue) veya kışkırtma (stimulus) vermesiyle öğrenciler kitaba bakmadan uygun ifadeleri söylerler.

Narratives (Hikâyeler):

Bir çok derslerde konuşmada kapsandığı gibi ayni durumu anlatan hikâye tarzında kısa fıkralar vardır. Hikâyeler, konuşmaların yapıldığı gibi sunulur ve uygulanır. Hikâyelerdeki ifadeler normal olarak konuşmalardakinden daha uzun olduğu için, cümlecikler ayrı ayrı sunulabilir. Her hikâye konuşmalar gibi ezberlenmeli ve her öğrenci hikâyeyi gramer kaidelerine uygun doğruluk ve akla uygun akıcıllıkla anlatabilmelidir. Bazen öğrencilere hikâyenin yerini, zamanını veya şahsını değiştirmelerini veya kendi kelimeleriyle buna benzer bir hikâye anlatmalarını talep etmek münasiptir.

A Final Word of Caution

The inexperienced instructor has a tendency to be satisfied with faulty speech from his students. All of us when we hear foreigners speaking our language, hear their mistakes but understand and make allowances. An experienced language teacher learns to avoid this natural reaction and to listen to what his student actually says rather than to understand what his student intended to say. There is no room in the language classroom for acceptance of less than satisfactory production or less than perfect repetition out of a desire not to depress the morale of students or to spare them embarrassment. The student who is not occasionally embarassed in the classroom will be dreadfully embarrassed when he tries to use the language in the field.

There is also no place in the language classroom for discussion of Turkish history, culture, language etc. Language is a skill and until the student has been trained in this skill such interesting and important considerations must be left outside the language classroom.

In summary, the teacher must realize that all these things are much more interesting and newer to the student than to him and that the student will tire of repetition much less rapidly than the teacher. Hence the teacher should extend each exercise, each drill, each pattern at least fifty percent beyond the point which he himself feels sufficient. Language drill is essentially tiresome and laborious work and only by taking a lively interest in the student progress taking place in the classroom can the instructor avoid finding it stultifying.

A Final Word of Caution
(Son Uyarama Sözü)

Tecrübesiz öğretmenlerin, öğrencilerinin hatalı konuşmalarından memnun olmağa meyilleri vardır. Hepimiz, ecnebilerin konuştuğu ana dilimizi dinlerken, onların yaptıkları kusurları duyup, anlar ve göz yumarız. Tecrübeli bir lisan öğretmeni bu tabi'i tepkiyi bertaraf etmesini öğrenir ve öğrecisinin ne demek istediğini anlayacağından ziyade öğrencisinin hakikatte ne dediğini dinler. Lisan sınıfında, öğrencilerin maneviyatlarını bozmamak veya canlarını sıkmamak istendiğinden, mükemmel olmayan tekrarlamaların veya makbul olmayan yapışları kabulüne yer yoktur. Sınıfta arasıra canı sıkılmayan öğrenci, lisanı yerinde kullanmağa çalıştığı zaman dehşetli sıkılacaktır.

Lisan sınıfında Türklerin tarihine kültürüne, lisanına, vesairesine dair olayların müzakeresi için de hiç yer yoktur. Lisan bir hünerdir ve öğrenci bu hünerde yetiştirilinceye kadar böyle ilginç ve mühim düşünceler lisan sınıfının dışında bırakılmalıdır.

Sözün kısası, öğretmen, kendisinden ziyade bütün bunların öğrenci için daha ilginç ve çok yeni olduğunu ve öğrencinin öğretmenden çok daha az süratle tekrarlamaktan yorulacağını mutlaka gözönüne getirmelidir. Bundan dolayı öğretmen, her uygulamayı, her alıştırmayı, her örneği kendisine göre kâfi hissetse bile, öğrencilerin menfaatı için en aşağı yüzde elli nispetinde daha fazla uzatmalıdır. Lisan alıştırması esasında yorucu ve zahmetli bir çalışmadır ve öğretmen, ancak öğrencilerin sınıfta vuku bulan ilerlemesinde canlı bir ilgi göstermekle, bu işin bıktırıcı olmasından kaçınabilir.

UNIT 1

1.0 Dialog: 'Good Morning'

-A-

gün	day
aydın	bright

²   ^{3 •¹}
Gün aydın.   Good morning.

-B-

efendim   sir, madam, miss ('my master')[1]

²   ^{3 • ¹}
Gün aydın efendim.   Good morning sir (etc).

nasıl   how

^{3 • ¹}   #
Nasılsınız?   How are you?

-A-

iyi	good, well
iyiyim	I'm well.
teşekkür	(a) thanking
etmek	to perform, do, make
ederim	I do.
teşekkür ederim	I thank [you].[1]

^{²³•} # ^²   ^{³•} ^¹
İyiyim, teşekkür ederim.   I'm fine, thank you.

siz   You

^{3 • ¹}   #
Siz nasılsınız?   How are <u>you</u>?

---

1 Note:

In the translations of Basic Sentences square brackets [ ] indicate
words needed in the English but not expressed in the Turkish. Parentheses
( ) indicate words expressed in Turkish but not required in a smooth
translation into English. Parentheses and single quotation marks (' ')
are used for literal translations where these are felt to be necessary.

-B-

ben	I
bén de	I too

2 3. '   # 3. '
Teşekkür ederim. Ben de iyiyim.   Thank you, I'm fine too.

1.1 Note: Special Symbols Used in These Lessons:

a) Spelling

The ordinary spelling of Turkish is generally used in these lessons.
There are cases where the ordinary pronunciation is so different from the
spelling that a special 'pronunciation spelling' must be used but these
are rare. Such pronunciation spellings will here be added between slant
lines after the regular spelling. Where only part of a sentence is different,
only that part will be given in special spelling. The student is expected
to learn the pronunciation, and the special spelling will not be repeated
every time the word or phrase occurs. A few words may be spelled in more
than one way (one of which usually represents the common pronunciation
better). Such second spellings will appear here in parentheses. For
examples of such spellings see pages 4, 11 and 16.

b) Stress

There are several features of pronunciation which are not shown in
the regular spelling. One of these is stress (the different degrees of
emphasis placed on syllables). Turkish, like English, is said in phrases,
each of which has one syllable which is more prominent than any other
syllable in the phrase. This is the primary stressed syllable. Primary
stress is indicated by an acute // above the syllable which has it.
Note the primary stress on the following phrases:

gün	teşekkür ederim	ben de iyiyim
nasılsınız	siz nasılsınız	gün aydın efendim

Note that /iyiyim# teşekkür ederim/ in the dialog is two phrases. This
sentence thus has two primary stresses. In longer phrases (of which we
have no examples in the unit) words or word-groups before (occasionally
after) the primary stress may be heard as having a weaker stress. This
is not consistent and depends upon the speed and style of speech. This
'secondary' stress will occasionally be marked in these materials with
a grave /`/ over the syllable which has it.

c) Pitch

Another feature not shown by the ordinary spelling is the pitch or
overall sentence intonation. While this is similar to English in some
respects, it is quite different in others and needs careful attention.
The following examples show the intonation as a line (rising, falling
or level):

2

gün aydın   nasılsınız

The high point of the line is given the number /3/, the mid point /2/ and the low point /1/. The examples above are thus representative of /231/ and /31/ intonation contours.

Each phrase has a pattern of its own. Usually the /3/ coincides with the primary stress of the phrase, as in the above examples, but not always. The pitches of Turkish need careful attention and imitation. Pitch numbers will be indicated in the basic sentences of the first few units.

There is also an extra-high pitch, /4/ replacing /3/, usually associated with negatives, questions and exclamations.

d) Juncture

Ordinary spelling uses commas, periods and the like, but these are insufficient to indicate all the phenomona present and are inconsistently used. For example, the question mark is used after all questions, both those with question words and those requiring a 'yes' or 'no' answer and, in Turkish, most such questions of both kinds require the same kind of intonation pattern as does a statement. In the same way a phrase which is not a question may end with the same kind of lilt which we associate with certain questions. Where there is no ambiquity, only the ordinary punctuation will be used. For purposes of clarity, however, three symbols will be put above the line. These are:

/#/ indicating the final fading out of a phrase, usually after falling pitch. Often corresponds to a period.

/‖/ indicating the distinct rise in pitch associated with some questions, with the ends of subordinate clauses, and with the ends of some words or word-groups in lists.

/|/ indicating the normal division between phrases, with no rise in pitch or other special feature. May correspond to a comma.

The /#/ juncture occurred at the end of all the Basic Sentences. It is only marked occasionally - as for /nasılsınız#/ - where the spelling has a question mark. The /#/ is added to make sure that the student does not give this question a rising intonation. /#/ may also appear in places where the spelling has a comma, as may /|/ and /‖/.

A good example of contrast between /‖/ and /#/ is:

     23, 2 ‖
Efendim?   Beg pardon? or Sir?

     23, 1 #
Efendim.   Yes, sir. (Answer to person calling you)

UNIT 2

2.0 Dialog: 'Good Evening'

-A-

   akşam   evening

   akşamlar   evenings

İyi akşamlar.   Good evening.

-B-

   oo   oh

   merhaba   hello (used by itself only
                                                       informally)

   merhaba efendim   hello sir

Oo, merhaba efendim. Nasılsınız?   Oh, hello sir. How are you?

-A-

Teşekkür ederim. Siz nasılsınız?   Thank you, how are you?

-B-

Teşekkür ederim.   Thank you.

   buyurmak   to do [one] the honor

   buyurun /buyrun/   Please, please come in,
                                                       please sit down, etc. etc.
                                                       (Literally 'Do (me) the
                                                       honor to......')

Buyrun efendim.   Come in please.

   hoş   pleasant

   gelmek   to come

   geldiniz   you came

Hoş geldiniz.   Welcome!

-A-

   bulmak   to find

4

bulduk   we found

3,
Hoş bulduk.   We're [I'm] glad to be here.

2.1 Note: Pronunciation

a) The alphabet and the phonemic system.

The Turkish alphabet is:

A B C Ç D E F G Ğ H I İ J K L M N O Ö P R S Ş T U Ü V Y Z

a b c ç d e f g ğ h ı i j k l m n o ö p r s ş t u ü v y z

the symbol ˆ(used over vowels for various purposes), and the symbol '
(used to show a throat catch or merely an abnormal break in the syllabifi-
cation).

On the whole the actual sounds of the language are well represented
by these symbols. There are, however, a number of points at which there
are inconsistencies or other inadequacies, as has been indicated in
1.1 (a).

The Phonemic System:

Vowels –	Front		Back	
	Unrounded	Rounded	Unrounded	Rounded
High	i	ü	ı	u
Low	e	ö	a	o

Vowel Length - [ˉ]

Consonants –	Paired	Not Paired
Voiceless	p t [ḳ] k s ş ç f	h '
Voiced	b d [ḍ] g z j c v	g [ḷ] l m n r y

Stress -   Primary [´]   Secondary [˙]

Pitch -   Low [1]   Mid [2]   High [3]   Extra-High [4]

Those in brackets above have no special letters in the ordinary spelling
although the symbol ˆ over a vowel in the syllable with the letters 'k',
'g' or 'l' indicates the presence of /ḳ/, /ḍ/, or /ḷ/[1]and in other places
indicates that the vowel is long. Stress and pitch are not represented
at all by the spelling and only irregularly by the punctuation. Vowel
length, here indicated by a macron /ˉ/, above the vowel, is sometimes re-
presented by the symbol ˆ sometimes by the letter 'ğ' and often is not
marked at all. /'/ is irregularly marked.

---

[1] The 1966 printing of the Yeni İmlâ Kılavuzu (new Spelling Guide) published by
the Türk Dil Kurumu (Turkish Language Society) indicates that the symbol will no
longer be placed on /a/ following /l/ unless the /a/ is long, /ā/. This practice
is not yet established, however.

Thus, in our materials here, stress, pitch, juncture, vowel length and occasionally /k/, /ĝ/ and /l/ must be marked to avoid misprounciations. There are in addition those differences between spoken and written Turkish for which special pronunciation spellings must be included as we pointed out above in 1.1.

b) General Hints on the Pronunciation: Vowels:

i	In open syllables (syllables ending with the vowel with no final consonant) when such syllables are not at the end of a word: much like the 'i' of 'machine' but with no glide:	iyí
		iyíyim
	In closed and final open syllables more like the 'i' of 'bit':	siz
		ederím
		iyí
		iyíyim
ü	Like /i/ but with the lips rounded:	teşekkür
		gün
e	Usually like the 'e' of 'bet'. Sometimes (in closed syllables) tending toward the 'a' of 'bat':	eféndim
		ben
ö	Like /e/ but with the lips rounded:	dört
u	In non-final open syllables somewhat like the 'u' of 'lute' but without the glide: In closed or final open syllables more like the 'u' of 'put' but a bit more rounded:	buyurmák bulduk
ı	Like /u/ but with the lips unrounded:	aydín
		násılsınız
a	Like the 'a' in 'father': In syllables with /l/ tending toward the 'a' in 'bat'.	Allah examples will appear later
o	Usually like the 'o' of 'note' but without the glide. Occasionally (in closed syllables) approaching the 'o' or 'ought':	hoş oo

Most English speakers use eight or nine simple vowels:

/i/	bit					/u/	put
/e/	bet	/ə/	but			/o/	horse
/æ/	bat	/a/	hot			/ɔ/	ought

The Turkish vowels spelled with the same letters as those in slant lines
above - /i e a u o / - are sometimes similar to the English vowels and
sometimes different. The precise pronunciation in Turkish depends on
the position of the vowel in the word and the nature of adjacent consonants.
One must be particularly careful to learn the Turkish patterning of the
sound and to rely solely on listening to and imitating the teacher's
pronunciation. One's 'feel' for the sound as similar to English will
be very misleading. The few examples already briefly mentioned above will
illustrate this.

Turkish vowels have in general two main pronunciations, a higher
one (more tense) and a lower one (more lax). Using /i/ as an example,
the higher pronunciation, a clear /i/ sound unlike any English simple
vowel, occurs in open syllables not final in words: i-yi-yim. The lower
pronunciation, much like the i of bit occurs in closed syllables and in
open syllables at the end of a word: siz, ederim, iyi.

The same alternation is true of /u/, the high clear pronunciation
occurring in open syllables (non-final): bu-yur-mak, and the lower
pronunciation, like u in put, in closed syllables and finally: bulduk,
and buldu 'he found' (this word has not appeared in a dialog).

/o/ also has a higher pronunciation, sounding more like the o of
note (but without the glide), as in /o-lur/ 'will become' (not yet
seen in a dialog), and a lower pronunciation sounding more like
the aw of law, as in /hoş/. In syllables with /l/, /o/ has a more
forward pronunciation: /futbol/ 'soccer'.

We may contrast the situation in English. The i of bit is about
the same as that of the open syllable of bi-tter, habi-tual. The ee of
feet, beet, etc., which sounds more like the high i of Turkish i-yi,
is not a simple vowel. It is the i of bit followed by y, so beet /biyt/.
It is the second, y part of this sound which is more like the high
Turkish /i/. Try saying beet without making a glide, keeping the tongue
up high for the whole sound rather than starting lower (i of bit position)
and gliding up (to y position).

Note the following English diphthongs and contrast them with Turkish
simple vowels:

iy	beet	uw	boot
ey	bait	ow	boat
ay	bite	aw	bout

There are three more vowels in Turkish, /ı/, /ü/, /ö/. In
2.1 (a) the vowels are arranged by tongue height:(High /i ü ı u/, Low
/e ö a o/, by tongue position:front or back (Front /i ü e ö/, Back
/ı u a o/, and by whether the lips are rounded or not:(Unrounded
/i e ı a/, Rounded /ü ö u o/). This arrangement is very helpful in
practicing pronunciation, as the contrasts between sets of vowels may
be drilled. For example, /u/ is rounded. Since /ı/ is the unrounded
counterpart, one may make it by saying /u/ but without lip rounding.
(This does not work for the pair /a o/, but these do not present the
same problem.) The same procedure is very useful in learning /ü/ and
/ö/. To say /ü/ pronounce /i/ with lips rounded; to say /ö/ pronounce
/e/ with rounding.

2.2 Pronunciation Drills on Vowels: (Note: the words used in pronunciation
drills are selected from the vocabulary of this Basic Course but need not, of
course, be memorized at this stage.)

/i/	In Open Syllables:		In Closed Syllables:		Final:	
	bilét	ticket	benim	mine, my	hani	you know
	bizim	our	bin	thousand	kişi	person
	diyé	saying	çiftçi	farmer	sāhi	really
	fiát	price	dil	tongue	taksi	taxi
	gişe	ticket window	diş	tooth	nevi	kind, type

/ü/	büfe	buffet	büsbütün	completely	örtü	cover
	büyümek	to grow	dün	yesterday	pardesü	topcoat
	bütün	whole	dünya	world	sütçü	milkman
	düdük	whistle	düşmek	to fall	ütü	iron
	güve	moth	gün	day	yüzü	it's face

/e/	acelé	hurry	ateş	fire	bale	ballet
	benim	my	ben	I	ense	back of neck
	beyaz	white	beş	five	işte	look!
	cevap	answer	bez	cloth	meze	snack
	deniz	sea	ev	house	ne	what

/ö/	In Open Syllables		In Closed Syllables:		Final:	
	börek	pastry	dönmek	to turn, return	Does not	
	döviz	foreign exchange	gök	sky	occur in final	
	görüşmek	to interview	göz	eye	position	
	kömür	coal, charcoal	köy	village		
	köşe	corner	ön	front		
/ı/	kısa	short	bakım	care	adı	his name
	kısım	part	hanım	lady	altı	six
	tanımak	to recognize	kış	winter	aynı	the same
	yıkamak	to wash	kız	girl	boyacı	shoeshine boy
	bıçak	knife	yakın	near	tıpkı	same, exactly
/u/	bulut	cloud	buçuk	half	bu	this
	hukuk	law	bulmak	to find	havlu	towel
	kulak	ear	but	leg, thigh	kuzu	lamb
	tuhaf	strange	buz	ice	su	water
	uyumak	to sleep	çocuk	child	suçlu	culprit
/a/	acaba	[I] wonder	az	little	amca	(paternal) uncle
	ama	but	bakan	minister	boya	paint
	ateş	fire	baş	head	fayda	usefulness
	bâzı	some	cam	glass	hafta	week
	havuz	pool	cevap	answer	hasta	patient

/o/	In Open Syllables:		In Closed Syllables:		Final:	
	boya	paint	boş	empty	o	he, she, it, that
	çorap	socks	çok	very, much	banyo	bath
	hoca	teacher	hoş	pleasant	kambiyo	exchange
	hoşaf	compote	on	ten	kilo	kilogram
	oda	room	son	last	palto	overcoat

UNIT 3

3.0 Dialog: 'Goodbye', 'Goodnight'

-A-

Alláh	God
Alláha	to God
ısmarlamák	to order, place an order
ısmarladık	we ordered

2   3,   1
Allaha ısmarladık. /allásmarladık/   Goodbye (said by person leaving)
                                              ('we have committed you to God')

-B-

gülmék	to laugh

2 3 , 1
Güle güle.   Goodbye. (said by person staying)

-A-

gecé	night
gecelér	nights

2   3,1
İyi gecelér.   Goodnight!

-B-

rahát	comfortable, comfort
rahatlík	comfortableness
vermék	to give
versin	may he give

2   3, 1
Allah rahatlık versin.   Goodnight. ('may God give rest')

Numbers:

bir	one; a, an	altı	six
iki	two	yedi	seven
üç	three	sekiz	eight
dört	four	dokuz	nine
beş	five	on	ten

3.1   Note: /r/

The Turkish /r/ is made with the tip of the tongue against the ridge back of the upper teeth. There may be simply a tap of the tongue against the ridge (rarely a trill) or a frictional sound made by air escaping between the ridge and the tongue not quite touching it. The /r/ made with friction sounds deceptively like an American English r, which must, of course, be avoided. In final position, as in /bir/ 'one', /r/ is usually voiceless. The tip of the tongue is against the alveolar ridge behind the upper teeth but not very tightly and the sound consists of the friction or air between tongue and ridge without throat noise (voicing).

Like other consonants /r/ may be doubled, in which case it is 'held' (long).

3.2   Pronunciation Drills on /r/:

/r-/		/-r-/		/-r/	
rica	request	biraz	a little	demir	iron
rüzgâr	wind	çürük	spoiled	müdür	director
rıza	consent	merak	worry	hazır	ready
ruh	spirit	kuru	dry	memur	official
raf	shelf	börek	'börek'	buhar	steam

/Cr-/		/-Cr-/		/-rC-/	
kristâl	crystal	kibrit	match	bitirmek	to finish
fren	brake	köprü	bridge	sürmek	to rub on
trup	troupe	adres	address	herşey	everything
traş	shave	Avrupa	Europe	ayırmak	to set aside
krom	chrome	alabros	crew cut	durmak	to stop

/-rCC-/		/-CCr-/		/-rC/	
ettirtmek	to have someone do	antrenman	training	Türk	Turk
güldürtmek	to have someone make	kompres	compress	dört	four
ayırtmak	to reserve	telgraf	telegram	kırk	forty
apartman	apartment (house)	antrak	intermission	kork	fear!

3.3 Note: /l ļ/

/l/ is quite like English l and will not cause particular difficulty. /ļ/ is made with the tongue forward, behind the upper teeth and close to the roof of the mouth (something like the position in which y is said). This 'front' /ļ/ must be practiced very carefully. There are actually not very many circumstances under which /l/ and /ļ/ contrast in bases, and they never contrast in Turkish suffixes. /ļ/ occurs in the same syllable with front vowels (/i e ü ö/) and also at the beginning of open syllables containing back vowels (/o u/) when such syllables are not final. That is, /ļ/ occurs generally in all situations where the higher tense forms of the back vowels /u o/ occur. /ļ/ also occurs in a few syllables - open or closed - containing /a/ (which does not have a clear tense-lax distinction of pronunciation) and at the end of some syllables containing /o/ or /u/.

/l/, on the other hand, occurs in closed syllables and in open final syllables with back vowels - never in syllables with front vowels. Thus the only places where there are contrasts between /l/ and /ļ/ are at the end of closed syllables after /a/, /o/ or /u/ (/puļ/ 'stamp' vs. /meşkuļ/ 'busy (spelled 'meşgul'); /mal/ 'goods' vs. /maļ olmak/ 'to cost!'); and in final open syllables before back vowels (/hala/'paternal aunt' vs. /hālā/ [spelled hâlâ] 'still'). In the spelling a circumflex (ˆ) over a back vowel in a syllable with the letter l indicates that this is /ļ/ not /l/ (lâf/ļaf/ 'talk', lûgat /ļugat/ 'dictionary, vocabulary'), but this spelling is not always adhered to: hal /hal/ 'condition', lokanta /ļokanta/ 'restaurant', kabul /kabuļ/ 'reception', rol /roļ/ 'role'.

3.4 Pronunciation Drills on /l ļ/:

/l-/		/ļ-/	
lokma	morsel	lira	lira
lort	lord	lûzum	necessity
losyon	lotion	lezzet	taste
		lûtfen	please
		lokanta	restaurant

13

/-1-/

pahalí	expensive
bulút	cloud
saláta	salad
salón	lounge

/-ļ-/

ilím	science
üzülür	he worries
mesele	problem
pilâv	pilaf

/-1C-/

buldúk	we found
kalmák	to remain
yolculúk	trip

/-ļC-/

bilmék	to know
gülmék	to laugh
gelmék	to come
ölmek	to die

/-1/

nasıl	how
yol	road
okúl	school
pedál	pedal
bol	abundant

/-ļ/

değíl	isn't
bülbül	nightingale
el	hand
kabúl	acceptance
Kemál	Proper Name

/-C1-/

yanlış	mistake
muslúk	faucet
anlamák	to understand

/-Cļ-/

evlí	married
önlük	apron
möble	furniture
meşgul	busy

/-ll-/			/-ḷḷ-/	
sallamák	to wave		millî	national
yollamák	to send		bellí	apparent
			ellér	hands
			tellâl	middleman

/Cl-/		/Cḷ-/	
		plâj	beach
		plâkí	stew

UNIT 4

4.0 Basic Sentences: Classroom Expressions:

tekrár	repetition
tekrár etmek	to repeat
tekrár edin	repeat! (plural or more polite)
lútfen, (lútfen)	please

2 3. 1 | 1 ; 1
Tekrar edin, lútfen.   Please repeat.

tercüme	translation
tercüme etmek	to translate

2   3. 1 | 1 . 1
Tercüme edin, lútfen.   Please translate.

sizín	your
sirá	turn, order, pupil's desk, r‹
sir-aniz	your turn
sizín sir-aniz	your turn

2 3. 1 |1 . 1
Sizín sir-aniz efendim. (or)   It's your turn (sir).

  2   3. 1
  Sira sizín efendim.

pardon	excuse me, pardon me
ne	what
demék	to say
dediníz	you said

3. 1 # 3. 1 #
Pardon! Ne dediniz?   Excuse me, what did you say?

ders	lesson
derse	to the lesson
başlamak	to begin, start
başlayalım /başlıyalım/	let's begin

Derse başlayalım.   Let's start (to) the lesson.

pek   very

Pekiyi. /peki/ (Pek iyi.)   Fine! (Okay), very well

isim (ism-)   name, first name

isminiz   your name

İsminiz ne efendim?   What's your name sir?

ismim   my name

İsmim Hasan efendim.   My name is --------- (Hasan)

soy   family, race (ancestors)

ad   name

soyadı   last name

Soyadınız nedir?   What's your last name?

soyadım   my last name

mutlu   fortunate, lucky

Soyadım Mutlu.   My last name is Mutlu.

'Merhaba' ne demek?   What does 'merhaba' mean?

Merhaba 'hello' demek.   Merhaba means 'hello'.

Nerelisiniz?   Where are you from?

Amerikalıyım   I'm an American.

17

4.1 Note: Syllabification

In the pronunciation of Turkish the unit of speech next smaller than the phrase is the syllable . Turkish syllables may consist of a vowel alone (V), a consonant plus a vowel (CV), a vowel plus a consonant (VC), a consonant followed by a vowel and another consonant (CVC) or any of these last three with two consonants in <u>one</u> of the consonant positions: (CCV), (VCC), (CCVC), or (CVCC). However syllables beginning with (CC) are rare and are mostly foreign loan words. Turks often put a vowel between or before such pairs of consonants in borrowed words: words starting, with /st/ are regularly pronounced with a vowel before the /s/: /istasyon/ 'station', /istatistik/ 'statistic', and words like /tren/ 'train' are frequently pronounced and often spelled /tiren/, etc.

Within a Turkish phrase without juncture the succession of syllables is regular without regard to the division between 'words' or other units of grammatical structure or 'meaning'. For example, the syllabification of sentences from Unit 1 is as follows:

Gün aydın.	/gü-nay-dín/ CV CVC CVC
Gün aydın efendim.	/gü-nay-dí-ne-fen-dim/ CV CVC CV CV CVC CVC
Nasılsınız.	/ná-sıl-sı-nız/ CV CVC CV CVC
İyiyim	/'i-yi-yim/ CV CV CVC
Teşekkür ederim.	/te-şek-kü-re-de-rim/ CV CVC CV CV CV CVC
Buyrun efendim.	/búy-ru-ne-fen-dim/ CVC CV CV CVC CVC
Merhaba efendim.	/mér-ha-ba-e-fen-dim/ CVC CV CV V CVC CVC
İyi akşamlar.	/'i-yi-ak-şam-lár/ CV CV VC CVC CVC
Allah rahatlık versin.	/'al-lah-ra-hat-lík-ver-sin/ CVC CVC CV CVC CVC CVC CVC

From this list it can be seen that where two consonants come together between vowels the first is uttered with the preceding syllable, the second with the following one. Where there is only one consonant between vowels it always belongs to the following syllable. If three consonants occur together (as in /renkté/ 'in [the] color') the first two belong to the preceding syllable, the third to the following one: /renk-té/.

                                    CVCC CV

The glottal catch /'/ is only written where there is a word with two vowels (otherwise) adjacent or where there is a break in the syllabification: /sa'at/ 'clock, hour' (spelled <u>sa'at</u> or <u>saat</u>); /sür'at/ 'speed' (spelled

CVCVC
<u>sürat</u> or <u>sür'at</u>). A glottal catch precedes all vowels following juncture if no other consonant is present: /mérhaba 'efendim/, /'iyiyim/, but this is not written.

Review of Basic Sentences:

Units 1, 2, 3 and 4 contain no grammatical explanations, variation drills or grammatical drills. Such matters will start with Unit 5. There should, however, be no capitulation to the temptation to hurry on to longer units with more drill material in them. These short introductory units dealing with greetings and common phrases provide an opportunity to establish early good habits of pronunciation which will stand the student in good stead later in the course. It is therefore recommended that review of these four units be continued until the students are letter perfect, not only in their recall of the utterances but in their rendering of them from all points of view including stress and intonation patterns.

UNIT 5

5.0 Dialog: 'Where's the Hotel?'

-A-

af	pardon
affetmek	to pardon, forgive, excuse

3.1
Affedersiniz.   Excuse me.

-B-

2 3. 1
Estağfurullah.   Please don't mention it.

-A-

otel	hotel
nerede	where? ('in what place')

2   3.1 #
Otel nerede?   Where's the hotel?

-B-

hangi   which

3. 1   #
Hangi otel?   Which hotel?

-A-

Ankara	Ankara (capital city)
palas	palace (frequent hotel name)

2   3.1
Ankara Palas.   The Ankara Palace.

-B-

sağ /sā/	right, right hand
taraf	side
sağ taraf	right hand side
sağ tarafta	on the right (side)
köşe	corner
baş	head, top

20

köşé başı	the very corner ('corner's head')
köşé başında	around the corner, at the corner ('at the corner's head)

Sağ tarafta, köşe başında.   [It's] around the corner on the right.

-A-

pahali	expensive

Ankara Palas pahali mı?   Is the Ankara Palace expensive?

-B-

orta	middle, medium

Orta.   It's medium priced.

-A-

kaç	how much, how many
lira	lira (unit of money)

Kaç lira?   How much [does it cost]?

-B-

gecesi	its night, a night of it
altmış beş	sixty-five

Gecesi altmış beş lira.   Sixty-five liras a night.

-A-

ucuz	inexpensive
doğru	straight, correct
doğrusu	truly, (the straight of it)

Ucuz doğrusu.   [That's] really inexpensive.

5.1 Variation Drills on Basic Sentences:

Useful additional words:

      Lokanta nérede?   Where's the restaurant?

      Postahane nérede?   Where's the post-office?

a) Progressive Substitution Drill

Cue	Pattern
	Otel nerede?
lokanta	Lokanta nerede?
sağ tarafta	Lokanta sağ tarafta.
Ankara Palas	Ankara Palas sağ tarafta.
köşe başında	Ankara Palas köşe başında.
postahane	Postahane köşe başında.
nerede	Postahane nerede?
otel	Otel nerede?

b) Progressive Substitution Drill

Cue	Pattern
	Ankara Palas pahalı mı?
lokanta	Lokanta pahalı mı?
sağ tarafta	Lokanta sağ tarafta mı?
otel	Otel sağ tarafta mı?
köşe başında	Otel köşe başında mı?
postahane	Postahane köşe başında mı?
sağ tarafta	Postahane sağ tarafta mı?
Ankara Palas	Ankara Palas sağ tarafta mı?
pahalı	Ankara Palas pahalı mı?

HOW TO USE SUBSTITUTION DRILLS

Substitution Drills in these units are of various kinds.
1. Simple Substitution Drills consist of a pattern with a list of items to be substituted at a single position in the pattern.
2. Multiple Substitution Drills consist of a pattern with lists of items to be substituted freely in any order in more than one position in the pattern.

Both of these types of drill are essentially not finished drills but rather condensed lists of drill material which can be used just like the other substitution drills described below.
3. Progressive Substitution Drills, of which the drills to the left are examples, consist of a pattern, a cue for substitution at the underlined position into the pattern, then the pattern as modified by substitution of the cue, which in turn serves as pattern for the next cue and so forth. These drills are printed with the cues in one column and the patterns in another in such a way that a notched 3x5 index card can be used to cover the printing, leaving only the current pattern and cue exposed. By sliding the card down the page, one exposes successively the correct responses to the previous substitutions, and the new cues.

c) Progressive Substitution Drill

Cue	Pattern
	Hángi <u>otel</u> pahalı?
lokanta	Hángi lokanta <u>pahalı</u>?
iyi	Hángi <u>lokanta</u> iyi?
otel	Hángi otel <u>iyi</u>?
köşe başında	Hángi <u>otel</u> köşe başında?
lokanta	Hángi lokanta <u>köşe başında</u>?
pahalı	Hángi <u>lokanta</u> pahalı?
otel	Hángi otel pahalı?

d) Progressive Substitution Drill

Cue	Pattern
	<u>Otel</u> hángi tarafta?
postahane	Postahane hángi <u>tarafta</u>?
köşe başında	<u>Postahane</u> hángi köşe başında?
otel	Otel hángi <u>köşe başında</u>?
tarafta	Otel hángi tarafta?

4. <u>Random Substitution Drills</u> differ from progressive ones only in that the substitutions are not made into the positions in the pattern in any set order. Random Substitution Drills may be used only where the pattern is such that a cue can be substituted at one and only one position in the pattern.

5. <u>Substitution-Correlation Drills</u> are like either 3 or 4 above with the additional feature that substitution of the cue item into the pattern regularly or occasionally requires a change of some item elsewhere in the sentence to correlate with the substituted item. An example of this type in English might be a drill in which a substitution of <u>John</u> for <u>the boys</u> as the subject of a sentence required a change of the verb from <u>work</u> to <u>works</u>.

Cues are presented in early units in exactly the form that is appropriate to the position in the pattern presented. As soon, however, as grammatical explanations have been made and practice provided in the formation of inflected forms, cues are presented in 'citation' forms (infinitives of verbs and uninflected forms of nouns) and the student is expected to produce the correct form to fit the pattern.

5.2 Note: Consonants

a) /k ḵ g ḡ/

As with /l/ and /ļ/ there are pairs /k ḵ/ and /g ḡ/, the /ḵ/ and /ḡ/ being fronted or palatalized and so sounding something like kʸ and gʸ. The palatalized consonants /ḵ/ and /ḡ/ occur mainly in syllable with front vowels (/i ü e ö/). They occasionally occur next to a back vowel, usually /a/, and such back vowel usually has ^ over it to indicate this: rüzgâr /rüzḡar/ 'wind'. The back varieties /k g/ are much like English ḵ and g and occur exclusively in syllables with back vowels.

b) /t d n/

Turkish /t d n/ are pronounced with the tongue touching the upper teeth. /n/ before /ḵ/, /ḡ/, /k/ or /g/ is more commonly pronounced like the -ng of English sing.

c) /p t k ḵ ç/

Aside from the dental pronunciation of /t/ (see (b) above) these consonants sound much like English p in 'pot', t of 'top', c of 'cop', c of 'cute' and ch of 'chop' respectively. In all these English words initial p, t, c (k), c (kʸ) and ch are clearly released and with noticeable breath following. In contrast the p of English 'helicopter' and the k (spelled c) of 'doctor' are not clearly released. In contrast to this English situation, in Turkish these sounds are regularly clearly released whether in the middle or at the end of the word - as well as at the beginning as in English. The drills provide examples of these sounds at the beginning of words, in the middle (including before and after other consonants) and at the end of words, illustrating how they are released in each position.

5.3 Pronunciation Drills on Consonants

a) /k ḵ g ḡ/

/k/		/ḵ/	
kırk	forty	kira	rent
kum	sand	küçük	small
kaç	how much	kâfi	enough
kola	starch	köşe	corner

/g/   /ǧ/

gāyet	exceedingly	gibi	like, as
gaz	kerosene	gişe	ticket booth
baygın	unconscious	güç	difficult
sigorta	insurance	gece	night
yorgun	tired	geç	late

b) /t d n/

/t/

tiyatro	theatre	tıbbıye	medical school
tütün	tobacco	tutam	pinch
tembel	lazy	tam	complete
torun	grandchild		

/d/

dilim	slice	duymak	to hear, to feel
dün	yesterday	dalmak	to dive, to sink
deniz	sea	dolma	dolma (a food)
dönmek	to turn, to return		

/n/

niyet	intention	numara	number
nüfus	population	nane	mint
nem	dampness	noter	notary
nöbetçi	one on duty		

/n/ + /k/ or /k̲/

renk	color	Ankara	Ankara
banka	bank	denk	bale, large bundle

c)   /p t k k̲ ç/

/p-/		/-p-/		/-p/	
pabuç	shoe	ipek	silk	cevap	answer
pahalı	expensive	kapak	lid	çorap	socks
pamuk	cotton	kapı	door	harap	ruin
pek	very, quite	rapor	report	kap	cover
pencere	window	vapur	steamer	küp	jug

/pC-/		/-pC-/		/-Cp-/	
plâj	beach	köprü	bridge	arpa	barley
plâki	stew (cold)	öpmek	to kiss	karpuz	watermelon
profesör	professor	tıpkı	typical	kumpanya	company
		toplamak	to gather	şampiyonluk	championship
		toprak	earth		

/-CpC-/

sürpriz	surprise

/t-/		/-t-/		/-t/	
tabák	plate	áteş	fire	bulút	cloud
takdím	intro-duction	bütün	whole	süt	milk
tek	single	gazéte	newspaper	hububát	grain
toprák	earth	netíce	result	kat	storey, floor
tüy	feather	ütü	iron	kibrít	match

/tc-/		/-tc-/		/-ct-/	
tramváy	street-car	atmák	to throw	eníşte	brother-in-law
traş	shave	etráf	surround-ings	fırtına	storm
tren	train	lûtfen	please	göstermék	to show
trup	troupe	müthíş	terrible	haftá	week
		nöbetçí	one on duty	istifá	resignation

/ct-/		/-ctc-/		/-ct/	
stádyum	stadium	ayırtmák	to reserve	Bülént	PN
		boşaltmák	to empty	dört	four
		bunaltmák	to cause to suffo-cate	üst	top
				yoğurt	yoghurt

/-tt-/	
hâttâ	moreover
müfettíş	inspector

/k-/		/-k-/		/-k/	
kabak	squash	bakán	minister	ayák	foot
kırk	forty	bakım	care	balık	fish
kısmak	to pinch	hukúk	law	bıçak	knife
koltuk	armchair	okumak	to read	buçúk	half
kolay	easy	yaka	collar	hak	right (noun)

/kC-/		/-kC-/		/-Ck-/	
kredi	loan	bakmak	to look at	aski	hanger
krem	cream	demokrat	Democrat	balkon	balcony
kristal	crystal	doktor	doctor	banka	bank
krom	chrome	haklı	he's right	birkaç	several, a few
		makbuz	receipt	fevkalâde	marvelous

/-CkC-/		/-Ck/		/-kk-/	
kalkmak	to get up	denk	bale	ayakkabı	shoe
korkmak	to fear	fark	difference	bakkal	grocer
		halk	people	dikkat	care, attention
				hakkında	about
				muhakkak	certain

/k-/		/-k-/		/-k/	
kâğıt	paper	bereket	blessing	börek	(a kind of food)
kâse	bowl	fakülte	college	büyük	big
kendi	self	hakem	referee	gök	sky
kim	who	hâkim	judge	pek	very, quite
köşe	corner	felâket	diaster	yük	load

28

/-ḳC-/		/-Cḳ-/		/-Cḳ/	
becerikli	smart	erkék	male	ilk	first
değişik-lik	change	eski	ancient	kürk	fur (coat)
eksík	lacking	hünkấr	sultan	renk	color
ikmấl	completion	mevkí	class, level		
mektép	school	mümkün	possible		

/-ḳC/		/-ḳCC-/		/-ḳk-/	
lüks	luxury	elektrik	electric-ity	demekki	that is to say, that means
				teşekkür	thanks
				tevekkelí	by mere chance

/-ç-/		/-ç-/		/-ç/	
çabuk	quickly	buçuk	half	geç	late
çiçek	flower	çiçek	flower	güç	difficult
çekmek	to pull	bıçak	knife	hiç	not at all
çürük	rotten	için	for	ihraç	exportation
çocuk	child	seçim	election	pabuç	shoe

/-Cç-/		/-çC-/		/-Cç/	
bekçi	watchman	geçmek	to pass	genç	youth
alçı	plaster of Paris	biçmek	to reap	pirinç	rice
ilçe	county	güçlük	difficulty		
parça	piece	güçbelâ	with great difficulty		
salça	sauce	içmek	to drink		

/-çC-/		/-CCç/	
kaçta	what time	çiftçi	farmer
suçlu	culprit		

UNIT 6

6.0 Dialog: 'Is There a Restaurant?'

-A-

bu	this
búra-	this place
búralarda	in these places (hereabouts)
var	existent (there is)
vár mı	is there?

2   3, 1
Buralarda lokanta var mı?   Is there [a] restaurant around here?

-B-

3, 1
Var efendim.   [Yes] there is, (sir).

gitmék	to go
git	go!
gídiniz	go!
sol	left, lefthand

2   3, 1   #   3   1
Doğru gidiniz. Sol tarafta.   Go straight ahead; [it's] on the left.

-A-

ácaba	[I] wonder
pósta	mail
postahané, postané	post office

2   3, 1
Acaba postahane nerde?   I wonder where the post office is.

-B-

sağá	to [the] right
dönmék	to turn, return
dön	turn

dönünüz	turn! (polite)
ilk	first
büyük	big, adult, grown up
biná	building

2 3 , ˈ # 3 , ˈ
Sağa dönünüz, ilk büyük bina.

Turn to the right [and it's] the first big building.

6.1 Variation Drills on Basic Sentences

a) Progressive Substitution Drill

Cue	Pattern
	<u>Buralarda</u> lokanta vár mı?
sağ tarafta	Sağ tarafta <u>lokanta</u> vár mı?
otel	<u>Sağ tarafta</u> otel vár mı?
köşe başında	Köşe başında <u>otel</u> vár mı?
postahane	<u>Köşe başında</u> postahane vár mı?
sol tarafta	Sol tarafta <u>postahane</u> vár mı?
lokanta	<u>Sol tarafta</u> lokanta vár mı?
buralarda	Buralarda lokanta vár mı?

b) Progressive Substitution Drill

Cue	Pattern
	Acaba <u>postahane</u> nérde?
otel	Acaba otel <u>nerede</u>?
köşe başında mı	Acaba <u>otel</u> köşe başında mı?
lokanta	Acaba lokanta <u>köşe başında</u> mı?
sağ tarafta	Acaba <u>lokanta</u> sağ tarafta mı?
postahane	Acaba postahane <u>sağ tarafta</u> mı?
buralarda	Acaba <u>postahane</u> buralarda mı?
Ankara Palas	Acaba Ankara Palas <u>buralarda</u> mı?
nerede	Acaba <u>Ankara Palas</u> nerde?

31

Acaba <u>Ankara Palas</u> nerde?

postahane   Acaba postahane nerde?

6.2   Note: Basic Turkish Structure

Nasılsınız?	How <u>are</u> you?
İyiyim.	I'm fine.
Siz nasılsınız?	How are <u>you</u>?
Otel nerede?	Where's the hotel?
Sağ tarafta, köşe başında.	[It's] on the right around the corner.
Buralarda lokanta var mı?	Is there a restaurant around here?
Ankara Palas pahalı mı?	Is the Ankara Palas expensive?

These sentences consist essentially of a single element, which we call the 'predicate', meaning 'that which is stated or posited' about the topic under discussion. To this element may be suffixed certain information, such as the first or second person ('I' or 'You') associated with the assertion.

	Predicate
Base	Additional Information
nasıl-	-sınız
(how)	(you-all)
iyi-	-yim
(good)	(I)

Preceding this assertion there may be a word naming the person or thing associated with the assertion as the 'topic' about which the assertion is made. This is more common when this person or thing is third person (he, she or it) rather than first or second. But sometimes, usually for emphasis, a first or second person 'pronoun' is used in this way. We may call this topic 'subject' when it agrees with the person of the additional information suffix (if any) of the predicate or when it is third person and there is no personal suffix on the predicate.

Subject	Predicate	
	Base	Additional Information
síz	nasıl-	-sınız
(you-all)	(how)	(you-all)
otel	nérede	------
(hotel)	(at what place)	( )
Ankara Palas	pahalı-	-mı
(the Ankara Palace)	(expensive)	(?)

In addition to 'subject' and 'predicate' (the latter with its 'additional information'), there may be other words or phrases in the sentence. These words or phrases will normally be marked by suffixes or by junctures (particularly /|/) as separate topic components of the sentence, which add to the meaning such element as the 'time', 'place', 'manner', 'means', 'instrument', 'goal', 'object' of the state or action asserted in the predicate.

—Topic—	—Comment—		
	-topic-	-comment-	
	(Subject)	Predicate Base	Additional Information
búralarda		lokanta	vár-	-mı
(in these places)	(restaurant)	(existent)	(?)

This sentence is typical of the structure of all Turkish sentences, even the longest and most complex. Of course, there may be more than one additional component in the sentence and any of the parts of the sentence may be a compound phrase or may have modifiers describing it. In this way much longer and more complex sentences may be built up on this basic structure. Also, of course, any part of the sentence may itself be a structure with the form of a sentence (a 'clause').

Note that there is no 'additional information' suffix to show 'he', 'she',

or 'it', and further that there is nothing in any way corresponding to our verb
'be'. Thus where we say 'I am well' the Turks say something approximating 'good-
I' and for 'He is well' the Turk usually simply says 'good' or, if the person
or thing which is well (or good) is not clear from the situation, he may say 'He
(she, it) good': /ó'iyí/.

In all the Basic Sentences word-formation was accomplished by means of suffix
This is characteristic of Turkish - the grammar (structure) of the language is a
suffixing grammar. For this reason most of the notes in this course will have
to do with the structure and use of suffixes. But, since it is impossible to
explain everything at once, the student must suppress his natural curiosity
about some of the suffixes which occur in Basic Sentences until the appropriate
time arrives to explain them formally. However, the alert student can frequently
learn much from study of the 'build-ups' provided for the basic Sentences.

6.3 Grammar Drills on Basic Turkish Structure:

a)   Simple Substitution Drill

Otel	násıl?
Ankara Palas	
Lokanta	
Bina	

c)   Simple Substitution Drill

Otel	nérede?
Lokanta	
Ankara Palas	
Postahane	

b)   Simple Substitution Drill

Ácaba	otel	násıl?
	Ankara Palas	
	lokanta	
	bina	

d)   Simple Substitution Drill

Ácaba	otel	nérede?
	lokanta	
	Ankara Palas	
	Postahane	

6.4. Note: /var/

Special attention needs to be given to the word /vár/, which means 'existent'
and functions in Turkish just like /pahalí/ or /iyí/ or similar 'adjectives'

34

used as predicates. The English translation of /var/ in most sentences is 'there

is' or 'there are' (with the question particle /mı/ and its variations, 'Is there?

or 'Are there?') Thus the sentence:

Otel vár mı?

translates 'Is there [a] hotel?', while the sentence:

Otel pahalí mı?

which is exactly the same sentence type in Turkish, translates 'Is [the] hotel

expensive'. The similarity of sentence structure is clearer if the two sen-

tences are translated 'literally': 'Hotel existent?' and 'Hotel expensive?'.

6.5 Grammar Drills on /var/

a) Multiple Substitution Drill

Sól tarafta	bir	postahané	var.
Búralarda		biná	
Sağ tarafta		otel	
		lokánta	

b) Multiple Substitution Drill

Sağ tarafta	büyük	bir	lokánta	var.
Sól tarafta	iyi		biná	
Köşe başında			otél	
Búralarda				

c) Multiple Substitution Drill

Sól tarafta	bir	lokánta	vár mı?
Búralarda		otel	
Sağ tarafta			

d) Multiple Substitution Drill

Búralarda	büyük	bir	otel	vár mı?
Köşé başında	iyi		lokanta	
Sáğ tarafta				
Sól tarafta				

e) Additional Patterns for Substitution Drill:

O lokanta pahalí mı?

İyi bir lokanta vár mı?

Otel pahalí mı?

Köşé başında pahalı bir lokánta var.

Ó Köşe başında bir lokanta vár mı?

6.6 Numbers Above Ten

11	onbir	70		yetmiş
12	oniki	80		seksen
13	onüç	90		doksan
14	ondört	100		yüz
15	onbeş	101		yüzbir
16	onaltı	110		yüzon
17	onyedi	120		yüzyirmi
18	onsekiz	200		ikiyüz
19	ondokuz	300		üçyüz
20	yirmi	1000		bin
21	yirmibir	1100		binyüz
22	yirmiiki	1200		binikiyüz
30	otuz	100,000	(100.000)*	yüzbin
40	kırk	100,300	(100.300)*	yüzbin üçyüz
50	elli	1,000,000	(1.000.000)*	milyon
60	altmış	1,000,200	(1.000.200)*	bir milyon ikiyüz
		1,000,000,000	(1.000.000.000)*	milyar

* In Turkey the division between digits in large figures is usually made with
a period (.) rather than with a comma.

36

UNIT 7

7.0 Basic Sentences: 'Classroom Expressions'

anlamák	to understand
anlá	understand
anladınız	you understood

²   ³ , ¹ #
Anladınız mı?   Did you understand?

³,¹
Evet.   Yes.

³,¹
Hayır.   No.

²   ³, ¹
Anlayamadım.   I couldn't understand.

tekrarlamak	to repeat
tekrarla	repeat!

²   ³,¹
Tekrarlayın.   Repeat [it]! (polite)

o	he, she, it; that
kalem	pencil,
kalemi	the pencil (direct object)
verir misiniz?	would (or will) you give

²   ³ , ¹   #
O kalemi verir misiniz?   Would you give [me] that pencil?

kitap	book
kitaplar	books
kitapları	the books (direct object)
kapamak	to close
kapa	close
kapayalím/kapıyalím	let's close

²   ³, ¹
Kıtapları kapayalım, lûtfen.   Let's close [our] (the) books, please.

37

açmák	to open
açabilmék	to be able to open
açabilírsiniz	you may open (you can open)

²Kitapları ³açab³ílír¹siniz.   You may open [your] books.

şímdi	now
şímdilik	the time being
kadar	amount
yetmék	to suffice
yetér	it suffices, that's enough

³Şimd²ilik ²bu kadar ³yetér.¹   That's all for now. ('this much sufficies')

7.1 Note: Plural Suffix /-lér/, /-lár/, Low Vowel Harmony

The suffix /-ler/ or /-lar/ indicates an indefinite plurality. The difference between /-ler/ and /-lar/ is due to 'vowel harmony'. This is a very important feature of the Turkish sound system. The type of vowel harmony illustrated by /-ler/ and /-lar/ will be discussed more fully in 8.2 and 8.3 but in brief is this: suffixes having this kind of harmony will have the vowel /e/ after any <u>front</u> vowel /i e ü ö/; and the vowel /a/ after any <u>back</u> vowel: /ı a u o/. This is well illustrated in the following noun plurals:

With front vowels:

gün	day	günlér	days
teşekkür	a thanking	teşekkürlér	thankings
gece	night	geceler	nights
tercümé	translation	tercümelér	translations
ders	lesson, class	dersler	lessons, classes
otel	hotel	oteller	hotels
köşé	corner	köşelér	corners

| büyük | adult | büyükler | adults |
| kalem | pencil | kalemler | pencils |

With back vowels:

akşam	evening	akşamlar	evenings
sıra	turn	sıralar	turns
taraf	side	taraflar	sides
baş	head	başlar	heads
bina	building	binalar	buildings
kitap	book	kitaplar	books
lira	lira	liralar	liras

Note that it is the <u>immediately preceding</u> vowel which determines the vowel of the suffix. Thus in words like /otel/, /kalem/, /bina/,/kitap/ and /lira/ the two vowels of the base are different - one back, one front - but only the last one before the suffix decides the vowel of the suffix itself.

Since the vowel of a harmonic suffix is determined by something outside the suffix itself, we cannot know the pronunciation (or the spelling) of a suffix until it is added to a word. For this reason we must choose arbitrarily one of the shapes of a suffix as a 'citation form' or name for that suffix, or else resort to an unpronounceable formula. In this course we have chosen to represent each suffix according to the following conventions:

1. When the first sound of a suffix is a consonant which may occur sometimes voiceless, sometimes voiced (e.g. either /t/ or /d/ we use the voiced member of the pair (here /d/).

2. When the final sound of a suffix is a consonant which may occur sometimes voiceless, sometimes voiced (e.g. /k/ or /g/) we choose the voiceless member of the pair (here /k/).

3. Low vowel harmony (where the vowel choice is /a/ or /e/ is represented by the back vowel /a/, high vowel harmony (see 8.1) by /ı/.[1]

4. Any sound which is present in one form and completely absent in another form of a suffix appears in the citation form in parentheses.

The applications of these rules will become apparent as more suffixes are discussed. When a suffix is being cited or named by one of its forms which stands for the entire group of members of the suffix the form used will be enclosed in braces { }. Thus the suffix for plural, which has the shapes /-ler/ and /lar/ will be cited in these materials: {-lar}.

Both kinds of vowel harmony are illustrated in all the drills which contain any words with suffixes on them - and in all such words in Basic Sentences as well. Examine the Basic Sentences and Drills of Units 1 - 7 to discover suffixes which contain now /e/ and now /a/. All such suffixes belong to the Low Vowel Harmony class. This class membership is part of the shape of each suffix just as much as is any sound used in the pronunciation of the suffix and is just as arbitrary.

7.2 Note: /bir/ and the Word-Order of 'Modification'

The word /bir/ 'one' functions also in Turkish as an indefinite 'article' similar in meaning to 'a' and 'an' in English. It regularly goes immediately before the noun and does not have stress. Any modifiers go ahead of it. Thus in English we say 'A good restaurant' while in Turkish they say /iyí bir lokanta/. This point is illustrated at a number of places in drills which you have already practiced.

---

1. The choice of the vowels /a/ and /ı/ to represent the harmonic vowels of suffixes in citation forms is contrary to the usual practice of Turkish grammarians (who use /e/ and /i/ respectively) but is made on the basis of convenience. There exist in Turkish non-harmonic suffixes containing /e/ (e.g. {-(y)ken}) and /i/ (e.g. {-ki}) but no non-harmonic suffixes containing /a/ and /ı/.

UNIT 8

8.0   Dialog: 'Where is There a Gas Station?'

-John-

Ahmet bey	(Mr.) Ahmet
burada	here ('at this place')
benzin	gasoline
benzinci	gasoline station, seller of gasoline

2 ʌ   1# 2   3. 1 #
Ahmet bey burada bir benzinci var mı?   Ahmet, is there a gas station here?

-Ahmet-

ama	but
az	little (amount)
biraz	a little, a bit
uzak	far, far place
uzakta	at a distance

3 .1 #2   3.1
Var, ama biraz uzakta.   Yes ('there is'), but it's at some distance.

-John-

3 . 1   #
Ne kadar?   How far? ('what amount')

-Ahmet-

buradan /burdan/	from this place, by this way
dakika /dakka/	minute
sürmek	to spread, to take [time], to last, to drive
sürer	it takes

3.2 | 3 1
Buradan on dakika sürer.   It takes ten minutes from here.

41

-John-

bana	to me
yol	road, way
yolu	the road, way (specific direct object)
tārif	description
tārif etmek	to describe
tārif eder misiniz?	will you describe

2   3, 1   #
Bana yolu tārif eder misiniz?

Would you tell me how to get there? ('describe the way')

-Ahmet-

tabiî	natural
tabiî	naturally
tabi	of course
zāten	anyway
o tarafa	in (to) that direction ('to that side')
gidiyorum	I'm going

3, 1 #2   3, 1
Tabiî zāten ben de o tarafa gidiyorum.

Certainly, I'm going that way anyway.

-John-

ora-	there, that place
oradan /ordan/	from there
almak	to get, buy, receive
alırsınız	you buy, you'll buy

3, 2   2   , 1   #
Siz de mi oradan benzin alırsınız?

Do you too buy gas from there?

-Ahmet-

her	every

zaman	time
degil /diyil/, /dil/	not equivalent [is not]
umúm	public, general (noun)
umumî	general, public (adjective)
umumiyetle	generally, ordinarily
alırım	I buy, I'll buy

```
3 , 2    |2  ,1# 2                    3, 1
Her zaman değil ama umumiyetle ordan
```

  alırım.

Not always, but I usually buy it there.

8.1 Variation Drills on Basic Sentences

a) Progressive Substitution Drill

Cue	Pattern
	```3,2 |3, 1``` Buradan <u>on</u> dakika sürer.
kaç	<u>Buradan</u> káç dakika sürer?
lokantadan	Lokantadan káç dakika sürer?
beş	<u>Lokantadan</u> béş dakika sürer.
oradan	Oradan béş dakika sürer.
on	<u>Oradan</u> ón dakika sürer.
buradan	Buradan ón dakika sürer.

b) Simple Substitution Drill

Ahmét Bey!	Benzinci	uzaktá.
	Otel	
	Lokanta	
	Postahane	

c) Simple Substitution Drill

Ahmet Bey!	Benzinci	ne kadar uzakta?
	Otel	
	Lokanta	
	Postahane	
	O köşe	
	Ankara Palas	

8.2 Note: High Vowel Harmony.

Tekrar edin lûtfen.   Please repeat.

Doğru gidiniz.   Go straight [ahead].

Sağa dönünüz.   Turn to the right.

In these examples we have some equivalents of English imperatives. The
suffix /-in/ of /tekrar edin/ and the 'same' suffix /-ün/ of /sağa dönünüz/
exhibit different vowels. This difference is due to vowel harmony of a different
type than that discussed in Note 7.1.

Suffixes which belong to this kind of vowel harmony exhibit the 'same'
suffix with four different vowels. The one exemplified above has these forms:
/-in/, /-ün/, /-ın/, and /-un/. If the additional suffix /-iz/ of /doğru gidiniz/,
which has the same type of harmony, is added, the result is a pair of suffixes with
the same vowels: /-iniz/, /-ünüz/, /-ınız/ and /-unuz/. That is, after a suffix
having one type of harmony, any further suffixes having the same type of harmony
will have identically the same vowel.

The suffixes exemplified by /-in/ and /-iz/ may have any one of four vowels.
We symbolize this harmony with the vowel {ı} . Thus these two suffixes are
respectively {-ın} and {-ız} . All four of the possible vowels in this type of
vowel harmony are high vowels, so that in suffixes of this class the difference
between front /i ü/ and back /ı u/ and between rounded /ü u/ and unrounded /i ı/
are preserved, but in suffixes of this type there is no contrast between high

44

and low vowels. Thus the vowels represented by {ı} are:

/i/ after /i/	gíd-ịn-ịz[1]	
after /e/	éd-ịn	
/ü/ after /ü/	dön-ün-üz	
after /ö/	dön-ün-üz	
/ı/ after /ı/	násıl-sın-ız (Not an imperative)	
after /a/	al-ír-ım (Not an imperative)	
/u/ after /u/	búyr-un	
after /o/	gid-íyor-um (Not an imperative)	

8.3 Note: The Two Kinds of Vowel Harmony Compared

In 7.2 we exemplified {a} harmony with plural suffixes.

Note also the 'infinitive' forms of these verbs:

/e/ after /i/	git-mék	to go
after /e/	gel-mék	to come
after /ü/	sür-mék	to last
after /ö/	gör-mék	to see (not yet used in a basic sentence)
/a/ after /ı/	bakın-mák	to look around (not yet used in a basic sentence)
after /u/	bul-mák	to find
after /a/	al-mák	to buy
after /o/	ol-mák	to become (not yet used in a basic sentence)

---

1. (Note: the hyphen in these examples indicates the division between base and suffix or between suffixes and does not necessarily show a division between syllables.)

The two types of vowel harmony may be summarized:

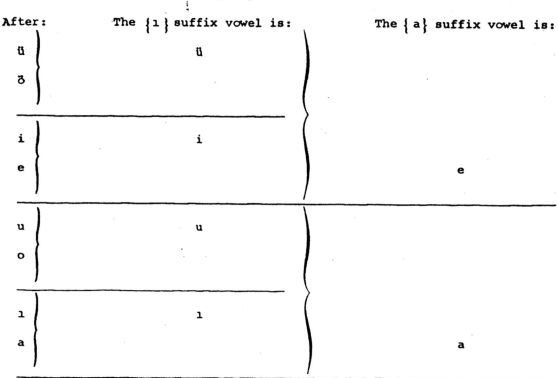

After:	The {ı} suffix vowel is:	The {a} suffix vowel is:
ü	ü	
ö		
i	i	
e		e
u	u	
o		
ı	ı	
a		a

This may be diagrammed according to front-back and high-low distinctions:

	Front	Back
High	i ü	ı u
Low	e ö	a o

For {a} we have the front vowels all represented by /e/, the back ones by /a/:

For {ı} we have the sets:

The vowels of most suffixes are {a} or {ı} . There are some exceptions and
some replacements, which will be taken up in due course. Most Turkish words show
vowel harmony throughout - that is, native Turkish bases as well as suffixes show

46

harmonic accord between the syllables. There are numerous exceptions, of course, most of them being loans from other languages (as, e.g. /kitáp/,) and, of course, not all words showing internal vowel harmony are necessarily native Turkish bases.

Vowel harmony is illustrated throughout the Basic Sentences and Drills.

8.4. Note: The Infinitive Suffix {-mák} .

The examples cited above in Note 8.3 were of forms with the suffix {-mák} . These are verbal nouns, this form being known as the 'infinitive'. New verbs are given in the infinitive form when they first occur. Verbs are listed in the infinitive form in dictionaries.

8.5. Note: Word Stress in Turkish:

In every Turkish word, whether of one or many syllables, when it is spoken as a phrase by itself or is the stressed word in a phrase, one syllable is more prominent than the other syllables (if any) of the word. We say that this syllable is stressed. Even when the word is not the stressed word of a phrase, the stress-taking syllable of the word may be heard to be a little more prominent than the other syllable(s).

All syllables in Turkish (with a few exceptions) are either stressable or unstressable, just as all suffix syllables (with a few exceptions) are either {a} or {ı} . Thus the mark {´}, which indicates stressability, is part of the formula for the suffix syllables of Turkish and {-dá} 'in, on, at' and {-da} 'also, too' are not the same. [Of course, in some situations it may be desirable to emphasize a certain syllable to call attention to it, and in such cases even unstressable syllables may have a stress, but this rarely occurs.]

This position of stressability in a Turkish word (the place where stress will be heard if the word has any stress at all) is determined by the succession of syllables. A series of stressable syllables in a word will be stressable on the last syllable. If an unstressable syllable occurs, the position of stressability for the word will remain before such unstressable syllable, regardless of the stressability or unstressability of further suffix syllables.

Most Turkish bases are composed of stressable syllables and so are stressed on the last syllable. Thus it is mainly in connection with suffixes that we will have to apply this principle. In these units whenever a suffix is explained in a note its syllable(s) will be cited in the formula as stressable (with { ´ }) or unstressable (without { ´ }).

8.6 Pronunciation Drill on Word Stress:

Below are all the words of more than one syllable in Units 1 - 8 analyzed according to stressable and unstressable syllables and then presented in the form in which they appear as separate phrases or as the stressed word in a phrase. Unstressable syllables are marked in the left hand-column with ˘ over the vowel. Pronounce the words.

áy-dĭn	aydín	yé-dí	yedí
é-fén-dĭm	eféndim	sé-kíz	sekíz
ná-sĭl	násıl	dó-kúz	dokúz
ná-sĭl-sĭ-níz	násılsınız	ték-rár	tekrár
í-yí	iyí	lüt-fĕn	lütfen
í-yí-yĭm	iyíyim	tér-cü-mé	tercümé .
te-şek-kúr	teşekkúr	sí-zín	sizín
ét-mék	etmék	sı-rá	sıra
e-dé-rĭm	edérim	sı-rá-níz	sıraníz
ák-şám	akşám	pár-dŏn	párdon
		or	or
ák-şám-lár	akşamlár	pár-dón	pardón
mér-hă-bă	mérhaba	dé-mék	demék
búy-rŭn	búyrun	dé-dí-níz	dediníz
gél-mék	gelmék	báş-lá-mák	başlamák
gél-dí-níz	geldiníz	báş-lı-yá-lım	başlıyalím

búl-mák	bulmák	dér-sé	dersé
búl-dúk	bulduk	i-sím	isim
Al-láh	Alláh	ís-mím	ismím
Al-lá-há	Allahá	mút-lú	mutlú
ís-már-lá-mák	ısmarlamák	né-rĕ-lí-sĭ-níz	nérelisiniz
gŭ-lé	gülé	Á-mé-rí-kă-lĭ-yĭm	Amerikalıyım
ge-cé	gecé	és-tăg-fú-rúl-láh	estağfurullah
ge-cé-lér	gecelér	ó-tél	otél
ra-hát	rahát	né-rĕ-dé	nérede
ra-hát-lík	rahatlík	hán-gĭ	hángi
ver-mék	vermék	Án-kă-ră	Ánkara
ver-sín	versín	pá-lás	palás
í-kí	iki	tá-ráf	taráf
al-tı	altı	kŏ-şé	kŏşé
ba-şın-dá	başındá	a-çá-bíl-mék	açabilmék
pa-ha-lı	pahalí	a-çá-bí-lír	açabilír
or-ta	ortá	a-çá-bí-lír-sĭ-níz	açabilírsiniz
ge-cé-sí	gecesí	şím-dĭ	şímdi
lí-ră	lira	şím-dĭ-lík	şímdilik
u-cúz	ucúz	ka-dár	kadár
doğ-ru	doğru	yet-mék	yetmék
doğ-ru-sú	doğrusú	ye-tér	yetér
bú-ra-lár-dá	buralardá	Áh-mét	Ahmét
ló-kán-tă	lokanta	bú-ra-dá	búrada
gi-dĭ-niz	gidiniz	ben-zín	benzín
a-că-bă	acaba	ben-zín-cí	benzincí
pós-tá-hă-né	postahané	á-ma	áma
sá-ğá	sağá	ú-zák	uzák

dŏn-mék	dönmék	ú-zák-tá	uzaktá
dŏ-nŭ-nŭz	dönünüz	bú-rá-dán	búradan
bú-yŭk	büyük	dá-kí-kă	dakíka
bí-nă	bină	súr-mék	súrmék
án-lá-mák	anlamák	sú-rér	súrér
án-lá-dí-níz	anladıníz	bá-ná	baná
án-lá-dí-níz-mı	anladıníz mı	yó-lú	yolú
é-vĕt	évet	tá-ríf	tāríf
há-yır	háyır	tá-bíî	tábiî
án-lí-yá-mă-dím	anlıyámadım	bén-dĕ	bénde
ték-rár-lá-mák	tekrarlamak	gí-dí-yŏ-rŭm	gidíyorum
ték-rár-lá-yın	tekrarláyın	zá-tĕn	záten
ká-lém	kalém	ó-ră-dán	óradan
vé-rír mĭ-sĭ-níz	verír misiniz	ál-mák	almák
kí-táp	kitáp	á-lır-sı-níz	alírsınız
kí-táp-lár	kitaplár	zá-mán	zamán
ká-pá-mák	kapamák	dé-ğil	değil
ká-pí-yá-lím	kapıyalím	ú-mú-mí-yét-lĕ	umumiyétle
		á-lí-rım	alírım

UNIT 9

9.0 Dialog: 'At the Gas Station.'

-Ahmet-

görmék	to see
görüyor musunuz	do you see?
tam	complete, exact
köşede	on the corner

2 3, 1 # 2 3,
Görüyor musunuz? Benzinci tam

1
köşede.

Do you see? The gas station is
right [there] on the corner.

-John-

görüyorum	I see

3,1 # 2 3, 1
Evet görüyorum.

Yes, I see.

-Benzinci-

lítre	liter
alacáksınız	you [are] going to buy
doldurmák	to fill [something]
doldúr	fill it up
doldu*rayím /dolduríyim/	may I fill, let me fill
doldurayím mı?	Shall I fill?

3, 1 # 2 3, 1 #
Kaç litre alacaksınız? Dolduray1m mı?

How many liters are you going to
buy? Shall I fill [it up]?

-John-

on beş lira	fifteen liras
on beş liralık.	fifteen liras worth

3,2 |3, 2 | 2 3, 1
Şimdilik on beş liralık yeter.

Fifteen liras worth will do for now.

-Benzinci-

3,1
Peki   All right.

                          -John-

görüşmek   to see one another, discuss,
                                                  talk over

görüş!   discuss, talk, point of view

görüştüğümüze   for our having see one
                                                  another

çok   very

memnun   pleased, glad, happy

olmak   to become, be

ol   be, become

oldum   I became

2   3, 1
Görüştüğümüze çok memnun oldum.   I'm very pleased that we ran
                                                  into each other.

3, 2 |2   3, 1
Şimdilik allaha ısmarladık.   Goodby now.

                          -Ahmet-

yarın   tomorrow

görüşürüz   We'll see one another.

2 3, 1   #3, 1
Güle güle yarın görüşürüz.   Goodbye, see you tomorrow.

9.1 Variation Drill on a Basic Sentence - Progressive Substitution Drill.

         Cue   Pattern

                                 3,   1
                                 Kaç litre alacaksınız?

         on beş   On beş litre alacaksınız.

         liralık   On beş liralık alacaksınız.

         on   On liralık alacaksınız.

         litre   On litre alacaksınız.

         kaç   Kaç litre alacaksınız ?

9.2 Note 'I [am]', 'you [are]' etc. Suffixes to the Predicate: {-(y)ım} , ,
{-sınız} , {-(y)ız}

Ó tarafa gidiyorum.	I'm going that way.
İyiyim.	I['m] fine.
Teşekkür ederim.	I['m doing a] thank[ing].
Umumiyetle ordan alırım.	I usually buy from there.
Nasılsınız?	How [are] you?
Ó kalemi verír misiniz?	Will you give me that pencil?
Kitapları açabilirsiniz.	You may open [your] (the) books.
Bana yolu tarif eder misiniz?	Would you describe the way to me?
Görüyor musunuz?	Do you see?
Yarın görüşürüz.	We'll see each other tomorrow.

These are examples of personal 'additional information' suffixes to predi-
cates: {-(y)ım} 'I [am]', {-sın} 'thou [art]' (plus plural or polite {-ız}
making {-sınız} 'you [are]'), and {(y)ız} 'we [are]'. These suffixes are
unstressable. More literal translations of the above forms with these suffixes
are:

{-(y)ım}	gidiyorum	'Going I [am]'
	teşekkür ederim	'Thanking (one who) will do I [am]'
	alırım	'(One who) takes I [am]'
	iyiyim	'Good I [am]'
{-sınız}	görüyor musunuz?	'Seeing ? you [are]'
	verir misiniz?	'(One who) will give ? you [are]'
	tarif eder misiniz?	'(One who) will describe ? you [are]'
	açabilirsiniz.	'(One who) can open you [are]'
	nasılsınız?	'how you [are]'
{-(y)ız}	görüşürüz	'(one who) will see each other we [are]'

These examples show that both adjectives (as /iyí/) and what we may call
participles [verbal adjectives] (/gidíyor/, /edér/, etc.) occur as predicates
with these suffixes. So may ordinary nouns. Indeed almost any Turkish word
(with the exception of certain particles such as /áma/ 'but') occurs in appro-
priate context as a predicate-base, taking these and other 'additional informa-
tion' predicate suffixes.

The subject may be emphasized by adding the personal pronouns in 'subject'
position before the predicate (usually), as in /siz nasılsınız/ 'how [are] you?'
There are pronouns for 'I' /bén/, 'Thou' /sén/, 'He, she it; that' /ó/, 'you'
(plural or polite) /síz/, and for 'we' /bíz/. 'They' is expressed by pluraliz-
ing /ó/ to make /onlár/. (The /n/ here will be explained later.) Thus the
personal pronouns are:

ben	I		biz	we
sen	thou		siz	you
o	he, she, it, that		onlár	they, those

Note: The form /baná/ 'to me' shows a special shape of /bén/ before this one
suffix only. A similar change in the base occurs with /sén/ - /saná/ 'to thee'.

9.3 Note: Interrogative Suffix { -mı }

Görüyor musunuz?   Do you see?

Óradan mı benzin alırsınız?   Do you buy gas from there?

The interrogative suffix { -mı } has occurred in a number of examples. Its
usual position is immediately after the predicate as in the first examples above.
It precedes the endings for 'I [am]', 'you [are]'etc. but of course follows the
plural ending { -lár } which pluralizes the predicate and is not comparable to
the personal suffixes. While { -mı } is a suffix and follows regular vowel
harmony, the official spelling separates it from the preceding part of the word.
This separation is artificial and the suffixes to { -mı } form part of the word
it follows.

The word /rahat/ plus {-mı} and the personal suffixes is:

Rahat mıyım?	Comfortable ? I [am].
Rahat mısın?	Comfortable ? Thou [art].
Rahat mı?	Comfortable ? [He (she, it, that) is].
Rahat mıyız?	Comfortable ? we [are].
Rahat mısınız?	Comfortable ? you [are].
Rahatlar mı?	Comfortable(s) ? [They are].

The suffix {-mı} is unstressable and the stress of the word immediately pre-
cedes it (unless it would be earlier in the word even if {-mı} were not there
i.e. /otelde/ 'at [the] hotel' and /otelde mi?/ 'at the hotel?' but /burada/
'at this place' and /burada mı/ 'at this place?'.

9.4 Grammar Drills on Personal 'Additional Information' Predicate Suffixes:
Sample Sentence Drills

a) { ∅ } '[he (she, it, that) is]

Ahmet burada.	Ahmet [is] here.
O çok iyi.	He['s] very well.
Çok memnun.	[He's] very pleased.
Ahmet şimdi nerede?	Where['s] Ahmet now?
Ahmet köşe başında.	Ahmet's around the corner.
O Ahmet.	That['s] Ahmet. He['s] Ahmet.
Hangi otel iyi?	Which hotel['s] good?
Hangi lokanta iyi?	Which restaurant [is] good?
Hangi bina postahane?	Which building [is the] post office?

b) {-lar} '[They are]'

Şimdi çok rahatlar.	[They're] very comfortable(s) now.
Çok memnunlar.	[They're] very pleased(s).
Şimdi neredeler?	[They're] now at what place(s)?
Şimdi nasıllar?	[They're] now how(s)?
Oradan on dakika uzaktalar.	[They're] from there ten minutes at a distance(s).
Sağ taraftalar.	[They are] on(s) [the] right side.
Köşe başındalar.	[They are] at(s) the corner('s head).
Şimdi buradalar.	[They are] now at (s) here.

c) {-(y)ım} 'I[am]'

Ben Türküm.	I [a] Turk (I [am]).
Ben sol taraftayım.	I on the left (side) (I[am]).
Ben buradayım.	I at this place. (I [am]).
Köşe başındayım.	Corner at its head I [am].
Çok rahatım.	Very comfortable I [am].
Neredeyim?	At what place I [am]?
Ahmet benim, ben Ahmedim.	Ahmet I (I [am]), I Ahmet (I [am]).
Oradan on dakika uzaktayım.	From there ten minutes at [a] distance I [am].
Çok iyiyim.	Very good I [am].

d) {-sınız} 'You [are]'

Neredesiniz?	At what place you [are]?
Çok memnunsunuz.	Very pleased you [are].
Çok rahatsınız.	Very comfortable you [are].

Siz çok iyisiniz.   You very good (you [are]).

Oradan on dakika uzaktasınız.   From there ten minutes at [a] distance
                                       you [are].

Köşe başındasınız.   Corner at its head you [are].

e) {-(y)ız}   'We [are]'

Neredeyiz?   At what place we [are]?

Çok memnunuz.   Very pleased we [are].

Çok rahatız.   Very comfortable we [are].

Çok iyiyiz.   Very well we [are].

Köşe başındayız.   Corner at (its head) we [are].

Oradan on dakika uzaktayız.   From there ten minutes at a distance
                                       we [are].

Buradayız.   At this place we [are].

Türküz.   Turk we [are].

f) { ∅ } with /değil/   +{mı}

Ahmet burada değil.   Ahmet burada değil mi?

O çok iyi değil.   O çok değil mi?

Çok memnun değil.   Çok memnun değil mi?

O Ahmet değil.   O Ahmet değil mi?

O iyi bir lokanta değil.   O iyi bir lokanta değil mi?

g) {-lar} with /değil/   +{mı}

Rahat değiller.   Rahat değiller mi?

Memnun değiller.   Memnun değiller mi?

Orada değiller.   Orada değiller mi?

57

Burada değiller.   Burada değiller mi?

Lokantada değiller.   Lokantada değiller mi?

Derste değiller.   Derste değiller mi?

h) {-(y)ım} with /değil/   + {-mı}

    Türk değilim.   Memnun değil miyim?

    Amerikalı değilim.   Derste değil miyim?

    Memnun değilim.   Burada değil miyim?

    Rahat değilim.   Orada değil miyim?

    Ahmet değilim.

    Orada değilim.

i) {-sınız} with /değil/   + {-mı}

    Siz Ahmet değilsiniz.   Siz Ahmet değil misiniz?

    Memnun değilsiniz.   Memnun değil misiniz?

    Rahat değilsiniz.   Rahat değil misiniz?

    Orada değilsiniz.   Orada değil misiniz?

    Burada değilsiniz.   Burada değil misiniz?

    Amerikalı değilsiniz.   Amerikalı değil misiniz?

    Türk değilsiniz.   Türk değil misiniz?

j) {-(y)ız} with /değil/   + {-mı}

    Memnun değiliz.   Memnun değil miyiz?

    Rahat değiliz.   Rahat değil miyiz?

    Orada değiliz.   Orada değil miyiz?

    Burada değiliz.   Burada değil miyiz?

    Derste değiliz.   Derste değil miyiz?

Amerikalı değiliz.   Amerikalı değil miyiz?

Türk değiliz.   Türk değil miyiz?

k)   Attached Question Form:

Ahmet burada, değil mi?   Ahmet's here, isn't he?

Rahatlar, değil mi?   They're comfortable, aren't they?

Türküm, değil mi?   I'm a Turk, am I not?

Memnunsunuz, değil mi?   You're satisfied, aren't you?

Buradayız, değil mi?   We're here, aren't we?

Note: /değil mi?/ may be added after any positive statement to serve a function similar to all the various attached questions (like 'can't I', 'won't you', 'shouldn't we', etc.) in English.   Further examples:

Gidiyorsunuz, değil mi?   You're going, aren't you?

Buradalar, değil mi?   They're here, aren't they?

Kitap var, değil mi?   There's a book, isn't there?

    etc.

l)   Multiple Substitution - Correlation Drill

(Ben)	Burada	mıyım?
(Sen)	Köşe başında	mi---?
(O)	Sağ tarafta	değil ....
(Biz)	Uzakta	değil mi ...?
(Siz)	Memnun	
(Onlar)	Türk	
	Rahat	
	İyi	
	Buralarda	

Note: Cues in substitution drills given in parentheses are not intended to be substituted in the pattern but are rather given to cue the appropriate correlation elsewhere in the sentence. Here the cue is intended to indicate the proper post-predicate 'additional information suffix'. For example:

Cue: Response

(Ben)   Buradayım.
             Burada muyum?
                etc.

9.5 Grammar Drills on the Interrogative Suffix {-mı} : Sample Sentence

Drills

a)   {-mı}∦{ø}'Is [he,(she, it, that)]?'

Ahmet bey burada mı?	Lokanta sağ tarafta mı?
Ahmet iyi mi?	O lokanta iyi mi?
Benzinci uzakta mı?	O otel büyük mü?
Ahmet bey memnun mu?	O otel iyi mi?
Ankara Palas iyi mi?	Otel sol tarafta mı?
Otel köşede mi?	O bina postahane mi?
Postahane uzak mı?	Lokanta pahalı mı?
Ahmet rahat mı ?	Lokanta köşede mi?
Uzakta mı?	Sağ tarafta mı?
Burada mı?	Köşe başında mı?
Uzak mı?	Pahalı mı?
Rahat mı?	Sol tarafta mı?
Memnun mu?	Buralarda mı?

b) {-lar} + {mı} 'Are [they] -----?'

Şimdi memnunlar mı?	Köşe başındalar mı?
Şimdi iyiler mi?	Şimdi rahatlar mı?
Buradalar mı?	Uzaktalar mı?

c) {-mı} + {-(y)ım} '[Am I -----?'

Oradan uzakta mıyım?	Köşede miyim?
Sağ tarafta mıyım?	İlk ben miyim?
Sol tarafta mıyım?	İyi miyim?

d) {-mı} + {-sın} '[Are] you(s) -----?'

Rahat mısın?   Benzinci misin?

Uzakta mısın?   Tam köşede misin?

Sağ tarafta mısın?   Memnun musun?

Buradan çok uzakta mısın?   Orada mısın?

e) {-mı} + {-(y)ız} '[Are] we -----?'

Oradan çok uzakta mıyız?   Sol tarafta mıyız?

Sağ tarafta mıyız?   Rahat mıyız?

Tam köşede miyiz?   Köşe başında mıyız?

Hoş muyuz?   İyi miyiz?

Memnun muyuz?

f) {-mı} + {-sın} + {-ız} '[Are] you (pl) -----?

Rahat mısınız?   İyi misiniz?

Ahmet bey misiniz, efendim?   Buralarda mısınız?

Burada mısınız?   Türk müsünüz?

Uzakta mısınız?   İlk siz misiniz?

Köşe başında mısınız?   Memnun musunuz?

Sağ tarafta mısınız?   Sol tarafta mısınız?

UNIT 10

10.0   Basic Sentences 'Classroom Expressions'

masa	table
masaya	to [the] table
bırakmak	to leave, drop off, allow
bırak	leave!
bırakın	leave! (more polite)

Kitapları masaya bırakın. — Leave [i.e. put and leave [your] (the) books on the table.

Türk	Turk, Turkish
Türçe	Turkish (language), as a Turk
konuşmak	to speak
konuş	speak!
konuşunuz	speak! (more formal)

Türkçe konuşunuz! — Speak Turkish!

İngiltere	England
İngiliz	English (people)
İngilizce	English (language)
konuşma!	don't speak!
konuşmayın	don't speak! (more polite and plural)

İngilizce konuşmayın lûtfen. — Please don't speak English.

konuşalım	let's speak

Şimdi konuşalım. — Now let's speak.

okumak	to read
oku!	read!
okuyun	read! (more polite and plural)

2 3. ꞌ | 2. ꞌ Okuyun, lûtfen.	Read please.
okuma!	don't read!
okumayın	don't read! (more polite)
2 3. ꞌ | 2. ꞌ Okumayın lûtfen.	Please don't read.
teneffüs	break, recess, breathing, aspiration
yapmak	to make, to do
yap!	do! make!
yapalım	let's do, let's make
2 3. ꞌ Teneffüs yapalım.	Let's have a break.
dersiniz	your lesson
dersinizi	your lesson (direct object)
öğrenmek	to learn
öğren!	learn! (imp.)
öğrendiniz mi?	have you learned, did you learn?
2 3. ꞌ # Dersinizi öğrendiniz mi?	Did you learn your lesson?
çalışmak	to work, to work on, to study
çalış	study! work!
çalıştınız	you studied
2 3. ꞌ # Dersinizi çalıştınız mı?	Did you study your lesson?
buna	to this, for this
denir	[it] it is said, it is called
2 3. ꞌ # Türkçede buna ne denir?	How do you say this in Turkish? ('In Turkish what is said for this'?)
2 3. ꞌ # 'Hello' nasıl dersiniz?	How do you say 'hello'?
bitmek	to finish, to end
bitti	[it] finished

63

2   3.1
Ders bitti   The lesson (or class) has finished.

10.1 Variation Drill on a Basic Sentence: Progressive Substitution Drill

        Cue   Pattern

                                 İngilizce konuşmayın lütfen.

Türkçe   Türkçe konuşmayın lütfen.

konuşunuz   Türkçe konuşunuz lütfen.

İngilizce   İngilizce konuşunuz lütfen.

konuşalım   İngilizce konuşalım lütfen.

Türkçe   Türkçe konuşalım lütfen.

konuşmayın   Türkçe konuşmayın lütfen.

İngilizce   İngilizce konuşmayın lütfen.

10.2 Note: Imperative: Suffixes {-(y)ın} and {-ız}

    The examples in 8.2:

    Tekrar edin, lütfen.

    Doğru gidiniz.

    Sağa dönünüz.

are of 'imperatives' - orders or requests for the performance of the action.

The suffixes represented are {-(y)ın} 'you' - either singular or plural, (cor-

relating with /siz/ 'you' - plural or polite singular), and {-ız} , the regular

pluralizer of personal suffixes which we have already seen in constructions

like /eder misiniz/ 'will you (plural or polite) do?'. The verb stem, which is

the form which occurs before the infinitive suffix {-mak} , may be used by

itself as an abrupt (command) imperative. If {-(y)ın} is added, it is less

abrupt or plural. If {-ız} is added, it is a more polite request (polite

plural).

Compare:

Infinitive	Abrupt Imperative	{ -(y)ın }	{-ız }
	(sen)	(siz)	(siz)
almák 'to buy'	al	alın	alınız
bırakmák 'to leave	bırak	bırakın	bırakınız
bulmák 'to find'	bul	bulun	bulunuz
dönmék 'to return'	dön	dönün	dönünüz
gelmék 'to come'	gel	gelin	geliniz
görmék 'to see'	gör	görün	görünüz
konuşmak 'to speak'	konuş	konuşun	konuşunuz
olmák 'to become'	ol	olun	olunuz
vermék 'to give'	ver	verin	veriniz

After a vowel the suffix is {-yın}. Compare:

başlamák 'to begin'	başlá	başláyın	başláyınız
kapamák 'to close'	kapá	kapáyın	kapáyınız
okumák 'to read'	okú	okúyun	okúyunuz
tekrarlamák 'to repeat'	tekrarlá	tekrarláyın	tekrarláyınız

The verb /demék/ has a change in the shape of the root before the /y/ of the suffix:

demék 'to say'	de	diyin	diyiniz

Two common verbs, /etmék/ and /gitmék/ replace the /t/ of the root with /d/ before suffixes commencing with a vowel:

etmék	et	edin	ediniz
gitmék	git	gidin	gidiniz

The stress of the imperative falls on the last syllable of the base, i.e. before the suffix {-(y)ın} which is unstressable.

10.3 Drill   Grammar Drill on Imperatives: Sample Sentence Drill

O kitapları okuyun.	Read those books!
Şimdi siz okuyun.	Now your read!
Tekrár okuyun.	Read [it] again!
On liralık benzin doldurun.	Put in ten lira worth of gasoline.
On liralık benzin alın.	Buy ten lira worth of gasoline.
Kitapları burada bırakın.	Leave the books here.
Kitapları bulunuz.	Find the books (please).
Kitapları oradan alınız.	(Please) get the books from there.
Doğru tercüme ediniz.	(Please) translate correctly.
Tekrar tercüme ediniz.	(Please) translate again.
Şimdi derse başlayın.	Begin the lesson now.
O tarafa gidiniz.	(Please) go to that side.
Beş dakika teneffüs yapınız.	(Please) take a five minute break.
Rahat ediniz.	Make yourself comfortable.
Bir kalem veriniz.	(Please) give [me] a pencil.
Bu kitapları tercüme ediniz.	(Please) translate these books.
Derse geliniz.	Come to class.
Sağa dönünüz.	Turn to the right.
Sol tarafa gidiniz.	Go to the left.
Türkçe konuşunuz.	Speak Turkish.

10.4 Note {-ma} Negative Verbal Extension:[1]

Anlıyamadım.	I couldn't understand.
İngilizce konuşmayın.	Don't speak English.

---

1. A verbal extension is a suffix which can occur on a verbal root or stem preceding the 'infinitive' verbal noun suffix {-mák} . Most verbal extensions will be taken up much later and add to the verb such meanings as 'causative', 'passive','reflexive', 'reciprocal' and the like. This verbal extension - the negative verbal extension {-ma} adds to the verb the element of meaning, 'negation'.

Okúmayın, lûtfen.   Please don't read.

The suffix {-ma} forms a negative verb base. The negative base alone without

further suffixes makes a negative imperative parallel to the imperatives in

Drill 10.3 above. Note that the stress of negatives is before the negative

suffix. Compare:

Infinitive	Imperatives: Abrupt	(Verb Stem) + {-(y)ın}	{+ -ız}
	(sen)	(siz)	(siz)
almamak 'not to buy'	alma 'don't buy'	almayın	almayınız
bırakmamak	bırakma	bırakmayın	bırakmayınız
bulmamak	bulma	bulmayın	bulmayınız
dönmemek	dönme	dönmeyin	dönmeyiniz
gelmemek	gelme	gelmeyin	gelmeyiniz
görmemek	görme	görmeyin	görmeyiniz
konuşmamak	konuşma	konuşmayın	konuşmayınız
olmamak	olma	olmayın	olmayınız
vermemek	verme	vermeyin	vermeyiniz
başlamamak	başlama	başlamayın	başlamayınız
kapamamak	kapama	kapamayın	kapamayınız
okumamak	okuma	okumayın	okumayınız
tekrarlamamak	tekrarlama	tekrarlamayın	tekrarlamayınız
dememek	deme	demeyin	demeyiniz
etmemek	etme	etmeyin	etmeyiniz
gitmemek	gitme	gitmeyin	gitmeyiniz

10.5 Drill: Negative Imperatives: Sample Sentence Drill

Tercüme etmeyiniz.	Çok doldurmayınız.
Kitapları burada bırakmayınız.	Ona yolu tarif etmeyiniz.
Şimdi gelmeyiniz.	Oraya gitmeyiniz.
Derse başlamayınız.	O kitapları okumayınız.
Kitapları kapamayınız.	Oradan benzin almayınız.
Kitapları açmayınız.	'Hello' demeyiniz, 'merhaba' deyiniz.
O tarafa gitmeyiniz	Kalem vermeyiniz, kitap veriniz.
Benzin almayınız.	Okumayınız, konuşunuz.
Kitapları masaya bırakmayınız.	İngilizce konuşmayınız.

10.6 Note: Participles: Suffix { -iyor }

    Ben de o tarafa gidiyorum.

    Görüyor musunuz?

    Evet. görüyorum.

In Basic Sentences to date have occurred these sentences illustrating the 'participle' with suffix {-iyor}. The base-final vowel of such verbs as başla is dropped before {-iyor}. This participle is roughly equivalent to the English 'present participle' ending in -ing as used in the 'present progressive verb phrase' (I am going, etc.). In Turkish it carries either the sense of immediate and continuing action, or of habitual action covering the present (or some other definite) time. Note again that in Turkish there is no equivalent for the verb 'be' so that the form /görüyorum/ meaning 'seeing-I' is exactly parallel to the noun predicates illustrated in 6.2 and later notes: as /rahatım/ 'comfortable-I' i.e. 'I [am] comfortable.

    While the participle in {iyor} can easily be translated by the English participle in -ing, there are six participles in Turkish which are used as predicates in exactly the same fashion as the one in {iyor}. Since it is impossible to translate all of these into English participles (English has only two participles) it is desirable to employ a phrase to translate parti-

ciples in Turkish into English. We adopt the phrase 'one who is (study)ing'

for this participle and, as we shall see later, this enables us to translate

each participle as 'one who is going to (study)', 'one who has (studi)ed',

'one who must (study)' etc.

The participle in { -íyor } functions as a predicate in the clausal

structure outlined in 6.2. Thus it may be followed by the personal 'additional

information' suffixes discussed above in 9.2 for 'I', 'thou', 'we' and 'you':

gidíyor-um	'I [am] one who is going'.
gidíyor-sun	'Thou [art] one who is going.'
gidíyor-uz	'We [are] one[s] who are going.'
gidiyor-sunuz	'You [are] one[s] who are going'.

The third person: 'He, (she, it, that)' is not represented by a suffix but is

automatically construed as the performer of the action if the participle is a

predicate without personal suffix:

gidíyor   '[He (she, it, that) is] one who is
                                      going.'

The third person plural again is not represented by a personal suffix as such,

but the plural suffix {-lár} suffixed to a predicate without other suffixes

following it is automatically construed to refer to a plurality of actors

rather than to a plurality of acts:

gidíyor-lar   '[They are] ones who are going.'

The participles are followed by the interrogative suffix {-mı} in exactly the

same fashion as are noun predicates such as those drilled in 9.5.

Note that the (elsewhere) unstressable syllable /-yor/ is stressable before

{-mı} (but see the footnote on the next page).

gidiyór-mu-yum	'[Am] I one who is going?'
gidiyór-mu-sun	'[Art] thou one who is going?'

gidiyór-mu		'[Is he (she, it, that)] one who is going.
gidiyór-mu-yuz		'[Are] we one[s] who are going?'
gidiyór-mu-sunuz		'[Are] you one[s] who are going?'
but: gidiyorlár-mı		'[Are they] ones who are going?'

The participles in { -íyor } for some of the verbs in Unit 1-3 are:

Infinitive:	Participle:	Meaning as predicate with no 'additional information' personal suffixes:
almák	alíyor	[He (she, it, that) is] one who is buying.
anlamák	anlíyor	[He (she, it, that) is] one who is understanding.
başlamák	başlíyor	[He (she, it, that) is] one who is beginning.
bırakmák	bırakíyor	[He (she, it, that) is] one who is leaving.
bulmák	bulúyor	[He (she, it, that) is] one who is finding.
demék	diyor	[He (she, it, that) is] one who is saying .
dönmék	dönűyor	[He (she, it, that) is] one who is returning.
gelmék	gelíyor	[He (she, it, that) is] one who is coming.
gitmék	gidiyor	[He (she, it, that) is] one who is going
görmék	görűyor	[He (she, it, that) is] one who is seeing.
kapamák	kapíyor	[He (she, it, that) is] one who is closing.
konuşmák	konuşúyor	[He (she, it, that) is] one who is speaking.
okumák	okúyor	[He (she, it, that) is] one who is reading.
olmák	olúyor	[He (she, it, that) is] one who is becoming.
vermék	veriyór	[He (she, it, that) is] one who is giving.

Note that the stress is on the {ı} of the suffix. The /yor/ syllable is

stressable only before the interrogative suffix {-mı} .[1] In compounds of var-

ious nouns with /etmek/ the stress is on the first word of the compound in the

---

1. There is variation among Turks in the placement of stress on the /-yor/
syllable before the suffix {-mı} . Some speakers state that stress on /-yor/
implies surprise while a 'matter of fact' question would normally have stress
on the {-ı} syllable. Others stress the /-yor/ consistently before {-mı} .

affirmative:

teşekkűr etmek	teşekkűr ediyor	[He (she, it that) is] one who is performing thanking.
taríf etmek	taríf ediyor	[He (she, it, that) is] one who is performing a description.
tercűme etmek	tercűme ediyor	[He (she, it, that) is] one who is performing a translation.
tekrár etmek	tekrár ediyor	[He (she, it, that) is] one who is performing a repetition.

Note that verb bases ending in vowels lose the vowel before {-íyor} : başla +
{-íyor}→başlíyor, de+ {-íyor}→díyor[1]

Drill 10.7   Grammar Drills on the Participle in { -íyor }:

a) {-íyor} without personal suffix: 'He(she, it, that) is] one who is
---ing.'

Ón beş liralık benzin yetíyor.	Bú akşam dönűyor.
Çók memnun oluyor.	Çók iyi tercűme ediyor.
Ón dakika sürűyor.	Çók iyi Tűrkçe konuşuyor.
Óradan geliyor.	Dersé başlıyor.
Kitapları búrada bırakıyor.	Benzín alıyor.

b) {-íyor} + {-lár} 'They are] ones who are ---ing.'

Çók memnun oluyorlar.	İyi Tűrkçe konuşuyorlar.
Kitapları búrada bırakıyorlar.	Ón dakika teneffűs yapıyorlar.
Bú akşam dönűyorlar.	Bú akşam gidiyorlar.
Çók iyi tercűme ediyorlar.	Búgűn geliyorlar.

c) {íyor} + {-(y)ım} 'I [am] one who is ---ing.'

Bén de gidiyorum.	Tercűme ediyorum.
Dérs alıyorum.	Kitapları búrada bırakıyorum.

1. Since the stem vowel of de 'say' and ye 'eat' is lost before {-íyor}there is
no vowel to determine harmony. The vowel of{íyor}is here /i/ which is what it
would have been had the /e/ vowel remained. These are the only examples of such
monosyllabic vowel-final verb bases.

Şimdi oradan geliyorum.   Türkçe konuşuyorum.

Derse başlıyorum.   Şimdi geliyorum.

Kitapları alıyorum.   Kitap okuyorum.

d) { -íyor } + {-sın} 'Thou [art] one who is ---ing'

Çok iyi okuyorsun.   Doğru gidiyorsun, otel sağ tarafta.

Çok iyi Türkçe konuşuyorsun.   Sağa dönüyorsun, lokanta sol tarafta.

İyi tarif ediyorsun.   Bugün derse başlıyorsun.

İyi tercüme ediyorsun.   Bu akşam gidiyorsun.

e) { -íyor } + {-(y)ız} 'We [are] one[s] who are ---ing'

Şimdi derse başlıyoruz.   Çok memnun oluyoruz.

İngilizce konuşuyoruz.   Her gün görüşüyoruz.

Bu akşam dönüyoruz.   Biz kitapları burada bırakıyoruz.

Oradan geliyoruz.   On beş dakika teneffüs yapıyoruz.

Bugün gidiyoruz.   Kitapları kapıyoruz.

f) { -íyor } + {-sın} + {-ız} 'You [are] one[s] who are ---ing'

Çok iyi konuşuyorsunuz.   İyi tarif ediyorsunuz.

İyi okuyorsunuz.   On dakika teneffüs yapıyorsunuz.

İyi tercüme ediyorsunuz.   Yarın gidiyorsunuz.

Şimdi derse başlıyorsunuz.   Kitapları burada bırakıyorsunuz.

g) { -íyor } + {-mı} '[Is he (she, it, that)] one who is ---ing?'

On beş liralık benzin yetiyor mu?   İyi tercüme ediyor mu?

Ali bey bu akşam geliyor mu?   İyi Türkçe konuşuyor mu?

Ali bey İngilizce konuşuyor mu?   On dakika sürüyor mu?

h) { -íyor } + {-lar} + {-mı} '[Are they] ones who are ---ing?'

Türkçe konuşuyorlar mı?   Bugün geliyorlar mı?

Bu akşam dönüyorlar mı?   Memnun oluyorlar mı?

İyi tercüme ediyorlàr mı?

i) { -íyor } + {-mı} + {(y)ım} '[Am] I one who is ---ing?'

Ben de gidiyór muyum?   Doğru tarif ediyór muyum?

İyi Türkçe konuşuyor muyum?   Doğru tercüme ediyor muyum?

İyi okuyór muyum?   Ben de geliyór muyum?

j) {-(ı)yor} + {-mı} + {-sın} '[Art] thou one who is ---ing?'

İyi konuşuyór musun?   Bu akşam geliyór musun?

Türkçe konuşuyór musun?   Derse başlıyór musun?

İngilizce konuşuyór musun?   Ders alıyór musun?

Yarın gidiyór musun?   Kitap okuyor musun?

İyi tercüme ediyór musun?

k) { -íyor } + {-mı} + {-(y)ız} '[Are] we one[s] who are ---ing?'

Derse başlıyór muyuz?   Doğru okuyór muyuz?

İyi konuşuyór muyuz?   Bu akşam gidiyór muyuz?

Doğru tercüme ediyór muyuz?   Bu akşam geliyór muyuz?

l) { -íyor } + {-mı} + {-sın} + {-ız} '[Are] you one[s] who are ---ing?'

İngilizce konuşuyór musunuz?   Yarın geliyór musunuz?

Türkçe konuşuyór musunuz?   Ders alıyór musunuz?

İyi okuyór musunuz?   Derse başlıyór musunuz?

Bu akşam gidiyór musunuz?   Kitapları burada bırakıyór musunuz?

m) {-ma} + { -íyor } 'He (she, it, that) is] one who is not ---ing.'

On beş liralık benzin yétmiyor.   İyi tercüme étmiyor.

Ahmet bey memnun ólmuyor.   Ahmet bey iyi İngilizce konuşmuyor.

Kitapları burada bırakmıyor.   Bugün gélmiyor.

Bu akşam dönmüyor.   Bu akşam gitmiyor.

n) { -ma } + { -íyor } + { -lár} '[They are] ones who are not ---ing.'

Bu akşam dönmüyorlar.   Derse başlámıyorlar.

İyi tercüme etmiyorlar.   Bu akşam gitmiyorlar.

İyi Türkçe konuşmuyorlar.   Bugün gelmiyorlar.

o) { -ma } + { -íyor } + { -(y)ım } 'I [am] one who is not ---ing.'

İyi Türkçe okúmuyorum.   'Konuşunuz' démiyorum, 'okúyunuz'
                                         diyorum.

İyi tercüme etmiyorum.   Kitapları burada bırakmıyorum.

Bugün derse gítmiyorum.   Oradan benzin almıyorum.

Bu akşam gitmiyorum.   Memnun olmuyorum.

Bugün gelmiyorum.

p) { -ma } + { -íyor } + { -sın } 'Thou [art] one who is not ---ing.'

İyi okúmuyorsun.   Sağa dönmüyorsun, sola dönüyorsun.

İyi tarif etmiyorsun.   Sen gelmiyorsun.

Çok iyi tercüme etmiyorsun.   Kitapları kapamıyorsun.

O tarafa gítmiyorsun.

q) { -ma } + { -íyor } + { -(y)ız } 'We [are] one[s] who are not ---ing.'

Derse şimdi başlámıyoruz.   Kitapları burada bırakmıyoruz.

Biz İngilizce konuşmuyoruz.   Her gün gítmiyoruz.

Bu akşam dönmüyoruz.   Kitapları kapamıyoruz.

Yarın gítmiyoruz.   Oradan gelmiyoruz.

r) { -ma } + { -íyor } + { -sın } + { -ız } 'You [are] one[s] who are not
     ---ing.'

İyi tarif etmiyorsunuz.   Doğru okúmuyorsunuz.

Doğru tercüme etmiyorsunuz.   Sağa dönmüyorsunuz.

Derse bugün başlámıyorsunuz.   O tarafa gítmiyorsunuz.

Kitapları burada bırakmıyorsunuz.

s) Multiple Substitution-Correlation Drill   (Not recorded)

(Biz)	Benzin alıyor....	mu....?
(Sen)	Oradan geliyor....	
(Ben)	Kitapları burada bırakıyor....	
(O)	Çok memnun oluyor....	
(Siz)	Derse başlıyor....	
(Onlar)	Türkçe konuşuyor....	
Ali Bey	İyi okuyor....	
Ahmet	Bu akşam dönüyor....	
	Doğru tercüme ediyor....	
	Bu akşam gidiyor....	
	İngilizce konúşmuyor....	
	Bugün gelmiyor....	
	Iyi tarif etmiyor....	

10.8 Review Drill on /bir/:

Bu İngilízce bir kitap.   İyí bir gün.

Türkçe bir kitap okuyorum.   Ankara Palas pahalí bir otel.

O iyí bir kitap.   O pahalí bir kitap.

Uzak bir lokantaya gidiyoruz.   İyí bir ders.

10.9 Narrative Drill:

Şímdi Ahmet bey benzín alıyor. Benzinci buradan on dakika uzakta. Ahmet bey on beş liralık benzin alıyor. Ahmet bey umumiyetle oradan benzin alıyor. Benzinci benzín dolduruyor. Ahmet bey on beş lira veriyor. Benzinci teşekkür ediyor, Ahmet bey 'Allaha ısmarladık' diyor, gidiyor.

    Substitute in the Narrative for /Ahmet bey/:

       Ben   Onlar

       Siz   Biz

UNIT 11

11.0 Dialog: 'Can You Help Me?'

-John-

kâtip	clerk
otelin kâtibi	clerk of the hotel
síz misiniz?	are you?

Otelin kâtibi síz misiniz?   Are you the clerk of the hotel?

-Kâtip-

şey	thing
bir şéy	a thing, anything
bir şeyé	for a[ny] thing
ihtiyáç	need
ihtiyacıníz	your need

Évet efendim. Bir şeyé mi   Yes sir. Do you need anything?
                                         ('Is your need for a thing existent?')
 ihtiyacınız var?

-John-

táksi	taxi
istemék	to want, to ask for
istiyordum	I was wanting

Bir táksi bulmak istiyordum.   I was trying ('was wanting) to find
                                         a taxi.

| yardím | help, aid |
| yardím etmek | to help |

Bana yardım edér misiniz?   Would you help me?

-Kâtip-

    bélki   perhaps, possibly

ŏn	front
otelín ŏnü!	the front of the hotel
otelín ŏnünde	in front of the hotel
dolmák	to fill up (of itself)
dolmúş	jitney, share cab (taxi which runs a route with several passengers)

Tábiî. Bélki otelín ŏnünde bir

dolmúş buluruz.

(or: /Bélki otelín ŏnünde bir

dolmuş bulúruz./)

Certainly. Perhaps we'll find a share cab in front of the hotel.

néreye /nériye/	to where
gidecéksiniz /gidicéksiniz/	you are going to go

Néreye gideceksiniz?　　　　Where are you going?

-John-

sefír, elçí	ambassador
sefáret, elçilík	embassy
konsolós	consul
konsoloslúk, konsoloshāné	consulate
Amerikán	American
Amerikán sefāreti/sefārethánesi	American Embassy
Amerikán konsolosluğu	American Consulate

Amerikán sefāretine.　　　　To the American Embassy.

(Amerikán konsoloslúğuna.)　　(To the American Consulate)

77

11.1 Note: ğ

The letter ğ represents different sounds in different positions and there is a good deal of dialectical difference within Turkey and even difference between styles of speech by the same person in the use of this group of sounds. The following will help with the 'standard' pronunciation.

1. When ğ occurs in syllable with front unrounded vowels /i/ and /e/ the sound represented is /y/:

iğné	/iyné/	'needle'
eğlenmék	/eylenmék/	'to have fun'
diğer	/díyer/	'other'
değíl	/deyíl, diyíl/	'not equivalent'

2. When ğ occurs in syllable with front rounded or with back vowels the sound differs in syllable final and syllable initial positions:

a) In syllable final position the sound represented is merely a lengthening of the previous vowel:

düğmé	/dǖmé/	'button'
öğrenmék	/ȫrenmék/	'to learn'
öğlé	/ȫlé/	'noon'

[Note that ğ here contrasts with /y/ in such words as öyle /öylé/ 'thus' and tüy /tüy/ 'feather']

buğdáy	/būdáy/	'wheat'
bağlamák	/bālamák/	'to tie, to bind'
doğrú	/dōrú/	'correct, straight'
sığmák	/sīmák/	'to fit into'

In all these syllable final positions, however, you will sometimes hear Turks pronounce a slight frictional sound following the vowel - a sound caused by moving the back of the tongue up toward the soft palate to produce a stricture and some friction. As you move east in Turkey this friction becomes more

pronounced in local dialects. After rounded vowels /ö, ü, o, u/ the combin-
ation of the rounding of the vowel and this friction sounds like the 'w' glide
of English as in words like 'do' 'go' and the like. Thus in the word /doğru/
you will hear both [dooru] without any glide and [dowru] with a glide.

   b) In syllabic initial position what is represented is simply a hiatus
between the vowels - the onset of a second syllable keeping the vowels from
being pronounced like a diphthong:

ağír	/a-ír/	'heavy, serious'
yoğúrt	/yo-úrt/	'yogurt'
sağá	/sa-á/	'to the right'
düdüğú	/düdü-ü/	'his whistle'

[Note: /ğ/ does not commonly occur in syllable initial position before
/o/, never before /ö/.]

This 'hiatus' varies dialectically, and in the 'ordinary' versus 'care-
ful' style of a single speaker, between simply length of the vowel or a syll-
able break ([saá] or [sa-á] for sağá) in quick everyday speech, and the
following two sounds:

   1. With unrounded /a/ and /ı/ a slight stricture between the back of the
tongue and the soft palate: /sağá/ [saɣá] 'to the right'

   2. With rounded vowels / ö, ü, o, u/ a combination of(1)above with lip
rounding often sounding like a weak 'w' glide: /doğú/ [dowú] 'east'

11.2 Pronunciation Drills on ğ:

/-ğ-/

değíl	'not equivalent'	kâğít	'paper'
değişmék	'to exchange'	ağabey	'older brother'
beğenmék	'to be pleased with'	sağanák	'downpour'
eğér	'if'	sağá	'to the right'

diğér	'other'	soğan	'onion'
sığír	'beef'	Erdoğán	'PN'
aşağí	'below'	oğúl	'son'
bağımsíz	'non-partisan'	yoğúrt	'yogurt'
çağırmák	'to call'		

/-ğc-/

sağlík	'health'	estağfurullah	'don't mention it'
Béyoğlu	'PN'	doğrú	'straight'
doğmák	'to be born'	yağlıcá	'fatty'
doğramák	'to slıce'	yağmúr	'rain'
iğné	'needle'	buğdáy	'wheat'
düğmé	'button'	uğramák	'to stop by'
eğlenmék	'to have fun'	bağlamák	'to tie, to bind'
öğrenmék	'to learn'		

/-ğ-/

sağ	'right (hand)'
teréyağ	'butter'
yağ	'fat'

11.3 Note: Participles, Suffix $\{-(á,í)r\}$:

Búradan ón dakika súrer.

Síz de mi oradan benzin alırsınız?

Umumiyetle órdan alırım.

Teşekkúr ederim.

Kitapları açabilírsiniz.

Şímdilik bu kadar yetér.

Yárın görüşürüz.

Ó kalemi verír misiniz?

Bana yolu tarif edér misiniz?

Bana yardım edéł misiniz?

The suffix {-(á,í)r} is used for 1) general statements such as a) state-
ments of general validity or b) statements of indefinite but habitual action
(usually with time expressions like /umumiyétle/ etc.). It is also used to
describe action in present time of a single action type, such as 'I thank you'.
The most common use of this form, however, is 2) to refer to future intention
or 'willingness'. In the first and third persons this indicates intention but
not firm commitment: /gidérim/ 'I'll go' in the sense of 'I am willing to go,
I'm available to go'. /ahmét gider/ 'Ahmet'll go' in the sense of 'Ahmet is
available to go'. In the second person statement form, this suffix produces an
especially polite imperative or a way of outlining a suggestion for the second
person's action: /doğrú gidersiniz/ 'You'll (or you should) go straight'.

In question form in the second person this participle is a very polite
request form: /verír misiniz/ 'will you (would you) [please] give?'

Note that the common translation of this is 'will' (or 'would') not in
the sense of 'future' action, but rather in the sense of willingness or
availability or intention to perform the action.

The form with {-(á,í)r} is a <u>participle</u> - a kind of verbal noun (or ad-
jective) and therefore, as indicated above in 10.6, is best translated (for
analytic purposes) as a phrase 'one who will go'. Thus /gidér-im/ 'one who
will go - I [am]' and so forth.

This suffix has three forms: {-ár}, {-ír} and /-r/. The form is /-r/ after
a verb base ending in a vowel:

de-	'say'	der	'one who says'
isté	'want'	istér	'one who wants'
başlá	'begin'	başlár	'one who begins'

The form is {-ár} after most bases consisting of only one syllable:

yet	'suffice!	yetér	'one which sufficies'
et	'do'	edér	'one who does'
sür	'take (time)'	sürér	'one which takes time'

The form is {-ír} after stems of more than one syllable and after a few roots of one syllable (sixteen in all, mostly very common verbs[1]).

açabíl	'be able to open'	açabilír	'one who will be able to open'
görüş	'see each other'	görüşür	'one(s) who see each other'
al	'get, buy'	alír	'one who gets, buys'
ver	'give'	verír	'one who gives'

The suffix for this participle, therefore, may be represented by the formula {-(á,í)r} .

The participle with this suffix may be followed, like nouns, adjectives and other participles, by the various 'additional information' personal suffixes.

gidér-im	'one who will go -I [am]'	'I'll go'
gidér-sin	'one who will go - thou [art]'	'You'll go'
gidér	'one who will go - [he (she,it)is]'	'He'll go'
gidér-iz	'one[s] who will go - we [are]'	'We'll go'

1. The Complete List:

almák	'to get'	alír	varmák	'to arrive	varír
bilmék	'to know'	bilir	vermék	'to give'	verír
bulmák	'to find'	bulúr	vurmák	'to strike'	vurúr
denmék	'to be said'	denír	yenmék	'to be eaten'	yenír
durmák	'to stand'	durúr			
gelmék	'to come'	gelír			
görmék	'to see'	görür			
kalmák	'to remain'	kalír			
kónmák	'to be placed'	konúr			
olmák	'to become'	olúr			
ölmék	'to die'	ölür			
sanmák	'to sense'	sanír			

Note that yenmék 'to overcome' has the form yenér and that konmák 'to alight' has the form konár. Actually, the three forms den, kon, and yen are the passive forms of the three vowel-final monosyllabic verbs, de, ko (or koy) and ye. Hence, while monosyllabic, these three /n/ - final verbs consist of root plus suffix and so are not really exceptions.

82

gidér-sin-iz   'one[s] who will go - you [are]'   'You'll go'

giderlér   'ones who will go -[they are]'   'They'll go'

{-(á,í)r} is a stressable suffix. The interrogative {-mı} follows it:

    gidér miyim?   'one who will go - [am] I?'

    gidér misin?   'one who will go - [art] thou?'

    gidér mi?   'one who will go - [is he (she, it)]?'

    gidér miyiz?   'one[s] who will go - [are] we?'

    gidér misiniz? 'one[s] who will go - [are] you?'

    giderlér mi?   'ones who will go - [are they]?'

11.4 Grammar Drills on {-(á,í)r} :

a) {-(á,í)r} + {---}   'He (she, it)'ll -----'

Ali bú akşam oraya gidér.   Ali'll go there this evening.

Kâtip bana bir táksi bulur.   The clerk will find me a taxi.

Buralarda bir táksi bulur.   He'll find a taxi hereabouts.

Köşede bir lokánta görür.   He'll see a restaurant on the corner.

Bana yolu taríf eder.   He'll explain the road to me.

Bana yardím eder.   He'll help me.

Ahmet bana yardím eder.   Ahmet'll help me.

Kâtip bana yolu taríf eder.   The clerk'll show me the road.

b) {-(á,í)r} + {-mı}   'Will he (etc.) -----'

Suál (question)   Ceváp (answer)

Ali bu akşam gidér mi?   (Ali bu akşam) Gidér.

Kâtip bana bir taksi bulúr mu?   (Kâtip size bir taksi) Bulúr.

Oraya gidér mi?   (Oraya) Gidér.

Ahmet bana yardım edér mi?   (Ahmet size) Yardím eder.

Burada bir taksi bulúr mu?   (Burada bir taksi) Bulúr.

c) {-(á,í)r} + {-ø} 'He (etc.) does -----'

Ahmet iyi İngilizce konuşúr.	Ahmet speaks good English.
John iyi Türkçe konuşur.	John speaks good Turkish.
Ahmet hér gün búraya gelir.	Ahmet comes here every day.
O hér gün óraya gider.	He goes there every day.
Bana hér zaman yardím eder.	He always helps me.

d) {-(á,í)r} + {-mı} + {-ø} 'Does he (etc.) -----?

Sual: Cevap:

Ahmet iyi İngilizce konuşúr mu?	(Ahmet iyi İngilizce) Konuşúr.
John iyi Türkçe konuşúr mu?	(John iyi Türkçe) Konuşúr.
Ahmet hér gün buraya gelír mi?	(Ahmet hér gün buraya) Gelír.
Size hér zaman yardım edér mi?	(Bana hér zaman yardım) Edér.
O hér gün oraya gidér mi?	(O hér gün oraya) Gidér.

e) {-(á,í)r} + {-lár} 'They'll -----'

Orada bir taksi bulurlár.	They'll find a cab there.
Köşede bir benzinci görürler.	They'll see a gas station on the corner.
Size yardím ederler.	They'll help you.
Size yolu taríf ederler.	They'll explain the way to you.

Sual: Cevap:

Buralarda bir taksi bulurlár mı?	(Buralarda bir taksi) Bulurlár.
Bana yardım ederlér mi?	(Size yardım) Ederlér.
Bana yolu tarif ederlér mi?	(Size yolu tarif) Ederlér.
Bu akşam gelirlér mi?	(Bu akşam) Gelirlér.

f) $\{-(\acute{a},\acute{i})r\} + \{-sın\} + \{-íz\}$ 'You'll -----'

Burada bir taksi bulúrsunuz.	You'll find a cab here.
Amerikan sefarethanesine gidérsiniz.	You'll go to the American Embassy.
Buraya gelírsiniz.	You'll come here.
Oraya yárın gidersiniz.	You'll go there tomorrow.
Sual:	Cevap:
Bana yardım edér misiniz?	(Size yardım) Edérim, efendim.
Bana bir taksi bulúr musunuz?	(Size bir taksi) Bulúrum, efendim.

g) $\{-(\acute{a},\acute{i})r\} + \{-(y)ız\}$ 'We'll -----'

Burada bir taksi bulúruz.	We'll find a cab here.
Oraya yárın gideriz.	We'll go there tomorrow.
Size yardím ederiz.	We'll help you.
Bu akşam sizé geliriz.	We'll come to you[r place] this evening.
Size yolu taríf ederiz.	We'll explain the way to you.
Bélki gelíriz.	Perhaps we'll come.
Sual:	Cevap:
Buralarda bir taksi bulúr muyuz?	(Buralarda bir taksi) Bulursunuz. or (Buralarda bir taksi) Buluruz.
Yárın Amerikan Konsolosluğuna gidér miyiz?	(Yarın American Konsolosluğuna) Gidersiniz. or Gideriz.
Otelín önünde bir dolmuş bulúr muyuz?	(Otelin önünde bir dolmuş) Bulúrsunuz. or Bulúruz.

h) **Multiple Substitution-Correlation Drill (not recorded)**

(Siz)	Bu akşam oraya gider.....1	{-mı} ...?
(Biz)	Bir taksi bulur....	
(Ben)	Yolu tarif eder....	
(O)	İyi İngilizce konuşur....	
(Sen)	Her gün buraya gelir....	
(Onlar)	Yardım eder....	
Ahmet bey	Köşede bir lokanta görür....	
Benzinci	Amerikan konsololuğuna gider....	

---

[1] Stress marks reflect the statement alternative. With the question particle the stress is, of course, uniformly on the {-(á,í)r} .

UNIT 12

12.0 Dialog: 'Getting the Cab'

-Kâtip-

yok	non-existent, there isn't
yóksa	if there isn't
telefón	telephone
telefón etmek	to phone
çağırmák	to call, to send for, to invite

Dolmuş yóksa, telefón eder bir

  taksi çağırırım.

If there isn't a share cab, I'll phone [and] call a taxi.

-John-

sizé	to you
zahmét	trouble
olacák /olucák/	it is going to become

Size zahmét olacak.

That's going to be troublesome for you.

-Kâtip-

Estağfurullah.

Don't mention it.

göndermék	to send
gönderecekler·	they're going to send

Dolmuş yók ama şimdi bir taksi

  gönderecekler.

There isn't a share cab, but they're going to send a taxi right away.

-John-

óraya /órıya/	to there
kaçá	for how much, at what price
götürmék	to lead, conduct, take

87

Teşekkǘr ederim. Ácaba buradan oraya kaçá götürürler.	Thank you. I wonder for how much they'll take [me] (from here to) there?

-Kâtip-

bilmék	to know
bilmém	I don't know
hal /haḻ/	state, condition
hér halde	probably, I think, in any case
tutmák	to hold, to catch, to amount to, to hire, to rent

Iyi bilmém ama hér halde úç lira tutar.	I don't know exactly ('well') but it probably amounts to [about] three liras.

12.1 Variation Drills on Basic Sentences

a) Progressive Substitution Drill

Cue	Pattern
	Bir <u>táksi</u> bulmak istiyordum.
kitap	Bir kitáp <u>bulmak</u> istiyordum.
almak	Bir <u>kitáp</u> almak istiyordum.
kalem	Bir kalém <u>almak</u> istiyordum.
vermek	Bir <u>kalém</u> vermek istiyordum.
lira	Bír lira <u>vermek</u> istiyordum.
bırakmak	Bír <u>lira</u> bırakmak istiyordum.
kalem	Bir kalém <u>bırakmak</u> istiyordum.
bulmak	Bir <u>kalém</u> bulmak istiyordum.
taksi	Bir táksi bulmak istiyordum.

b) Progressive Substitution Drill

Cue	Pattern
	<u>Amerikán</u> konsolosluğuna.
İngilíz	İngilíz <u>konsolosluğuna</u>.

İngilíz <u>konsolosluğuna</u>.

sefarethanesine!	İngilíz <u>sefarethanesine</u>.
Türk	Türk <u>sefarethanesine</u>.
elçiliğine	Türk <u>elçiliğine</u>.
Amerikan	Amerikán <u>elçiliğine</u>.
konsolosluğuna	Amerikán konsolosluğuna.

c) **Progressive Substitution Drill**

Cue	Pattern
	Şimdi bir <u>taksi</u> gönderecekler.
kitap	<u>Şimdi</u> bir kitáp gönderecekler.
yarın	Yarın bir <u>kitáp</u> gönderecekler.
kalem	<u>Yarın</u> bir kalém gönderecekler.
şimdi	Şimdi bir <u>kalém</u> gönderecekler.
taksi	Şimdi bir táksi gönderecekler.

12.2 Note: {-da} 'also'

Bén de o tarafa gidiyorum.   I'm going that way too.

Síz de mi oradan benzin alırsınız? Do you too buy gas from there?

Although written separately in normal Turkish orthography, {-da} is a suffix to the preceding word. It is an unstressable suffix. After a voiceless consonant it is {-ta} and after a voiced consonant {-da}. It indicates 'in addition', 'also', 'too' and connects the word or phrase to which it is suffixed to something in the preceding context. When suffixed to predicates it is a simple conjunction with the meaning 'and' (/gidér de yapár/ '[He]'ll go and do'). In some contexts of more than one sentence an appropriate translation is 'as for':

Sen óraya git. Bén de búrada kalırım.   'You go there. As for me, I'll stay here.'

12.3   Grammar Drill on {-da} : Sample Sentence Drill

Ben de oraya gidiyorum.   O da bana yardım ediyor.

Siz de geliyor musunuz?   Biz de Amerikan sefarethanesine gideriz.

Ahmet de burada.   Bu kitap da sizin.

Otelin önünde dolmuş da var.   Kitaplar da burada.

Burada da bir kalem var.   Ankara Palas da iyi bir otel.

Bu da sizin.

12.4 Note: Noun 'Relational' Suffix: {-da}

    Compare:

        burada   at (in) this place

        buradan   from (through) this place

        oraya   to that place

        oradan   from (through) that place.

The suffix {-da} indicates place where - 'in', 'at', 'on'.

        otelin önünde   in front of the hotel

        köşede   on the corner

        Biraz uzakta.   [It's] at a little distance.

        Nerede?   Where? (at what place?)

        Sağ tarafta, köşe başında.   Around the corner on the right.

        Buralarda.   Hereabouts.

        Sol tarafta var.   There's [one] on the left.

{-da} is a stressable suffix. After voiceless consonants it is {-ta} , after

voiced sounds {-da} .

Contrast the use and meaning of {-da} 'also' and {-da} 'in, on, at'.

        Ben de.   'Me too.'

        Bende.   'On me. (i.e. I have [it].)

The /n/ which appears before {-da} in words like /önünde/ is part of another

suffix which will be discussed in Unit 13 below.

12.5   Grammar Drill on {-dá} Sample Sentence Drill

Bende bir kitap var.	There's a book on me (I have a book).
Sizde bir kalem var mı?	Have you got a pencil on you?
Postahanede misiniz?	Are you at the post office?
Onlarda iyi bir kitap var.	They have a good book.
Neredeler?	Where are they?
Bizde on lira var.	We have ten liras on us.
Otelde misiniz?	Are you at the hotel?
Nerede iyi bir otel buluruz?	Where will we find a good hotel?
Burada bir kitap var.	There's a book here.
Neredesiniz?	Where are you?
Derste Türkçe konuşuyoruz.	We speak (are speaking) Turkish in class.
Uzaktayız.	We're at a distance.
Beş dakikada gideriz.	We'll get [there] in five minutes.
Köşede bir otel var.	There's a hotel on the corner.
Köşe başında bir postahane var.	There's a post office around the corner.
Buralarda bir taksi buluruz.	We'll find a taxi hereabouts.

12.6 Note: Noun Relational Suffix {-(y)á}

The suffix {-(y)á} indicates the goal of action - 'to' a place or 'for' a person, a consideration, etc.

1. Nereye gideceksiniz?	Where are you going?
Sağa dönünüz.	Turn to the right.
Acaba buradan oraya kaça götürürler.	I wonder for how much they'll take [me] from here to there?
O tarafa gidiyorum.	I'm going in that direction.
Amerikan konsolosluğuna.	To the American Consulate.
Kitapları masaya bırakın.	Leave the books on (to) the table.

2. Allahaısmarladık.   Goodbye

     Bana yolu tarif eder mi?   Will he explain the road to me?

     Bana yardım eder misin?   Will you help me?

     Size zahmet olacak.   It will be troublesome for you.

3. Derse başlayalım.   Let's begin the lesson.

     Bir şeye mi ihtiyacınız var?   Do you need anything?

The examples beside #1 are of direction towards, in a literal sense. Here {-(y)á} corresponds most frequently to English 'to' but may, of course, be variously translated as 'in' in 'in that direction' or 'on' (onto).

The examples beside #2 are 'to' or 'for' a person. Note that one 'makes help to' someone. The pronouns {ben} and {sen} are /ban-/ and /san-/ before this suffix.

The examples beside #3 illustrate {-(y)á} used with a verb (one 'begins to' something) and in a /var/ construction (One's need of (or 'for') a thing is existent). /kaçá/ in the third example sentence also illustrates 'for (how much)'.

The variety of meaning illustrates the fact that what is one form in Turkish and has, so to speak, one 'meaning', corresponds, in different contexts, to quite a few different things in English.

{-á} occurs after consonants, {-yá} after vowels. This is a stressable suffix.

12.7 Grammar Drill on {-(y)á} : Sample Sentence Drills ills

     Bana bir kalem ver.   Give me a pencil.

     Size telefon ederim.   I'll phone you.

     Ona yardım ederim.   I'll help him.

     Onlara telefon edin.   Call them up.

     Sana ne diyor?   What's he say to you?

     Bize bir kitap verir misiniz?   Will you [please] give us a book?

Postahaneye gidiyorum.	I'm going to the post office.
Lokantaya gidiyoruz.	We're going to the restaurant.
Benzinciye gidiyor.	He's going to the gas station.
Ona bir kitap götürüyorum.	I'm taking her a book.
Ahmede yardım ediniz, lûtfen.	Please help Ahmet.
Derse başlıyoruz.	We're starting class.
Bu kitaba başlıyoruz.	We're beginning this book.
Nereye gidiyor?	Where's he going?
Yarın konsolosluğa telefon ederim.	I'll call the consulate tomorrow.
Oraya yarın gideriz.	We'll go there tomorrow.
Kitapları masaya bırakıyorum.	I'm leaving the books on the table.
Ankaraya gidiyorum.	I'm going to Ankara.
Ne tarafa gidiyorsun?	In what direction are you going?

12.8 Note: Noun Relational Suffix {-dán}

The suffix {-dán} indicates the source or the route of an action and is most often translated 'from' or 'through' although other translations are sometimes appropriate.

Oradan mı benzin alırsınız?	Do you buy gas from there?
Umumiyetle ordan alırım.	Ordinarily I buy [it] from there.
Acaba burdan oraya kaça götürürler.	I wonder how much [they want] to take one from here to there.

All these examples of {-dán} may be translated 'from'. However, in other circumstances {-dán} has a number of other English equivalents most of which may be rationalized as 'starting from...' or 'motion through and away from.....' For example in a sentence like /bú yoldan gidiniz/ 'Go this way.', the {-dán}

suffix indicates 'by way of' while in /postahanedén geçti/ '[it] passed through
the post office' (geçmek 'to pass'), the translation is 'through'.

12.9 Grammar Drill on {-dán} : Sample Sentence Drill

Lokántadan geliyorum.	I'm coming from the restaurant. (I've just come from the restaurant.)
Postahanedén geliyor.	He's coming from the post office. (He's just come from the post office.)
Derstén geliyoruz.	We're coming from class. (We've just come from class.)
Óradan geliyor.	She's coming from there.
Kitapları búradan alıyor.	He buys (he's buying) the books from here.
Óradan telefon edin.	Call from there.
Kâtibdén öğrendim.	I found out from the clerk.
Ahmetten bir kalém istiyorum.	I'm requesting a pencil from Ahmet. (I'm asking Ahmet for a pencil.)
Sizden yardím istiyorum.	I want help from you.
Benden yardím istiyor.	He wants help from me.
Bizden yirmi béş lira istiyor.	He wants twenty-five liras from us.
Ánkaradan geliyor.	He's coming from Ankara. (He's just come from Ankara.)
Ondan yardím istiyorum.	I want help from him.
Ondan çók şey öğreniyorum.	I'm learning a lot of things from her.
Ondan bir kitáp alın.	Get a book from him.
Néreden geliyorsunuz?	Where have you come from?/ Where are you coming from?
Konsosluktán geliyorum.	I'm coming from the consulate./ I've just come from the consulate.
Benzincidén geliyorum.	I'm coming from the gas station./ I've just come from the gas station.
Sefarethaneden telefón ediyorlar.	They're calling from the embassy.
Sefarethaneden çağıríyorlar.	They're calling (one to go) from the embassy.

12.10 Note: {-ra-} :

Examples of the suffix {-ra-} 'place' have occurred throughout units to
date. Before /d/, {-ra-} is often simply /-r-/. We may note the following
compounds with suffixes:

bu	'this'	o	'that'	ne	'what?'
burada	'here'	orada	'there'	nerede	'where?'
buraya	'hither'	oraya	'thither'	neraye	'whither?'
buradan	'hence'	oradan	'thence'	nereden	'whence?'

{-lar} may follow {-ra-}, as in /buralarda/ 'hereabouts'.   {-ra-} is an
unstressable suffix.

{-ra-} does not normally occur without additional suffixes following it.

12.11 Grammar Drill on {-ra-} : Sample Sentence Drill

Bura-	'this place'
Şura-	'that place (over there)'
Ora-	'that place yonder'
Nere-	'what place?'

Buraya gelirim.	I'll come (to) here.
Burada okuyorum.	I'm reading [it] (at) here.
Buradan gidin.	Go this way.
Buradan gidin.	Go [away] from here.
Oraya gidiyorum.	I'm going (to) there.
Orada bir kitap görüyorum.	I see a book (at) there.
Oradan geliyor.	He's coming from there. (He's just come from there.)
Şuraya gidiyorum.	I'm going (to) over there.
Şurada okurum.	I'll read (at) over there.
Şuradan telefon ederim.	I'll phone from over there.
Nereye gidiyorsun?	Where are you going (to)?

Kitapları nérede görüyorsunuz?   (At) where do you see the books?

Néreden geliyorsun?   Where'd you come from?/
                                         Where are you coming from?

12.12 Note: The Negative Participle with Suffix {-má(z)} :

    iyi bilmém   I don't know exactly

The form /bilmém/ represents the negative of the participle with {-(á,í)r},

which does not occur ofter negative stems. /bilmém/ is the first person sing-

ular form of a special negative participle. The forms of this participle for

all persons are:

    bilmém   I don't know.   [Note the special short form of
                                                       the first person singular
    bilmézsin   Thou dost not know.   suffix after {-má(z)}: /-m/.]

    bilméz   [He (etc.)] doesn't know.

    bilméyiz   We don't know.

    bilmézsiniz   You don't know.

    bilmezlér   [They] don't know.

It will be seen that the form is {-má} before first person suffixes and {-máz}

elsewhere. The form carries a sense of unwillingness or unavailability to do

the action or indicates a habitual not doing of the action involved. In meaning

it is thus exactly the negative of the participle with {-(á,í)r}.

It is clear that the origin of this form was in the suffixation of /-z/,

a variant form of the /-r/ of the suffix {-(á,í)r} , to the negative stem of the

verb:

    gitme + -z —→ gitmez

but the stress pattern has been altered from what we would anticipate from an

equation like this one. In addition the /-z/ has been completely lost in the

first person forms. Also there exist forms in Turkish in which {-máz} occurs

suffixed to a negative stem (as in /anlámamazlık/ 'lack of understanding') so

that this suffix would seem to be undergoing an evolution toward status independent of the negative suffix {-ma}.

In the interrogative the form is {-máz} before {-mı} in all persons as
follows:

bilméz miyim?	Don't I know?
bilméz misin?	Don't you know?
bilméz mi?	Doesn't [he (she, it)] know?
bilméz miyiz?	Don't we know?
bilméz misiniz?	Don't you know?
bilmezlér mi?	Don't [they] know?

Like all participles, the participle with {-má(z)} is a nominal form
(a verbal 'adjective') and is best understood in its various uses if a 'literal
translation' is attempted with a phrase in English: 'one who will (does)
not -----'. Thus the examples of this participle with various 'additional
information' personal suffixes given above can be 'literally' rendered:

bilmém	I [am] one who will not know. (am not likely to know) I [am] one who does not know.
bilmézsin	Thou [art] one who will not know. (art not likely to) Thou [art] one who does not know.
bilméz	[He (she, it) is] one who will not know. (is not likely to) [He (she, it) is] one who does not know.
bilméyiz	We [are] one[s] who will not know. (are not likely to) We [are] one[s] who do not know.
bilmézsiniz	You [are] one[s] who will not know. (are not likely to) You [are] one[s] who do not know.
bilmezlér	[They are] ones who will not know. (are not likely to) [They are] ones who do not know.

12.13 Grammar Drills on {-má(z)} :

a)   {-má(z)} : Sample Sentence Drill

Ahmet bugün gelméz.	Ahmet won't come today.
Bu akşam telefon etméz.	[He (etc.)] won't phone this evening.

Ó lokantaya gitméz.	[He (etc.)] doesn't go to that restaurant.
Zahmet olmáz.	[It] won't be any trouble.
Kitapları gönderméz.	[He (etc.)] won't send the books.
Memnun olmáz.	[He (etc.)] won't be pleased.
Bana yardım etméz.	[He (etc.)] won't help me.
Bugün dönméz.	[He (etc.)] won't return today.
Yarın derse gelméz.	[He (etc.)] won't come to class tomorrow.

b) {-má(z)} + {-mı} :

Ahmet bugün gelméz mi?	Won't Ahmet come today?
Bu akşam telefon etméz mi?	Won't [he (etc.)] phone this evening?
O lokantaya gitméz mi?	Doesn't [he (etc.)] go to that restaurant?
Zahmet olmáz mı?	Won't [it] be troublesome?
Kitapları göndermez mi?	Won't [he (etc.)] send the books?
Size yardım etméz mi?	Won't [he (etc.)] help you?
Memnun olmáz mı?	Won't [he (etc.)] be pleased.

c) {-má(z)} + {-lár} :

Yardım etmezlér.	[They] won't help.
Telefon etmezlér.	[They] won't phone.
Ó lokantaya gitmezlér.	[They] don't go to that restaurant.
Bu akşam gelmezlér.	[They] won't come this evening.
Memnun olmazlár.	[They] won't be pleased.
Bugün dönmezlér.	[They] won't return today.
Bu kitapları okumazlár.	[They] won't read these books.
Konuşmazlár.	[They] don't (won't) talk.
Anlamazlár.	[They] wouldn't understand.
Bırakmazlár.	[They] won't allow [it].
Açmazlár.	[They] won't open [it].

d) {-ma(z)} + {-lar} + {-mı} : Sample Sentence Drill

Yardım etmezler mi?	Won't [they] help?
Telefon etmezler mi?	Won't [they] phone?
O lokantaya gitmezler mi?	Don't [they] go to that restaurant?
Kitapları vermezler mi?	Won't [they] give the books?
Bu akşam dönmezler mi?	Won't [they] come back this evening?
Buraya gelmezler mi?	Won't [they] come here?
Tercüme etmezler mi?	Won't [they] translate?
Anlamazlar mı?	Won't [they] understand?
Memnun olmazlar mı?	Won't [they] be pleased?

e) {-ma (z)} + /-m/ : Sample Sentence Drill

Oraya gitmem.	I won't go there.
Kitapları burada bırakmam.	I won't leave the books here.
Tarif etmem.	I won't explain.
Ona yardım etmem.	I won't help him (etc.).
Bugün telefon etmem.	I won't phone today.
O lokantaya gitmem.	I won't go to that restaurant. I don't go to that restaurant.
Kitapları ona vermem.	I won't give him the books.
Bugün başlamam.	I won't start today.
Okumam.	I won't read. I don't read.
Tercüme etmem.	I won't translate. I don't translate.
Kapamam.	I won't close [it].
Açmam.	I won't open [it].
Dönmem.	I shall not return.
Konuşmam.	I won't speak.

99

f)　{-ma(z)} + {-mı} + {-(y)ım} : Sample Sentence Drill

Gitméz miyim?	Won't I go?
Anlamáz mıyım?	Won't I understand?
Konuşmáz mıyım?	Won't I speak?
Verméz miyim?	Won't I give [it]?
Yardım etméz miyim?	Won't I help?
Başlamáz mıyım?	Won't I begin?
Gelméz miyim?	Won't I come?
Memnun olmáz mıyım?	Won't I be pleased?

g)　{-ma(z)} + {-sın} : Sample Sentence Drill

O lokantaya gitmézsin.	You're not to go to that restaurant.
Anlamázsın.	You won't understand. 　You wouldn't understand.
Telefon etmézsin.	You won't phone.
Yardım etmézsin.	You won't help
Yarın gelmézsin.	You won't come tomorrow.
Bırakmázsın.	You won't allow [it].
Tarif etmézsin.	You won't explain.
Göndermézsin.	You won't send [it].
Memnun olmázsın.	You won't be pleased.
Başlamázsın.	You won't begin.
Okumázsın.	You won't read. 　You don't read.
Çağırmázsın.	You won't call [him] in.
İstemézsin.	You won't ask for [it]. You don't want [it]. 　You're not to ask for [it].

h)　{-ma(z)} + {-mı} + {-sın} : Sample Sentence Drill

Oraya gitméz misin?	Don't you go there? 　Won't you go there?
Buraya gelméz misin?	Won't you come here?

Bana yardım etméz misin?	Won't you help me?
Bir taksi bulmáz mısın?	Won't you find a taxi?
Gönderméz misin?	Won't you send [it]?
Memnun olmáz mısın?	Won't you be pleased?
Götürméz misin?	Won't you take [it]?
Çağırmáz mısın?	Won't you call [him] in?
İsteméz misin?	Don't you want [it]?

i) {-má(z)} + {-(y)ız} : Sample Sentence Drill

Yardım etméyiz.	We won't help.
Telefon etméyiz.	We won't phone.
Memnun olmáyız.	We will not be pleased.
Kitapları gönderméyiz.	We won't send the books.
Bulmáyız.	We won't find [it].
Amerikan sefarethanesine gitméyiz.	We won't go to the American Embassy.
Çağırmáyız.	We won't call [him] in.
Gönderméyiz.	We won't send [it].
O kitapları isteméyiz.	We don't want those books. We won't ask for those books.

j) {-má(z)} + {-mı} + {-(y)ız} : Sample Sentence Drill

Yardım etméz miyiz?	Won't we help?
Anlamáz mıyız?	Won't we understand?
Bir taksi bulmáz mıyız?	Won't we find a taxi?
Kitapları gönderméz miyiz?	Won't we send the books?
İsteméz miyiz?	Don't we want [it]? Won't we ask for [it]?
Memnun olmáz mıyız?	Won't we be pleased?
Çağırmáz mıyız?	Won't we call [him] in?/Won't we invite [him]?

Gelméz miyiz?	Won't we come?
Gitméz miyiz?	Won't we go?

k) {-má(z)} + {-sın} + {-íz} : Sample Sentence Drill

Oraya gitmézsiniz.	You won't go there.
	You're not to go there.
Anlamázsınız.	You won't understand.
	You wouldn't understand.
Yarın dönmézsiniz.	You won't return tomorrow.
Kitapları açmazsınız.	You're not to open the books.
Telefon etmézsiniz.	You won't phone.
Yarın gelmézsiniz.	You won't come tomorrow.
Görmek istemézsiniz.	You wouldn't want to see [it].
Bugün başlamázsınız.	You won't commence today.
Tercüme etmézsiniz.	You're not to translate.
Konuşmázsınız.	You won't speak.
	You aren't to speak.
Okumázsınız.	You won't read.
	You aren't to read.

l) . {-má(z)} + {-mı} + {-sın} + {-íz}: Sample Sentence Drill

Oraya gitméz misiniz?	Won't you go there? [Please]
Ona yardım etméz misiniz?	Won't you help him? [Please]
Yarın dönméz misiniz?	Won't you return tomorrow?
Tercüme etméz misiniz?	Won't you translate? [Please]
Yarın gelméz misiniz?	Won't you come tomorrow? [Please]
Okumáz mısınız?	Won't you read? [Please] /
	Don't you read?

m) Multiple Substitution-Correlation Drill (not recorded)

(sen)	Bugün gelme (z).....	$\{$ -mı $\}$ ....?
(biz)	Kitapları gönderme (z)	
(onlar)	O lokantaya gitme (z).....	
(siz)	Telefon etme (z).....	
(ben)	Anlama (z).....	
(o)	Kalem verme (z).....	
Ahmet	Bu akşam dönme (z).....	
Kâtip	Derse başlama (z).....	
	Memnun olma (z).....	
	Türk Sefarethanesine gitme (z).....	
	Bir taksi bulma (z).....	

12.14 Narrative Drill:

Şimdi bir oteldeyim. Otelin kâtibi bana her zaman yardım eder. Bu otelden

Amerikan Sefarethanesine on beş dakikada gidiyorum. Umumiyetle otelin önünde

bir taksi bulurum. Otelin önünde bir taksi yoksa kâtip telefon eder, bana bir

taksi çağırır.

Otelden üç dakika uzakta iyi bir lokanta var, her akşam oraya gidiyorum.

Otelde de bir lokanta var, ama pek pahalı. Oraya gitmem.

UNIT 13

13.0 Dialog: 'The Cab Ride'

| şoför | driver |

-Şoför-

| Nereye gitmek istiyorsunuz? | Where do you want to go? |

-John-

| Amerikan konsolosluğuna. | To the American Consulate. |

-Şoför-

| háy hay | O.K., certainly |

| Háy hay. | All right. |

-John-

bendé	on me
adrés	address
adresí	its address

| Bende adresi yók. Siz biliyór musunuz? | I don't have ('on me is not existent') its address; do you know [where it is]? |

-Şoför-

merák	concern, anxiety, curiosity
merák etmek	to be concerned, curious
merak étmeyin	don't worry
bír çok	a lot of
ve	and
Amerika	America
Amerikalı	American (person)
götürdüm	I took, I've taken

Merak étmeyin efendim. Ben

oraya bir çok Tűrk ve Amerikalı

götűrdűm.

-John-

geldík   we came

Geldík mi? Hangi bina?   Are we there ('have we come')?
                                                Which building [is it]?

-Şoför-

şu   that (there)

önű   its front

merdivén   stairs, ladder

merdivenlí   with stairs, having
                                                   stairs

beyáz   white

şú önű merdivenli beyáz bina.   That white building with stairs
                                                   in front ('that - its front
                                                   with stairs - white building').

-John-

mersí   thanks

borç   debt

borcúm   my debt

né kadar   how much, what amount

Mersí, borcum né kadar?   Thank you. How much do I owe
                                                   you? ('My debt what amount?')

-Şoför-

On dört lira.   Fourteen liras.

-John-

kâfí /kāfí/　　　　　　　　　　　　　　　enough

Biraz çók, on lira kâfi değíl mi?　　　[That's] a little high; isn't
　　　　　　　　　　　　　　　　　　　　　ten liras enough?

-Şoför-

saát (or /sa'at/)　　　　　　　　　watch, clock, meter;
　　　　　　　　　　　　　　　　　　　　hour

saatá göre (or/sa'até　　　　　　according to the meter
　　göre/)[1]

istedím　　　　　　　　　　　　　　I asked (for), I
　　　　　　　　　　　　　　　　　　　wanted

Değíl efendim.　Ben saatá göre　　It's not, sir.　I charged
　　　　　　　　　　　　　　　　　　　('asked') according to the
　istedim.　　　　　　　　　　　　　meter.

13.1　Variation Drills on Basic Sentences

a)　Simple Substitution Drill

Siz	biliyór	musunuz?
	gidiyór	
	götürüyór	
	veriyór	
	alıyór	

---

[1] A　rather large number of Arabic loan words ending in /-at/ occur with suf-
fixes exhibiting the front vowels (/e/ for {a} harmony and /i/ for {ı} harmony)
instead of the back vowels which would be expected after /a/.　This phenomonon
occurs primarily in the speech of educated Turks and is probably now less common
in speech than formerly.　In good dictionaries this is indicated in the entry as
follows:　saat, -ti.　Students should recognize the phenomonon but need not be
overly concerned to follow the practice unless their teacher does so consistently.

b) Progressive Substitution Drill

Cue	Pattern
	Üç lira <u>kâfi</u> değil mi?
yeter	Üç lira yetér, değíl mi?
beş	Beş <u>lira</u> yetér, değíl mi?
kitap	Beş kitap <u>yetér</u>, değíl mi?
gönderirler	Beş kitap gönderirlér, değíl mi?
on beş	On beş <u>kitap</u> gönderirlér, değíl mi?
kalem	On beş kalem <u>gönderirlér</u>, değíl mi?
kâfi	On beş kalem kâfi değíl mi?
Üç	Üç <u>kalem</u> kâfi değíl mi?
lira	Üç lira kâfi değíl mi?

13.2 Note: Pronunciation of /h/:

Alláh	God
ihtiyáç	need
zahmét	trouble

The consonant /h/ offers no pronunciation difficulties when used at the beginn-
ing of a syllable, as in /hángi/, etc. or /sefârethâné/. Note, however, that
/th/ and /sh/ are /t/ or /s/ plus /h/ (belonging to the following syllable) and
are not the sounds in English <u>thin</u> or <u>ship</u>.

When /h/ occurs at the end of a syllable, either final in the word as in
/alláh/, or before another consonant, as in /zahmét/, it presents a problem to
the English speaker. To make such an /h/, continue expelling air after the
vowel but without voicing (vibration of the vocal cords). No more energy should
be expended than for /h/ at the beginning of a syllable. Some proper names with
/-hC/ are:

/Ahmét/   /İhsán/   /Mehmét/

Double /h/ may also present difficulties. Keep expelling air for a fraction
of a second longer than for a single /h/. Compare /tuhaf/ 'strange' and
/sıhhat/ 'health'. The two /h/ sounds always belong to different syllables.

13.3 Drills on /h/:

/-hC-/

anahtár	key	mahsûl	produce (n)
báhsetmek	to mention	mahsús	special, on purpose
bahşiş	gratuity, tip	şahsî	personal
ihráç	exporting	şehrí	his city
ihtiyáç	need	tahvíl	exchange
istihbarát	information	tenbihlí	forewarned
kahvaltí	breakfast	kahvé	coffee
kahvérengi	brown	mahkemé	court(room), trial
mahkûmiyét	conviction		

/-hh-/

sıhhát	health
taahhüt	undertaking

/-h-/

éyvah!	what a pity!	sabáh	morning
izah	explanation	siyáh	black
máamafih	nevertheless	tālíh	luck
ruh	spirit	tenbíh	warning

Compare also /-Ch-/:

cumhúr	republican	meşhúr	famous
dérhâl	immediately	müthíş	terribly
ithál	importing	sefārethāné	embassy

108

mérhaba   `hello   tamirhāné   repair shop

13.4 Note:'Possessive Suffixes'

There are two kinds of possessive suffixes in Turkish, one set of which
indicates that the noun to which it is suffixed in some sense 'possesses' some-
thing else. We call these 'possessor' suffixes. The second set indicates
that the noun to which it is suffixed is in some sense 'possessed by' something
else. We call these 'possessed' suffixes.

a) 'Possessed' Suffixes.

1. First person: Suffix {-(í)m} :

    Borcum né kadar?   How much do I owe you?

    Değíl, efèndim.   It's not, sir.

These two sentences illustrate the first person possessed suffix which is {-ím}
after consonants and simply /-m/ after vowels. The two words with these suffixes
in these sentences are /borcúm/ 'my debt' and /eféndim/ 'my efendi'. Notice
that this, like all the possessed suffixes and in contrast to the personal suf-
fixes to predicates, is a stressable suffix. Contrast: /şoförüm/ ' I am a
driver' and /şoförüm/ 'my driver'.

    First personal plural is indicated by the addition of the personal plural-
izer suffix {-íz} , which we have already seen used with other personal suffixes.
Thus /borcumúz/ 'our debt' and /eféndimiz/ 'our efendi (master)'.

2. Second person: Suffix {-(í)n} :

    Bir şeyé mi ihtiyacınız var?

    İsmini̇z ne, efendim?

In these sentences is illustrated the second person (plural or polite) possessed
suffix. This form has the {-íz} personal pluralizer. Without the pluralizer
the form is /ihtiyacín/ 'thy need'. The suffix is {-ín} after consonants and
simply /-n/ after vowels.

3. Third person: Suffix {-(s)í[n]} :

    Otelín önünde bir dolmúş buluruz.

    Bende adresi yók.

    Otelin menejeri síz misiniz?

    Amerikán sefarethanesine.

These sentences illustrate forms of the third person possessed suffix. This suffix has several forms. After consonants it is {-í[n]} as in /adresí/. After vowels it is {-sí[n]} as in /sefārethānesi/. Before additional stressable suffixes the suffix ends in /n/ as in /önünde/ and /sefārethānesine/. At the end of a word (or before unstressable suffixes) the /n/ does not appear: /adresí/, /menejerí/.

At this point the student is reminded of the forms /bu/, /şu/ and /o/, 'this, that there, and that yonder', and of the fact that these 'demonstrative pronouns' have the form {bu[n]}, {şu[n]}, and {o[n]}, the /n/ appearing when the pronoun is followed by certain suffixes as in /onlár/, /bundá/, /şunún/ and the like. All forms in Turkish which have a final /n/ in some places which is absent elsewhere follow the rule that the /n/ appears before any <u>stressable</u> suffix and is absent finally or before an unstressable suffix. The third person possessed suffix {-(s)í[n]} is such a suffix. Thus: /amerikan sefārethānesine/ where the /e/ represents the suffix {-(y)á} , a stressable suffix. Similarly in /otelín önünde/ the suffix {-dá} 'at, on, in' is stressable, although not stressed in this particular phrase.

Two changes should be mentioned which occur in certain bases when suffixes beginning with vowels are added. In the pairs /borç/ - /borcum/ and /ihtiyaç/- /ihtiyacım/ the noun alone ends in a voiceless consonant /ç/, but before the vowel-initial suffix the corresponding voiced consonant /c/ occurs. There are a large number of nouns which end in voiceless consonants when no suffix is present or when there is a suffix beginning with a consonant. These nouns change their final consonant to the corresponding voiced consonant when a vowel-initial suffix is added. The student is reminded of the consonants in Turkish which occur in voiced-voiceless pairs:

$$p \; t \; [\underset{\sim}{k}] \; k \; s \; \mathfrak{z} \; ç \; f$$

$$b \; d \; [\mathring{g}] \; g \; z \; j \; c \; v$$

Only some of these pairs are regularly involved in the change before vowel-initial suffixes. The alternations /p-b/ (/kitap/ 'book' /kitabı/ 'his book'), /t-d/ (/ahmét/ 'Ahmet' /ahmedé/ 'to Ahmet'), and /ç-c/ are the most frequent.

The alternations /$\underset{\sim}{k}$-$\mathring{g}$/ and /k-g/ occur after /n/ (which is here actually pronounced like the ng of 'sing'): /ren$\underset{\sim}{k}$/ 'color' /rengí/ 'its color', but in all other environments /$\underset{\sim}{k}$/ and /k/ alternate with /$\mathring{g}$/ as /konoloslúk/ - /konosluğú/. This latter alternation is very frequent, occurring with all suffixes ending in /k/ of which there are many.

These voiceless-voiced alternations before vowel-initial suffixes occur only with certain words or suffixes. Other words do not show them: /zahmét/ 'trouble' /zahmetí/ 'his trouble'.

The other change illustrated by the examples above is the alternation /isím/ and /ism-/, the latter before vowel-initial suffixes as in /isminíz/ 'your name'. The change occurs only when the initial vowel of the suffix is {ı} and the vowel of the last syllable of the polysyllabic base is the same vowel as the {ı} of the suffix. Thus /isimin/ would have two identical vowels - the last syllabic of the base and the suffix-initial vowel. In such cases the base vowel is dropped: /ismim/. The vowel of the suffix ({ı}) is determined by the dropped vowel so that a two syllable non-harmonic base like /azim/ has the form with {ı} -initial suffixes: /azmi/ with the {ı} determined by the (now dropped) /i/ and not by the /a/.

What actually is taking place here is that a number of Arabic forms which

have , consonant clusters (two consonants together) in Arabic have been borrowed
into Turkish and an additional vowel has been inserted to separate the conso-
nants - (Arabic _ism_ has become Turkish _isim_)-when the word is used in isolation
or with a consonant initial or {a} vowel-initial suffix. When used with a {ı}
vowel-initial suffix the additional vowel is dropped and the root has the form
of the original Arabic borrowing, but the dropped vowel continues to determine
the vowel harmony. These same words, when used with _etmek_ to form compound
verbs, also drop this vowel. There exist, however, a large number of Arabic
borrowings which have been so Turkified that the original consonant cluster
remains separated at all times. An example of the latter is _ceviz_ 'walnut' (from
an original Arabic _cevz_) where the form is _cevizim_ 'my walnut' rather than
*cevzim.

The suffix {-(s)í[n]} is simply third person - not singular or plural.
Thus whether /kitabí/ is 'his (etc.) book' or 'their book' is not specified.
Similarly when suffixed to a plural noun {-(s)í[n]} can mean 'his (etc.)' or
'their': /kitaplarí/ 'his (etc.) books' or 'their book(s)'. See 13.6 below.

13.5 Drill on Possessed Suffixes:

a) {-(s)í[n]} 'his, her, its, their' Sample Drill

İngilízcesi his (etc.)	English	solú his (etc.)	left
Türkçesi	Turkish	kapıcısí [1]	doorman
kitabí	book	másası	table
kitaplarí	books	saatí /saatí	watch, clock
otelí	hotel	önü	front
Kâtibí	clerk	gecesí	evening
adresí	address	günü	day
postahanesí	post office	yardımí	aid
kalemí	pencil	ihtiyací	need
sağí	right		

[1] kapı - door, kapıcı - doorman

b) {-lár} + {-í[n]} 'his, her, its (plural item) or their

    (singular or plural item) Sample Drill

İngilizceleri	their English	kapıcıları	their doorman
Türkçleri	Turkish	masaları	table
kitapları	book	saatları / saatleri	watch
otelleri	hotel	günleri	day
kâtipleri	clerk	yardımları	aid
adresleri	address	ihtiyaçları	need
kalemleri	pencil		

c) {-(í)m} 'my' Sample Drill

kitaplarím	my books	adresím	my address
İngilizcem	English	ismím	name
Türkçem	Turkish	sağım	right
kalemím	pencil	solúm	left
otelím	hotel	günüm	day
saatím / saatím	watch	gecém	night
másam	table	kitabím	book
Kâtibím	clerk	yardımím	aid
kapıcím	doorman	ihtiyacím	need

d) {-(í)m} + {-íz} 'our' Sample Drill

kitaplarımíz	our books	masamíz	our table
İngilízcemiz	English	saatımíz / saatimíz	watch, clock
kalemlerimíz	pencils	yardımımíz	aid
Kâtibimíz	clerk	ihtiyacımíz	need
kapıcımíz	doorman	Türkçemiz	Turkish
adresimíz	address	otelimíz	hotel

e) {-(í)n} 'thy' Sample Drill

kitaplarín	thy books		İngilízcen	thy English	
kapıcín	doorman		másan	table	
saatín / saatín	watch		Kâtibín	clerk	
sağín	right		solún	left	
Türkçen	Turkish		ismín	name	
yardimín	aid		ihtiyacín	need	
otelín	hotel		adresín	adress	

f) {-(í)n} + {-íz} 'your' Sample Drill

oteliníz	your hotel		İngílizceniz	your English	
Türkçeniz	Turkish		Kâtibiníz	clerk	
kapıcıníz	doorman		kitaplarıníz	books	
saatıníz / saatıníz	watch		másanız	table	
ismíníz	name		ihtiyacıníz	need	
yardımınız	aid				

13.6 Note: 'Possessor' Suffixes: 'of': {-(n)ín} , {-ím} :

Otelín önünde bir dolmúş buluruz.

Otelin menejeri síz misiniz?

The stressable suffix {-(n)ín} , [{ín} after consonants, {-nín} after vowels]
added to a noun indicates that the noun is definite or specific and is the
possessor of something to be found elsewhere (almost invariably later) in the
sentence. A noun (or verbal noun) following immediately or at some distance
in the sentence has a possessed suffix. The noun with possessor suffix and that
with possessed suffix form a 'possessive construction. :

otelín   'the hotel's'   kâtibi   'it's clerk'

The possessed suffix on /kâtibí/, like any possessed suffix, does not show

the relationship of the construction to other parts of the sentence but merely

114

ties the possessed noun to something preceding in the sentence (or in the context).
Thus any noun with possessed suffix may be further suffixed with other noun suf-
fixes, including the 'possessor' suffix:

  otelimín 'my hotel's', kâtibí 'it's clerk'

  otelimín 'my hotel's', kâtibinín 'it's clerk's, saatí 'his watch'

Pronouns like /siz/ are, of course, definite and specific and have the {-(n)ín}
'possessor' suffix.

  sizín 'your' sıraníz 'your turn'

  sizín 'your' konsolosunuzún 'your consul's' şoförü 'his chauffeur'

The use of the possessor form of the pronoun in such constructions is, of course,
redundant, since the possessed suffix of the noun is sufficient to specify the
possessor. The purpose of such redundancy is usually to emphasize the pronoun.

 After /ben/ and /biz/ the possessor suffix has the special shape {-ím} :
/bením/ 'my' /bizím/ 'our'.

The following examples show the patterns:

bením ismim	'<u>my</u> name'	ismím	'my name'
senín ismin	'<u>thy</u> name'	ismín	'thy name'
onún ismi	'<u>his</u> (etc.) name'	ismí	'his (etc.) name'
bizím ismimiz	'<u>our</u> name'	ismimíz	'our name'
sizín isminiz	'<u>your</u> name'	isminíz	'your name'
onlarín ismi	'<u>their</u> name[s]'	isimlerí	'their name[s]'

Note that the plural suffix {-lár} is normally used only once in a possessive
construction unless both possessor and thing[s] possessed are plural:

onún ismi	'his name'	onún isimleri	'his names'
onlarín ismi	'their name'	onlarín isimleri	'their names'

The inherent ambiguity of such an utterance as /isimlerí/ 'his names', 'their
name' or 'their names' is normally resolved by use of the possessor form of the

appropriate pronoun.

Note also that a combination of possessed and possessor suffixes on a single noun may result in ambiguity between [kitab-ın-ın] 'thy book's' and [kitab-ı-nın] 'his book's'. That is, the Turkish equivalent of 'thy book's' is the same as the equivalent of 'his book's'. Ambiguities of this sort are normally resolved by the general context or by the use of the possessor form of of the appropriate pronouns:

onún kitabının   'his book's'   senín kitabının   'thy book's'

13.7 Grammar Drill on Possessor Suffix {-(n)ín} : Sample Drill

otelín	masanın	lokántanın
kâtibín	kitabín	konsoloshanenín
Ahmedín	İngilízcenin	sefārethānenín
postahanenín	Türkçenin	konsolosún
kitaplarín	şoförún	elçinín
günün	gecenín	akşamín

13.8 Drills on Possessive Constructions: Sample Drill

otelín önü	the front of the hotel
postahanenín önü	the front of the post office
konsoloshanenín önü	the front of the consulate
sefārethānenín önü	the front of the embassy
binanín önü	the front of the building
masanın önü	the front of the table
otelín ismi	the name of the hotel
şoförün ismi	the name of the driver, the driver's name
lokantanín ismi	the name of the restaurant
onún ismi	his (etc.) name

116

binanín ismi	the name of the building
konsolosún ismi	the name of the consul, the consul's name
elçinín ismi	the name of the ambassador, the ambassador's name
kâtibín ismi	the name of the clerk, the clerk's name
konsolosún adresi	the address of the consul, the consul's address
konsolosluğún adresi	the address of the consulate
sefârethânenín adresi	the address of the embassy
Ahmedín adresi	Ahmet's address.
Ahmedín masası	Ahmet's table.
konsolosún masası	the consul's table
onún masası	his (etc.) table
John'ún masası	John's table
otelín köşesi	the corner of the hotel
postahanenín köşesi	the corner of the post office
konsoloshanenín köşesi	the corner of the consulate
sefârethânenín köşesi	the corner of the embassy
binanín köşesi	the corner of the building
masanín köşesi	the corner of the table

Note that where in English we use one device [---'s] when the possessor is an individual and a second device [--- of the ---] when the possessor is a thing, or a person named by his office or title, in Turkish only one possessor form is used.

Possessive Constructions (continued)

otelinín ismi	the name of his (etc.) hotel
şoförünün ismi	the name of his (etc.) driver, his driver's name

lokantasının ismi	the name of his restaurant
kâtibinin ismi	the name of its clerk
kitabının ismi	the name of her book
otelinin adresi	the address of his hotel
kâtibinin adresi	the address of its clerk
şoförünün adresi	the address of his driver, his driver's address
otellerinin ismi	the name of their hotel
şoförlerinin ismi	the name of their driver, their driver's name
lokantalarının ismi	the name of their restaurant
kitaplarının ismi	the name of their book
otellerinin adresi	the address of their hotel
kâtiplerinin adresi	the address of their clerk, their clerk's address
şoförlerinin adresi	the address of their driver, their driver's address
otelimin ismi	the name of my hotel
şoförümün ismi	the name of my driver, my driver's name
kitabımın ismi	the name of my book
lokantamın ismi	the name of my restaurant
kâtibimin ismi	the name of my clerk, my clerk's name
otelimin adresi	the address of my hotel
şoförümün adresi	the address of my driver, my driver's address
kâtibimin adresi	the address of my clerk, my clerk's address
otelimizin ismi	the name of our hotel
şoförümüzün ismi	the name of our driver, our driver's name

kitabımızın ismi	the name of our book.
lokántamızın ismi	the name of our restaurant
otelímizin adresi	the address of our hotel
kâtibimizin adresi	the address of our clerk, our clerk's address
otelinín ismi	the name of thy hotel
şoförünün ismi	thy driver's name
lokantanın ismi	the name of thy restaurant
kitabınin ismi	the name of thy book
kâtibinin ismi	the name of thy clerk, thy clerk's name
kâtibinin adresi	the address of thy clerk, thy clerk's address
otelinin adresi	the address of thy hotel
şoförünün adresi	thy driver's address.
otelinizin ismi	the name of your hotel
şoförünüzün ismi	the name of your driver, your driver's name
kitabınızin ismi	the name of your book
kâtibinizin ismi	the name of your clerk, your clerk's name
lokantanızın ismi	the name of your restaurant
otelinizin adresi	the address of your hotel
şoförünüzün adresi	the address of your driver, your driver's address
kâtibinizin adresi	the address of your clerk, your clerk's address

13.9 Correlation Drills on Possessive Forms:

a) Multiple Substitution-Correlation Drill

Bením	otel....
Onún	kitap....
Sizín	kåtip....
Bizím	şoför....
Senín	lokanta....
Onlarín	kalem....

b) Multiple Substitution-Correlation Drill

Onún	otel....in	ismi
Senín	kåtip....in	adresi
Bizím	şoför....ün	
Sizín	lokanta....ın	
Onlarín	kalem....in	
Bením	kitap....ın	

c) Multiple Substitution-Correlation Drill

....	otel	-ım
	kåtip	-ımız
	şoför	-(s)ı
	lokanta	-ları
	otel	-ınız
	kitap	-ın

(The student is to produce the
appropriate possessor form in
the response phrase to correlate
with the possessed suffix of the
cue word.
e.g: Instructor: "Otelimiz".
     Student: "Bizim otelimiz.")

120

UNIT 14

14.0 Dialog: 'At the Consulate'

-Kapıcı

| kim | who |
| kimí | whom |

Búyrun efendim. Kimí istiyor-
sunuz?
         Come in sir. Whom do you wish?

-John-

| içerí | interior, inner |
| içerdé | inside |

Konsolos bey içerdé mi?
         Is the consul in?

-Kapıcı-

| randevú | appointment |

* İçerdelér efendim. Randevunuz
var mı?
         He is sir. Have you an appointment?

-John-

fakat	but
gecikmék	to be late, delayed
geciktím	I was delayed

Évet, fakat béş dakika geciktím.
         Yes, but I'm five minutes late.

---

* - Note the use of the plural (third person) to refer to one person - a def-
erential or honorific way of speaking of someone - also used to address a high
official directly.

121

-Kapıcı-

haber	news, information
haber vermek	to inform, relay news
haber vereyim /veriyim/	let me inform

Bir dakika, haber vereyim.   [Just] a minute, let me inform him.

İsminiz ne, efendim?   What's your name, sir?

[John gives his name]

. . . .

-Kapıcı-

beklemek	to await, to expect, wait for
sizi	you (direct object form)

Buyrun efendim, sizi bekliyor.   Go right in, sir; he's expecting you.

14.1 Variation Drill on a Basic Sentence

Progressive Substitution Drill

Cue	Pattern
	Konsolos bey içerde mi?
sefir	Sefir bey içerde mi?
otel	Sefir bey otelde mi?
kâtip	Kâtip bey otelde mi?
lokanta	Kâtip bey lokantada mı?
şoför	Şoför lokantada mı?
benzinci	Şoför benzincide mi?
konsolos bey	Konsolos bey benzincide mi?
içerde	Konsolos bey içerde mi?

14.2 Note: Turkish Equivalent of 'Have', /var/ and /yok/:

    Bir şeyé mi ihtiyacınız var?

    Randevunuz vár mı?

These sentences are literally 'is your need to a thing existent?' and 'is your appointment existent'. The use of a noun plus possessed suffix with /var/ 'existent' is the normal equivalent of English 'have', 'possess'. 'I have a book' is therefore in Turkish /kitabım var/ 'my book is existent'.

    The opposite of /var/ is /yok/ 'non existent'. So /kitabım yok/ means 'I have no book'.

14.3 Variation Drills on a Basic Sentence with /var/ and /yok/

a) Progressive Substitution Drill

Cue	Pattern
	Bende adresi yók.
var	Bende adresí var.
siz	Sizde adresí var.
kalem	Sizde kalém var.
yok	Sizde kalem yók.
ben	Bende kalem yók.
kitap	Bende kitap yók.
var	Bende kitáp var.
siz	Sizde kitáp var.
adresi	Sizde adresí var.
yok	Sizde adresi yók.
ben	Bende adresi yók.

b) Multiple Substitution Drill (The cues in parentheses in the first column
     are not intended to be substituted by the student into the pattern but are
     rather to cue the correct possessed endings on the nouns):

(onun)	Randevu...	var.
(benim)	Kitap...	yók.
(onların)	Masa...	vár mı?
(bizim)	Kalem...	yók mu?
(sizin)	On lira...	
(senin)	Şoför...	
	Kapıcı...	
	Otel...	
	Üç gün...	
	Kaç saat...	
	Borç...	
	İsim...	
	Kâtip...	
	Ders...	
	Telefon...	

c) Multiple Substitution Drill on $\{-(y)\acute{a}\}$ + /ihtiyaç/ + /var/ or /yok/:

(bizim)	On beş liraya	ihtiyaç....	var.
(senin)	Yardıma		yok.
(onun)	Kâtibe		vár mı?
(benim)	Kitaba		yok mu?
(sizin)	Şoföre		
(onların)	Kapıcıya		

14.4 Note: An Alternative Way of Expressing 'I have' etc.

Bende adresi yók. Siz biliyór musunuz?

The pronouns or proper nouns referring to person (personal names) with the

suffix {-dá} (plus /var/ or /yok/) are used to indicate that some item is

presently in the possession of the person in question. In the sentence above,

for example, the literal translation: 'at me his address is non-existent' is

more smoothly rendered in English by 'I haven't his address'. This, of course,

does not mean that I don't have the address at home in my address book, but

rather that I haven't it with me now.

14.5 Grammar Drills on Personal Referents with {-dá} (plus /var/ or /yok/):

Sample Sentence Drills

Onlarda adresím var.	Sizde bir kitabím var.
Bende bir kitabıníz var.	Onda adresiniz vár mı?
Sizde Alinin adresi vár mı?	Bende Alinin bir kitabí var.
Sizde bir kitapları vár mı?	Sizde adresleri yók mu?
Onda adresimíz var.	Alide adresimiz yók mu?

Kitabı bendé.	Kalemi ondá.
Ón lirası bendé.	Kalemleri bizdé.
Kitapları ondá.	Béş liraları bendé.
Kalemin ondá.	Kitabım sizdé.
Kaleminiz bendé.	Kitabınız Alidé.
Kitabımız onlardá.	Kalemlerimiz sizdé.

14.6 Note:{-dán} + /memnun/ 'satisfied with', 'pleased with'

The word /memnun/ follows a noun with the suffix {dán} to indicate that

the subject is satisfied with or pleased with the thing referred to.

14.7 Grammar Drill on {-dán} + /memnun/: Sample Sentence Drill

Kapıcımdan memnúnum.   Şoförümden memnúnum.

Kitabımdan memnúnum.   Kâtibimden memnunum.

Otelimden memnúnum.   Ondan memnúnum.

Ankaradan memnúnum.

Kapıcınızdan memnún musunuz?   Şoförünüzden memnún musunuz?

Otelinizden memnún musunuz?   Ondan memnún musunuz?

Ankaradan memnún musunuz?

Ankaradan memnúnuz.   Şoförümüzden memnun değiliz.

Otelimizden memnun değiliz.

Continue this exercise in all persons, positive and negative with possessor suffixes. e.g. <u>Otellerinin kâtibinden memnunlár mı?</u> etc.

UNIT 15

15.0 Basic Sentences: 'Classroom Expressions'

sayfá / sahifé	page
Hángi sayfayı açalım?	Which page do we begin on? ('should we open')?
durmák	to stop, to stay, to stand
Bír dakika dúrun.	Wait a minute.
oturmák	to sit down, to reside
Otúrunuz lûtfen.	Sit down please.
kalkmák	to arise, to depart
Kálkınız lûtfen.	Stand up please.
müsaadé	permission
müsaadenízle	with your permission
Müsaadenízle efendim.	With your permission, sir. (said whenever desiring to leave)
Müsaade sizín efendim.	By all means ('You have permission, sir.')
Tékrar buyrun efendim.	Come again sir.
tanıştırmák	to introduce
Beni onunla tanıştırír mısınız?	Will you introduce me to him?
memnuniyét	satisfaction, pleasure
Memnuniyétle.	With pleasure.
meslék	profession
Mesleğiníz ne efendim?	What is your profession, sir?

127

askér	soldier
yüzbáşı	captain
Askérim, yüzbáşıyım.	I'm a soldier, a captain.
diplomát, hariciyecí	diplomat
Hariciyecíyim efendim.	I'm a Foreign Service Officer.
tanımák	to know, to recognize
tanışmák	to get acquainted
Tanıştığımıza memnún oldum,	I'm pleased we got acquainted sir.
efendim.	
Íngallah	God willing
yíne	again
Bén de. Ínşallah yíne görüşürüz.	I am too. I hope we'll see each other again.

15.1 Note: Past Suffix: {-dí} :

Hóş geldiniz.	You came happily.
Hóş bulduk.	We found [it] happily.
Né dediniz?	What did you say?
Anladıníz mı?	Did you understand?
Anlıyámadım.	I wasn't able to understand.
Çók memnun oldum.	I became very pleased.
İstedím.	I wanted.
Geciktím.	I was delayed. [I am delayed]

These examples illustrate the use of the stressable suffix {-dí} forming a predicate indicating past time, or more specifically what may be called 'attested' past time. It implies that the speaker has first hand knowledge of the event described. While this would normally be the case with 'I' or 'We' as subject,

it might not be the case with 'You' or a third person or persons as subject.
In the third person, which is, of course, simply the verb stem plus past suffix
with no personal ending (/geldí/, /buldú/ etc.) this suffix implies that the
speaker saw the action take place: /geldí/ 'he came (I saw him myself)',
/buldú/ 'he found [it] (I can so testify)'.

There is, then, in Turkish no equivalent of the English past tense as such.
One must say 'he did it (I saw him)' or 'he did it (so it is reported)'. This
usage does not carry over completely into literary style. For example, {-dí}
is a regular suffix for past time in newspapers.

Note that the 'additional information' personal suffixes which follow
participles with {-dí} are quite like the 'possessed' suffixes detailed in
13 and are different from those which follow the participles we have
seen - those with { -íyor }, and {-(á,í)r}. The suffixes for first person
are: singular /-m/ and plural /-k/, and for second person: singular /-n/ and
plural /-n/ + {-íz}. [Note that the personal suffixes used with the negative
participle with {-má(z)} are a mixture; the first person singular being /-m/
like the suffix used with predicates in {-dí} and the other personal suffixes
being like those used with the participles with { -íyor } and {-(á,í)r}.]

The complete list of personal suffixes, exemplified on appropriate pred-
icate forms is:

Set I (so-called 'long personal suffixes'):

	Singular	Plural
1st person	gidíyor<u>um</u>, gidér<u>im</u>	gidíyor<u>uz</u>, gidér<u>iz</u>
2nd person	gidíyor<u>sun</u>, gidér<u>sin</u>	gidíyor<u>sunuz</u>, gidér<u>siniz</u>
3rd person	[gidíyor_ , gidér_]	[gidíyorlar_ , giderlér_]

Set II   (so-called 'short personal suffixes):

	Singular	Plural
1st person	gittím	gittík
2nd person	gittín	gittiníz
3rd person (no suffix)	[gitti_]	[gittilér_]

Mixed set with negative participle:

1st person	gitmém	gitméyiz
2nd person	gitmézsin	gitmézsiniz
3rd person (no suffix)	[gitméz_]	[gitmezlér__]

Set I is also used with nouns and adjectives:

1st person	benzincíyim, iyíyim	benzincíyiz, iyíyiz
2nd person	benzincísin, iyísin	benzincísiniz, iyísiniz
3rd person (no suffix)	[benzincí__, iyí__]	[benzincilér__, iyilér__]

For comparison note the shapes of the 'possessed' suffixes:

1st person	kitabím, másam	kitabımíz, másamız
2nd person	kitabín, másan	kitabıníz, másanız
3rd person	kitabí, másası	kitaplarí, másaları

The second person plural suffix of Sets I, II, the mixed set and the possessed
suffixes exhibits the 'personal pluralizer' suffix {-íz} in addition to the
various second person suffixes. The same pluralizer is visible in the first
person plural of the possessed suffixes. In the third person plural forms
note that the participles are pluralized with {-lár} just as are nouns. Note
that as {-dí} , {-lár} and {-íz} are all stressable suffixes, the stress occurs
on the last syllable throughout the past forms, just as it does in the possessed
forms and in marked contrast to the situation with the nouns and participles.

130

Compare further examples:

geldím 'I came'	buldúm 'I found'	anladím 'I understood'
geldín 'you came'	buldún 'you found'	anladín 'you- understood'
geldí '[he] came'	buldú '[he] found	anladí '[he] understood'
geldík 'we came'	buldúk 'we found'	anladík 'we understood'
geldiníz 'you came'	buldunúz 'you found'	anladıníz 'you understood'
geldilér '[they] came'	buldulár '[they] found'	anladılár '[they] understood'

Note that, in the examples immediately above, {dí} follows voiced sounds /l/

and /a/. The suffix regularly has /d/ after voiced sounds and /t/ after voice-

less sounds. Compare:

geciktím 'I was delayed'	konuştúm 'I conversed'
geciktín 'you were delayed'	konuştún 'you conversed'
geciktí '[he] was delayed'	konuştú '[he] conversed'
geciktík 'we were delayed'	konuştúk 'we conversed'
geciktiníz 'you were delayed'	konuştunúz 'you conversed'
geciktilér '[they] were delayed'	konuştulár '[they] conversed'

In the negative, of course, as the negative stem is formed by an unstress-

able suffix, the stress remains on the base of the verb:

gítmedim	'I didn't go'	gélmedim	'I didn't come'
gítmedin	'you didn't go'	gélmedin	'you didn't come'
gítmedi	'[he] didn't go'	gélmedi	'[he] didn't come'

gitmedik	'we didn't go'	gelmedik	'we didn't come'
gitmediniz	'you didn't go'	gelmediniz	'you didn't come'
gitmediler	'[they] didn't go'	gelmediler	'[they] didn't come'

As is the case with the participles in Turkish, it is possible to translate this predicate 'literally' as 'one who went' (etc.), so that the forms above could be translated: 'I [am] one who didn't go'. 'You [are] one who didn't go' etc. However, since this form is restricted to use exclusively as a predicate in Turkish sentences and does not occur (as most of the participles do) as a modifier, it is not necessary to think of this form in this way but rather is simpler to think of it like a 'tense' in English.

15.2 Grammar Drills on Past Suffix { -dí } Sample Sentence Drills

a)   {dí} alone:

Buradan óraya gitmek ónbeş dakika sürdü.	To go from here to there took fifteen minutes.
Ahmet otelé gitti.	Ahmet went to [the] hotel.
Kitapları másaya bıraktı.	[He] left the books on (to) the table.
Bize yolu taríf etti.	[He] explained the way to us.
Óraya gitmek istedi.	[He] wanted to go there.
Bana telefón etti.	[He] called me up.
Türkçe konuştu.	[He] spoke Turkish.
Ánkaradan geldi.	[He] came from Ankara.
Dersé başladı.	[He] began the lesson.
Bir kitáp aldı.	[He] bought a book.
'Mérhaba' dedi.	[He] said 'hello'.
Béş lira tuttu.	[It] came to five liras.
İngilízce öğrendi.	[He] learned English.
Sizi anladı.	[He] understood you.
Sizí gördü.	[He] saw you.

Sizí bekledi.	[He] awaited you.
Bana bir kitáp verdi.	[He] gave me a book.
Kitapları açtí.	[He] opened the books.
Kitapları kapadí.	[He] closed the books.
Bana bir kalém verdi.	[He] gave me a pencil.
Benzinciyé gitti.	[He] went to the gas station.
Benzín doldurdu.	[He] filled [it] up [with] gas.
Memnún oldu.	[He] became pleased.
Kitapları óraya götürdü.	[He] took the books there.
Ó kitapları okudu.	[He] read those books.
Ón beş liralık benzin yettí.	Fifteen liras worth of gasoline was sufficient.
Bir şéy istedi.	[He] wanted something.
Bana yardím etti.	[He] helped me.
İyí bir otel buldu.	[He] found a good hotel.
Bú kitap bittí.	This book [is] finished.

b) $\{-dí\}$ + $\{-mı\}$:

Ahmet telefon ettí mi?	Did Ahmet phone?
Ahmet size yardım ettí mi?	Did Ahmet help you?
Oraya gitmek istedí mi?	Did [he] want to go there?
O kitapları okudú mu?	Did [he] read those books?
İyi bir otel buldú mu?	Did [he] find a good hotel?
Benzin aldí mı?	Did [he] buy gasoline?
Size yolu tarif ettí mi?	Did [he] explain the way to you?
Size bir kitap verdí mi?	Did [he] give you a book.
Bir şey istedí mi?	Did [he] want something?
Buradan bir kitap aldí mı?	Did [he] get a book from here?
İngilizce öğrendí mi?	Did [he] learn English?

Sizi anladí mı?	Did [he] understand you?
Sizi bekledí mi?	Did [he] wait for you?
Sizi gördü mü?	Did [he] see you?
Buraya geldí mi?	Did [he] come here?
Derse başladí mı?	Did [he] start the lesson?
Çok sürdü mü?	Did [it] take long?
Káç lira tuttu?	How many liras did [it] come to?
Memnun oldú mu?	Was [he] pleased?
Nérede bekledi?	Where did [he] wait?
Néreden geldi?	Where did [he] come from?
Néreye bıraktı?	Where did [he] leave [it] (to)?
Káç liralık benzin aldı?	How many liras worth of gas did [he] buy?
Káç lira verdi?	How many liras did [he] give?
Kitapları kimé verdi?	To whom did [he] give the books?

c) {-ma} + {dí} :

Ahmet lokantaya gítmedi.	Ahmet telefon étmedi.
Ahmet buraya gélmedi.	Ahmet bana yardım étmedi.
İngilizce öğrénmedi.	Türkçe konúşmadı.
Derse başlámadı.	Bir şey istémedi.
Konuşmak istémedi.	Oraya gitmek istémedi.
Bana yolu tarif étmedi.	'Merhaba' démedi.
Memnun ólmadı.	Postahaneye gítmedi.
Sizi beklémedi.	Sizi görmedi.
Sizi anlámadı.	On beş dakika sürmedi.
On beş lira tútmadı.	İyi tercüme étmedi.
Bir şey démedi.	Benzin álmadı.
O kitapları okúmadı.	Konsolos bey gélmedi.

Bu ders bitmedi.　　　　　　　　　　On beş lira yetmedi.

d) {-ma} + {dí} + {-mı} :

Ahmet lokantaya gitmedi mi?	Ahmet buraya gelmedi mi?
Ahmet telefon etmedi mi?	Ahmet size yardım etmedi mi?
İngilizce öğrenmedi mi?	Türkçe konuşmadı mı?
Derse başlamadı mı?	Bir şey istemedi mi?
Konuşmak istemedi mi?	Oraya gitmek istemedi mi?
Size yolu tarif etmedi mi?	'Merhaba' demedi mi?
Memnun olmadı mı?	Postahaneye gitmedi mi?
Sizi beklemedi mi?	Sizi görmedi mi?
Sizi anlamadı mı?	Onbeş dakika sürmedi mi?
On beş lira tutmadı mı?	İyi tercüme etmedi mi?
Bir şey demedi mi?	Benzin almadı mı?
O kitapları okumadı mı?	Konsolos bey gelmedi mi?
Bu ders bitmedi mi?	On beş lira yetmedi mi?

e) {-dí} + {-lár} :

Kitapları masaya bıraktılar.	Bize yolu tarif ettiler.
Oraya gitmek istediler.	Bana telefon ettiler.
Ankaradan geldiler.	Derse başladılar.
Türkçe konuştular.	Benzinciye gittiler.
Sizi anladılar.	Memnun oldular.
Bana yardım ettiler.	İyi bir otel buldular.
Sizi beklediler.	Kitapları kapadılar.
Kitapları açtılar.	Sağa döndüler.
Türkçe öğrendiler.	İyi okudular.
'Merhaba' dediler.	

f) {-dí} + {-lár} + {-mı} :

Size yolu tarif ettiler mi?	Kitapları masaya bıraktılar mı?
Oraya gitmek istediler mi?	Bana telefon ettiler mi?
Ankaradan geldiler mi?	Derse başladılar mı?
Benzinciye gittiler mi?	Sizi anladılar mı?
Memnun oldular mı?	Size yardım ettiler mi?
Sizi beklediler mi?	Türkçe öğrendiler mi?
Doğru tercüme ettiler mi?	İyi okudular mı?
Benzin aldılar mı?	İyi bir otel buldular mı?
Kitapları kapadılar mı?	Kitapları açtılar mı?
'Merhaba' dediler mi?	

g) {-ma} + {-dí} + {-lár} :

Bize yolu tarif etmediler.	Oraya gitmek istemediler.
Türkçe konuşmadılar.	Memnun olmadılar.
İyi okumadılar.	Bana telefon etmediler.
Türkçe öğrenmediler.	Benzinciye gitmediler.
Sizi anlamadılar.	Sizi beklemediler.
Kitapları kapamadılar.	'Merhaba' demediler.
Derse başlamadılar.	Doğru tercüme etmediler.
Doğru okumadılar.	

h) {-ma} + {dí} + {-lár} + {-mı} :

Size yolu tarif etmediler mi?	Oraya gitmek istemediler mi?
Türkçe konuşmadılar mı?	Memnun olmadılar mı?
İyi okumadılar mı?	Telefon etmediler mi?
Size yardım etmediler mi?	Türkçe öğrenmediler mi?
Benzinciye gitmediler mi?	Sizi anlamadılar mı?
Sizi beklemediler mi?	'Merhaba' demediler mi?
Derse başlamadılar mı?	Doğru tercüme etmediler mi?

136

15.3 Note: Position of {-mı} Relative to Personal Suffixes

after {-dí} :

   After the participles previously explained (those with { -íyor } and
{-(á,í)r} , the question particle {-mı} precedes the personal suffixes:

gidiyór muyum?	gidér miyim?
gidiyór musun?	gidér misin?
gidiyór muyuz?	gidér miyiz?
gidiyór musunuz?	gidér misiniz?

while, of course, coming after the pluralized participles (for third person

plural):

gidiyorlár mı?	giderlér mi?

After the predicate with {-dí} the personal suffixes precede the question part-

icle {-mı} in all persons. The forms for the interrogative are thus:

gittím mi?	gítmedim mi?
gittín mi?	gítmedin mi?
gittí mi?	gítmedi mi?
gittík mi?	gítmedik mi?
gittiníz mi?	gítmediniz mi?
gittilér mi?	gítmediler mi?

15.4 Grammar Drills on Past (continued):

i) {-dí} + /m/:

Lokántaya gittim.	Size telefón ettim.
Óraya gitmek istedim.	Túrkçe konuştum.
İngílizce öğrendim.	Dersé başladım.
İyí bir otel buldum.	Benzinciyé gittim.
Kitapları másaya bıraktım.	Ó kitapları okudum.
Sizí gördüm.	Üç kitap aldım.

Ona bir kitáp verdim.   Ona yolu täríf ettim.

Ona yardím ettim.   Bir kitáp buldum.

Ona bir kitáp gönderdim.   Ón sayfa okudum.

Memnún oldum.

j) {-dí} + /m/ + {-mı}:

İyi tercüme ettím mi?   İyi okudúm mu?

Doğru tercüme ettím mi?   Size kitap verdím mi?

İyi konuştúm mu?   Doğru tarif ettím mi?

Size 'okuyunuz' dedím mi?   Bir şey istedím mi?

Acaba kitapları masaya bırak-   Acaba käfi benzin aldím mı?

     tím mı?

k) {-ma} + {-dí} + /m/?

O lokantaya gítmedim.   Size telefon étmedim.

Derse başlámadım.   Doğru okúmadım.

İyi anlámadım.   Ona bir kitap göndérmedim.

Memnun ólmadım.   Ona yardım étmedim.

İyi tercüme étmedim.   Ona haber vérmedim.

Bir şey istémedim.   Bir şey öğrénmedim.

Bir şey anlámadım.   Bir şey görmedim.

Bir şey démedim.   Ona 'allahaısmarladık' démedim.

Türkçe konúşmadım.   Benzin álmadım.

Sağa dönmedim, sola döndüm.

l) {-ma} + {-dí} + /m/ + {-mı}:

O lokantaya gítmedim mi?   Doğru okúmadım mı?

İyi tercüme étmedim mi?   Sizi anlámadım mı?

İyi konúşmadım mı?   Ona haber vérmedim mi?

Size 'merhaba!' demedim mi?

Kitabı size vérmedim mi?

Size yardım étmedim mi?

Kâfi benzin álmadım mı?

Size kalem vérmedim mi?

m) {-dí} + /k/:

Kitapları másaya bıraktık.

Ona çók teşekkür ettik.

Ders altıyá başladık.

Sizi anladík.

Ona yardím ettik.

Ona yolu tarif ettik.

Size telefón ettik.

Türkçe konuştuk.

Memnún olduk.

İyi bir otél bulduk. (or: İyí

bir otel bulduk.)

Sizi órada gördük.

Kitapları óraya götürdük.

İyí öğrendik.

Káç sayfa okuduk?

Né yaptık?

Sizí bekledik.

Çók çalıştık.

Benzín aldık.

Káç lira verdik?

Né dedik?

n) {-dí} + /k/ + {-mı}:

Doğru tercüme ettík mi?

İyi konuştúk mu?

İyi okudúk mu?

Bir şey istedík mi?

Doğru tarif ettík mi?

Ona haber verdík mi?

Kitapları size verdik mi?

Ondan yardım istedík mi?

o) {-ma} + {-dí} + /k/:

Oraya gítmedik.

Sizi anlámadık.

Ders sekize başlámadık.

Ondan yardım istémedik.

Ona telefon étmedik.

Bir şey istémedik.

Sizi görmedik.

Sizi beklémedik.

Memnun ólmadık.

Türkçe konuşmadık.

Benzin álmadık.

O kitapları okúmadık.

Kitapları açmadık.   Dün gelmedik.

p) {-ma} + {-dí} + /k/ + {-mı}:

Doğru tercüme étmedik mi?   İyi okúmadık mı?

Ona yardım étmedik mi?   İyi konúşmadık mı?

Oraya gítmedik mi?   İyi anlámadık mı?

Ona kitap vérmedik mi?   Doğru tarif étmedik mi?

q) {-dí} + /n/ + {-íz}:

İyí okudunuz.   Doğrú tercüme ettiniz.

Bana yardím ettiniz.   Siz gitmék istediniz.

Dersé başladınız.   İyí Türkçe konuştunuz.

Ó kitapları gördünüz.   Ón beş lira verdiniz.

Nérede beklediniz?   Nérede Türkçe öğrendiniz?

Né aldınız?   Né dediniz?

Káç saat çalıştınız?   Saat kaçtá döndünüz?

r) {-dí} + /n/ + {-íz} + {-mı}:

Ó kitapları okudunuz mu?   Derse başladıníz mı?

Oraya gittiníz mi?   Dün buraya geldiníz mi?

Ona yardım ettiníz mi?   Bana telefon ettiníz mi?

Yolu tarif ettiníz mi?   Benzin aldıníz mı?

Postahaneye gittiníz mi?   Türkçe konuştunuz mu?

Bir şoför buldunúz mu?

s) {-ma} + {-dí} + /n/ + {-íz}:

Doğru tercüme étmediniz.   İyi okúmadınız.

Oraya gítmediniz.   On lira vérmediniz.

İyi tarif étmediniz.   O kitapları okúmadınız.

Bana telefon étmediniz.   Kitapları orada bırákmadınız.

İyi anlamadınız.   Dün gélmediniz.

Türkçe konúşmadınız.   On beş lira vérmediniz.

Görmediniz.   Çalíşmadınız.

Öğrénmediniz.   Búlmadınız.

t) {-ma} + {-dí} + /n/ + {-íz} + {mı}ı

Ó kitapları okúmadınız mı?   Ona telefon étmediniz mi?

Dün oraya gítmediniz mi?   Dersinizi çalíşmadınız mı?

İyi anlámadınız mı?   Memnun ólmadınız mı?

Benzin álmadınız mı?   Orada beklémediniz mi?

Bir taksi çağírmadınız mı?   Kitapları göndérmediniz mi?

Türkçe konúşmadınız mı?

u)   Multiple Substitution-Correlation Drill (not recorded)

(O)	Kitapları masaya bıraktı...	
(Siz)	Yolu tarif etti...	-mı?
(onlar)	'Merhaba' dedi...	
(ben)	Türkçe konuştu...	
(sen)	Benzin aldı...	
(biz)	Derse başlamadı...	
Ahmet	Doğru okumadı...	
Benzinci	Memnun olmadı...	
	Sağa dönmedi...	

15.5 Noteı {-(y)dı} Past Enclitiı[1]

    Bir táksi bulmak istiyordum.   I wanted (was wanting) to find
                                        a cab.

    The participles with{ -íyor }, {-(á,í)r}, {-má(z)} and the predicate with

---

    1. A form which occurs with both suffixed and independent forms is designated
an 'enclitic'.

{-dí} as well as noun predicates may be followed, as indicated in 6.2, by 'additional information' -such as the personal suffixes which we have seen. In addition to the information afforded by these personal suffixes to the predicate, certain 'time' or 'aspect' (point of view) suffixes may be suffixed to the predicate as additional information. In the example above the participle /istíyor/ has suffixed to it a 'past' suffix /-du/ before the 1st person suffix /m/. This 'past' suffix to the predicate is unstressable {-(y)dı} , which is historically the {-dı} form of an 'auxiliary verb' which we will arbitrarily designate as *imek although this form does not now occur in the language. There is an independent literary form of this suffix - occurring as a separate word - which has the shape /idi/. This form, and the suffix form {-(y)dı}, take the short personal suffixes noted above in 15.1 as used with the form in {-dı }.

The sentence cited above consists, thus, of a verb root /iste/ 'want, ask for', plus the participle-formative suffix { -íyor } making /istíyor/ 'one who is wanting', plus the appropriate shape of {-(y)dı} (here /du/) making /istiyor-du/ 'one who is wanting (past)', plus /m/ 'I' and may be 'literally' translated 'I [was] one who is wanting',i.e. 'I was wanting'.

While all the participle-formative suffixes we have seen and also {-dı} are suffixed only to <u>verb</u> bases or stems to form participles, the additional information suffixes and enclitics may be suffixed to any predicate: noun, adjective or participle. This is true of this 'past' enclitic as well:

órada	'at that place'	óradaydı	'was at that place'
	'[is] at that place'		

Thus the meaning of {-(y)dı} is simply that the action or state denoted by the predicate occurred or obtained in the past.

Compare the following sets of forms with and without {-(y)dı} :

gidíyorum	I [am] going	gidíyordum	I was going
gidíyorsun	you [are] going	gidíyordun	you were going

gidíyor	[he, etc. is] going	gidíyordu	[he, etc.] was going
gidíyoruz	we [are] going	gidíyorduk	we were going
gidíyorsunuz	you [are] going	gidíyordunuz	you were going
gidíyorlar	they [are] going	gidíyorlardı	they were going (would have gone)
gidérim	I'll go (I go)	gidérdim	I would go (used to go)
gidérsin	you'll go	gidérdin	you'd go
gidér	[he, etc.] 'll go	gidérdi	[he, etc.] 'd go
gidériz	we'll go	gidérdik	we'd go
gidérsiniz	you'll go	gidérdiniz	you'd go
giderlér	they'd go	giderlérdi	they'd go
gitmém	I won't go (don't go)	gitmézdim	I wouldn't go (didn't used to)
gitmézsin	you won't go	gitmézdin	you wouldn't go
gitméz	[he, etc.] won't go	gitmézdi	[he, etc.] wouldn't go
gitméyiz	we won't go	gitmézdik	we wouldn't go
gitmézsiniz	you won't go	gitmézdiniz	you wouldn't go
gitmezlér	they won't go	gitmezlérdi	they wouldn't go
oradayım	I [am] there	oradaydım	I was there
oradasın	you [are] there	oradaydın	you were there
orada	[he is] there	oradaydı	[he] was there
oradayız	we [are] there	oradaydık	we were there
oradasınız	you [are] there	oradaydınız	you were there
oradalar	they [are] there	oradaydılar	they were there
		(oradalardı)	(it was thereabouts)

Note that in third person plural forms with noun predicates there are two orders of suffixation possible with different meanings. If the plural suffix follows {-(y)dı} the result is to denote a plurality of third persons as 'subject'.

If the plural suffix precedes the 'additional information' suffix {-(y)dı} it is simply denoting that the predicate noun itself is plural. Compare these forms:

búradalardı	'it was hereabouts'	búradaydılar	'they were here'
kapıcılárdı	'it was [the] door-men'	kapıcíydılar	'they were door-men'
askerlérdi	'it was [the] soldiers'	askérdiler	'they were soldiers'

Clearly with certain predicates (such as /memún/) this kind of variation is not likely - the meaning forbids it. Thus /memnúndular/ occurs but the other form with {lár} preceding /dı/ is not likely. Note that <u>noun</u> predicates with a meaning 'they were ----' are of the form /memnúndular/ but that all the <u>verb</u> forms - participles - occur with the participle itself pluralized:

gidíyorlardı   giderlérdi   gitmezlérdi

Note further that predicates like /búradalardı/ occur with singular subjects where subjects are expressed: as /taksi búradalardı/ 'the taxi was around here'. When the predicate is a verbal form (a participle) it will not have any {-lár} suffix if the subject is plural:

Kapıcılar gidíyordu.   'The doormen are going.'

while when the predicate does have a {-lár} suffix the subject will normally not be expressed:

Gidíyorlardı.   '[It] was <u>ones</u> who are going'.

parallel to:

Askerlérdi.   '[It] was [the] soldiers.'

15.6 Grammar Drills on {-(y)dı} : Sample Sentence Drills

a)

Ali iyíydi.   Ali iyi değildi.

Büyük bir binaydı.   Kitaplar burada değildi.

Kitaplar búradaydı.   Borcum on lira değildi.

Borcum ón liraydı.   Kapıcı Türk değildi.

144

Kapıcı Türktü.

Ahmet de lokantadaydı.

Kitabınız masadaydı.

İyi bir haberdi

Kalem bendeydi.

Dört lira kâfiydi.

Neydi?

Nasıldı?

Ahmet lokantada değildi.

Kitabınız masada değildi.

İyi bir haber değildi.

Kalem bende değildi.

Dört lira kâfi değildi.

b) {-mı} + {-(y)dı} :

Ali iyi miydi?

Büyük bir bina mıydı?

Kitaplar burada mıydı?

Borcum on lira mıydı?

Kapıcınız Türk müydü?

Ahmet de lokantada mıydı?

Kitabınız masada mıydı?

Dört lira kâfi miydi?

Kitabım sizde miydi?

Ali iyi değil miydi?

Büyük bir bina değil miydi?

Kitaplar burada değil miydi?

Borcum on lira değil miydi?

Kapıcınız Türk değil miydi?

Ahmet de lokantada değil miydi?

Kitabınız masada değil miydi?

Dört lira kâfi değil miydi?

Kitabım sizde değil miydi?

c) {-(y)dı} + {-lar} :

Buradaydılar.

Türktüler.

Amerikalıydılar.

Oradaydılar.

Memnundular.

Rahattılar.

İyiydiler.

Lokantadaydılar.

Burada değildiler. (değillerdi)

Türk değildiler.

Amerikalı değildiler.

Orada değildiler.

Memnun değildiler.

Rahat değildiler.

İyi değildiler.

Lokantada değildiler.

Sefarethanedéydiler.   Sefarethanede deǧíldiler.

d) {-mı} + {-(y)dı} + {-lár} :

Búrada mıydılar?   Burada deǧillér miydi?

Türk müydüler?   Türk deǧillér miydi?

Amerikalı mıydılar?   Orada deǧillér miydi?

Órada mıydılar?   Memnun deǧillér miydi?

Rahát mıydılar?   Rahat deǧillér miydi?

İyí miydiler?   İyí deǧillér miydi?

Lokantada mıydılar?   Lokantada deǧillér miydi?

Sefarethanedé miydiler?   Amerikalı deǧillér miydi?

e) {-(y)dı} + /m/:

Dün búradaydım.   Dün burada deǧíldim.

Bén de lokantadaydım.   Lokantada deǧíldim.

Dün akşam óradaydım.   Dün akşam orada deǧíldim.

Dün çók iyiydim.   Memnun deǧíldim.

Amerikán konsolosluǧunda şofördüm.   Rahat deǧíldim.

Saat onda postahanedéydim.   Postahanede deǧíldim.

Néredeydim.

Çók memnundum.

Çók rahattım.

f) {-mı} + {-(y)dı} + /m/:

Bén de burada mıydım?   Ben de orada deǧil miydim?

Bén de orada mıydım?   Memnun deǧil miydim?

Ben postahanedé miydim?   Burada deǧil miydim?

Memnún muydum?   Lokantada deǧil miydim?

Rahát mıydım?   Postahanede deǧil miydim?

g) {-(y)dı} + /k/ :

Bíz de oradaydık.	Biz orada değildik.
Búradaydık.	Dün burada değildik.
Çók memnunduk.	.Pek memnun değildik.
Çók rahattık.	Pek rahat değildik.
Derstéydik.	Derste değildik.
Postahanedéydik.	Postahanede değildik.
Lokántadaydık.	Lokantada değildik.
Sefarethanedéydik.	Sefarethanede değildik.

h) {-mı} + {-(y)dı} + /k/ :

Bíz de búrada mıydık?	Biz burada değil miydik?
Bíz de órada mıydık?	Biz orada değil miydik?
Derstė́ miydik?	Saat on birde derste değil miydik?
Memnún muyduk?	Postahanede değil miydik?
Biz lokántada mıydık?	Lokantada değil miydik?
Sefarethanedé miydik?	Sefarethanede değil miydik?

i) {-(y)dı} + /n/ + {-íz} :

Dün búradaydınız.	Dün burada değildiniz.
Çók memnundunuz.	Çok memnun değildiniz.
Çók rahattınız.	Rahat değildiniz.
Síz de oradaydınız.	Orada değildiniz.
Lokántadaydınız.	Lokantada değildiniz.
Postahanedéydiniz.	Postahanede değildiniz.
Dün iyíydiniz.	Derste değildiniz.
Derstéydiniz.	Konsoloslukta değildiniz.

j) $\{-m\imath\}$ + $\{-(y)d\imath\}$ + /n/ + $\{-\acute{\imath}z\}$:

Dün búrada mıydınız?	Dün burada değíl mıydınız?
Memnún muydunuz?	Şoförünüzden memnun değíl miydiniz?
Rahát mıydınız?	Rahat değíl miydiniz?
Siz de órada mıydınız?	Orada değíl miydiniz?
Lokántada mıydınız?	Orada konsolos değíl miydiniz?
Postahanedé miydiniz?	Postahanede değíl miydiniz?
Saat onda dersté miydiniz?	Derste değíl miydiniz?

k) Noun plus possessed suffix with /var/ and /yok/ plus $\{-(y)d\imath\}$

   Multiple Substitution Drill

(Onun)	Randevu...	várdı.
(Benim)	Kitap...	yóktu.
(Senin)	Kalem...	vár mıydı?
(Sizin)	Şoför...	yók muydu?
(Onların)	Borç...	
(Bizim)	On lira...	
	İki saat...	
	Kapıcı...	

15.7 Grammar Drills on Participles + $\{-(y)d\imath\}$: Sample Sentence Drills

a) $\{-\acute{\imath}yor\}$ + $\{-(y)d\imath\}$:

Ali postahaneyé gidiyordu.

Ali telefón ediyordu.

Ali sizí bekiyordu.

b) $\{-\acute{\imath}yor\}$ + $\{-m\imath\}$ + $\{-(y)d\imath\}$:

Ali postahaneye gidiyór muydu?

Ali telefon ediyór muydu?

Ali sizi bekiyór muydu?

148

c) {-ma} + { -íyor } + {-(y)dı} :

Ali postahaneye gítmiyordu.

Ali telefon étmiyordu.

Ali sizi beklémiyordu.

d) {-ma} + { -íyor } +{-mı} + {-(y)dı} :

Ali postahaneye gítmiyor muydu?

Ali telefon étmiyor muydu?

Ali sizi beklémiyor muydu?

e) { -íyor } + { -lár} + {-(y)dı :

Postahaneyé gidiyorlardı.

Aliye telefón ediyorlardı.

Sizí bekliyorlardı.

f) { -íyor } + {-lár}+{-mı} +{ -(y)dı}:

Postahaneye gidíyorlar mıydı?

Aliye telefon edíyorlar mıydı?

Sizi beklíyorlar mıydı?

g) {-ma} + { -íyor } + {-lár} +{-(y)dı}:

Postahaneye gítmiyorlardı.

Ona telefon étmiyorlardı.

Sizi beklémiyorlardı.

h) {-ma} + { -íyor } + {-lár} + {/mı/} + {(y)dı}:

Postahaneye gítmiyorlar mıydı?

Ona telefon étmiyorlar mıydı?

Sizi beklémiyorlar mıydı?

Use these verbs in similar sentences:

bul

gel

oku

tekrar et

tercüme et

konuş

yap

çalış

öğren

ver

bırak

kapa

al

başla

dön

anla

i) { -íyor } + {-(y)dı} + -/m/:

Postahaneyé gidiyordum.

Aliye telefón ediyordum.

Onú bekliyordum.

j) { -íyor } + {-mı} + {-(y)dı}
   + -/m/:

Íyi tarif ediyór muydum?

Doğru okuyór muydum?

Íyi tercüme ediyór muydum?

k) {-ma} + { -íyor } + {-(y)dı}
   + -/m/:

Postahaneye gítmiyordum.

Aliye telefon étmiyordum.

Onu beklémiyordum.

l) {-ma} + { -íyor } + {-mı}
   + {-(y)dı} + -/m/:

Íyi tarif étmiyor muydum?

Doğru okúmuyor muydum?

Íyi tercüme étmiyor muydum?

m) { -íyor } + {-(y)dı} + -/n/
   + {-ız} :

Lokántaya gidiyordunuz.

Telefón ediyordunuz.

Köşedé bekliyordunuz.

Use these verbs in similar sentences

bul

gel

oku

tekrar et

tercüme et

konuş

yap

çalış

öğren

ver

bırak

kapa

al

başla

dön

anla

git

de

n) { -íyor } + {-mı} + {-(y)dı}
   + -/n/ + {-íz} :

Lokantaya gidiyór muydunuz?

Telefon ediyór muydunuz?

Köşede bekliyór muydunuz?

o) {-ma} + { -íyor } + {-(y)dı}
   + -/n/ + {-íz} :

Lokantaya gítmiyordunuz.

Telefon étmiyordunuz.

Köşede beklémiyordunuz.

p) {-ma} + { -íyor } + {-mı}
   +{-(y)dı} + -/n/ + {-íz} :

Lokantaya gítmiyor muydunuz?

Telefon étmiyor muydunuz?

Köşede beklémiyor muydunuz?

q) { -íyor } + {-(y)dı} + -/k/ :

Postahaneyé gidiyorduk.

Aliye telefón ediyorduk.

Sizí bekliyorduk.

r) { -íyor } + {-mı} + {-(y)dı}
   + -/k/ :

Postahaneye gidiyór muyduk?

Aliye telefon ediyór muyduk?

İyi tercüme ediyór muyduk?

Use these verbs in similar sentences:

bul

gel

oku

tekrar et

tercüme et

konuş

yap

çalış

öğren

ver

bırak

kapa

al

başla

dön

anla

git

de

s) {-ma} + { -íyor } + {-(y)dı }
    + -/k/:

Postahaneye gítmiyorduk.

Aliye telefon étmiyorduk.

Sizi beklémiyorduk.

t) {-ma} + { -íyor } + { -mı}
    + {-(y)dı } + -/k/:

Postahaneye gítmiyor muyduk?

Íyi tercüme étmiyor muyduk?

15.8 Grammar Drills on {(á,í)r }

    + {-(y)dı } and {-má(z)}+ {-(y)dı } :

a) {-(á,í)r } + { -(y)dı }:

Ali telefón ederdi.

Ali beni beklérdi.

Lokántaya giderdi.

b) {-(á,í)r } + {-mı} + {-(y)dı } :

Ali telefon edér miydi?

Ali beni beklér miydi?

Lokantaya gidér miydi?

c) {-má(z)} + {-(y)dı } :

Ali telefon etmézdi.

Ali beni beklemézdi.

Lokantaya gitmézdi.

Use these verbs in similar sentences:

bul

gel

oku

tekrar et

tercüme et

konuş

yap

çalış.

öğren

ver

bırak

kapa

al

başla

dön

anla

git

de

d) $\{-má(z)\}$ + $\{-mı\}$ + $\{-(y)dı\}$:   **Use these verbs in similar sentences:**

Ali telefon etmez miydi?

Ali beni beklemez miydi?

Lokantaya gitmez miydi?

e) $\{-(á,í)r\}$ + $\{-lár\}$ + $\{-(y)dı\}$:

Aliye telefon ederlerdi.

Aliyi beklerlerdi.

Lokantaya giderlerdi.

f) $\{-(á,í)r\}$ + $\{-lár\}$ + $\{-mı\}$

    + $\{-(y)dı\}$:

Aliye telefon ederler miydi?

Aliyi beklerler miydi?

Lokantaya giderler miydi?

g) $\{-má(z)\}$ + $\{-lár\}$ + $\{-(y)dı\}$:

Aliye telefon etmezlerdi.

Aliyi beklemezlerdi.

Lokantaya gitmezlerdi.

h) $\{-má(z)\}$ + $\{-lár\}$ + $\{-mı\}$ + $\{-(y)dı\}$:

Aliye telefon etmezler miydi?

Aliyi beklemezler miydi?

Lokantaya gitmezler miydi?

i) $\{-(á,í)r\}$ + $\{-(y)dı\}$ + /m/:

Lokantaya giderdim.

Ona telefon ederdim.

Onu lokantada bulurdum.

Use these verbs in similar sentences:

bul

gel

oku

tekrar et

tercüme et

konuş

yap

çalış

öğren

ver

bırak

kapa

al

başla

dön

anla

git

de

j)　$\{-(\acute{a},\acute{i})r\}$ ＋ $\{-m\imath\}$ ┼ $\{-(y)d\imath\}$　　Use these verbs in similar sentences:

　　＋ -/m/:　　　　　　　　　　　　　bul

Onu görür müydüm?　　　　　　　　gel

Çok çalışır mıydım?　　　　　　oku

Onu lokantada bulur muydum?　　tekrar et

　　　　　　　　　　　　　　　　tercüme et

k)　$\{-m\acute{a}(z)\}$ ＋ $\{-(y)d\imath\}$ ＋ /m/:　konuş

Lokantaya gitmézdim.　　　　　　yap

Ona telefon etmézdim.　　　　　çalış

Onu orada bulmázdım.　　　　　　öğren

　　　　　　　　　　　　　　　　ver

l)　$\{-m\acute{a}(z)\}$ ＋ $\{-m\imath\}$ ＋ $\{-(y)d\imath\}$　bırak

　　＋ -/m/:　　　　　　　　　　　kapa

Onu görméz miydim?　　　　　　　al

Çok çalışmáz mıydım?　　　　　　başla

Onu orada bulmáz mıydım?　　　　dön

　　　　　　　　　　　　　　　　anla

m)　$\{-(\acute{a},\acute{i})r\}$ ＋ $\{-(y(d\imath\}$ ＋ -/k/:　git

Aliyi orada bulúrduk.　　　　　de

Sizi lokántada görürdük.

Onları búrada beklerdik.

n)　$\{-(\acute{a},\acute{i})r\}$ ＋ $\{-m\imath\}$ ＋ $\{-(y)d\imath\}$

　　＋ -/k/:

Aliyi orada bulúr muyduk?

Sizi lokantada görür müydük?

Onları burada beklér miydik?

o) {-má(z)} + {-(y)dı} + -/k/ :

Aliyi orada bulmázdık.

Sizi lokantada görmézdik.

Onları burada beklemézdik.

p) {-má(z)} + {-mı} + {-(y)dı}
      + -/k/ :

Aliyi orada bulmáz mıydık?

Sizi lokantada görméz miydik?

Onları burada bekleméz miydik?

q) {-(á,í)r} + {-(y)dı} + -/n/
      + {-íz} :

Saat ondá gelirdiniz.

Búrada beklerdiniz.

Bana telefón ederdiniz.

r) {-(á,í)r} + {-mı} + {-(y)dı}
      + -/n/   + {-íz} :

Saat onda gelír miydiniz?

Orada beklér miydiniz?

Bana telefon edér miydiniz?

s) {-má(z)} + {-(y)dı} + -/n/
      + {-íz} :

Saat onda gelmézdiniz.

Burada beklemézdiniz.

Bana telefon etmézdiniz.

Use these verbs in similar sentences:

bul

gel

oku

tekrar et

tercüme et

konuş

yap

çalış

öğren

ver

bırak

kapa

al

başla

dön

anla

git

de

t) $\{-má(z)\}$ + $\{-mı\}$ + $\{-(y)dı\}$

+ $-/n/$ + $\{-íz\}$:

Saat onda gelméz miydiniz?

Burada bekleméz miydiniz?

Bana telefon etméz miydiniz?

15.9 Note: Possessive Compounds:

      Amerikán konsolosluğu   American Consulate

        köşé başında   around the corner (at the
                                         head of the corner)

A noun without suffix may precede a possessed noun, as here, forming a compound.
In this case the first noun is not specific or definite and the resultant com-
pound functions like a single noun. Such compounds are very common in Turkish
and are very similar to constructions in English of one noun modifying another —
like drugstore, flag pole, river bank, etc.

The possessed noun in a possessive compound always has the third person
singular possessive suffix. Adjectives do not occur in possessive compounds.

15.10 Grammar Drill on Possessive Compounds: Sample Drill

Ánkara Oteli   The Ankara Hotel (proper name of a hotel)

Ánkara Lokantası   The Ankara Restaurant (not necessarily located
                             in Ankara, but a restaurant of that name)

Ánkara Postahanesi   The Ankara Post Office

Táksi şoförü   (a) taxi driver

Túrk gecesi   (a) Turkish evening

Túrk konsolosluğu   (a) Turkish Consulate

İngilíz konsolosluğu   (an) English Consulate

Túrk Sefārethānesi   Turkish Embassy

Amerikán Sefārethānesi   American Embassy

Amerikán benzini	American gasoline (note that 'Amerikan' is a noun not an adjective in Turkish)
İngilíz saatı	(a) British watch
Né binası?	What (specific) building? (This question means that the name of the building is requested.)

The vocabulary presented to date does not provide opportunities for illustrating

the great number and variety of possessive compounds which occur. These will

appear in future units in greater numbers.

15.11 Note: Specific Direct Object Relational Suffix {-(y)í}:

Bana yolu tarif edér misiniz?	Would you describe the way to me?
Kitapları másaya bırakın.	Leave the books on the table.
Sizí bekliyor.	He's expecting (awaiting) you.
Hángi safayı açalım?	Which page should we open [to]?
Kimí istiyorsunuz?	Whom do you want?
O kalemi verír misiniz?	Would you give me that pencil?

The suffix {-(y)í} is a stressable suffix indicating that the noun to which

it is added is the specific direct object of the verb. Personal pronouns (as

/siz/), the interrogatives /kim/ and hangi/ and nouns which are possessed

(/kitabím/) or which are modified by demonstratives (/ó kalem/) are by definition

specific and always have the suffix {-(y)í} when they are the direct objects of

verbs. Other nouns may or may not have this suffix: /yol/ or /yolu/ etc.

Without the suffix such a noun object must immediately precede the verb and

forms with it a type of compound: /kitáp okumak/ etc. the meaning of which

is simply to perform the action relative to this category of object - in this

case 'to book-read' (somewhat parallel to English compounds like 'house hunt'

or 'baby sit'). If an indefinite item of the category is meant, the noun is

ordinarily preceded by /bir/: /bir kitáp okudum/ 'I read a book'. The same

difference is evident with the plural: /kitaplár okudu/ 'he read books' and

/bir kitaplár okudu/ 'he read some books'. All of these forms without the
suffix contrast to the definite direct object with {-(y)í} : /kitabí okudu/
'he read the book',/kitaplarí okudu/ 'he read the books'. Note that the noun
with this suffix most frequently corresponds to an English noun with the def-
inite article 'the'. Compare the following sentences and their translations:

<u>Kalém</u> istiyor.	He wants [a] <u>pencil</u>.
<u>Bir kalém</u> istiyor.	He wants <u>a pencil</u>.
Órada <u>bir kalem</u> görüyór musunuz?	Do you see <u>a pencil</u> there?
<u>Kalemí</u> görüyór musunuz?	Do you see <u>the pencil</u>?
<u>Kalemimí</u> görüyór musunuz?	Do you see <u>(the) my pencil</u>?
<u>Ó kalemí</u> görüyór musunuz?	Do you see <u>(the) that pencil</u>?
<u>Hánqi kalemí</u> görüyorsunuz?	<u>Which (the) pencil</u> do you see?
<u>Kalemlerí</u> görüyór musunuz?	Do you see <u>the pencils</u>?
<u>Kalemlerimí</u> görüyór musunuz?	Do you see <u>(the) my pencils</u>?
<u>Ó kalemlerí</u> görüyór musunuz?	Do you see <u>(the) those pencils</u>?

Since in English we are accustomed to using the definite article with nouns
which are not objects and, of course, we do not use the definite article with
possessive constructions ('my book' not 'my the book'), thinking of the specific
direct object suffix in Turkish as a translation of 'the' will lead us to make
mistakes. The correct use of this suffix is difficult for Americans.
Remember that:

1. If the object of a verb - the noun representing that thing which in
soɪ.ɪe way undergoes the action of the verb - is modified by a demonstrative
(bu, şu, o) or is possessed, it must have this suffix.

2. If the object of a verb is modified by /bir/ it cannot have this
suffix.

3. If the object of a verb is separated from the verb by any intervening
word it must have this suffix: /<u>kalemi</u> sizé vermek/, /<u>kitabı</u> baná okudu/

(contrast /bana kitáp okudu/).

4. If the object of a verb occurs immediately before the verb this suffix
will occur if the object is specific and will not occur if it is not specific.
Contrast /bana kitáp okudu/ and /bana kitabí okudu/.

15.12 Grammar Drills on Specific Direct Object with {-(y)î}:   Simple

     Substitution Drills

a)
Kitapları	görüyór musunuz?
Kalemi	
Kitabı	
Kalemleri	
Binayı	
Postahaneyi	
Lokantayı	
Merdiveni	
Ahmedi	
Saatı	
Kapıcıyı	
Kâtibi	
Konsolosu	
Sefiri	
Amerikallıyı	
Türkü	
Oteli	

b)
Kitapları	verir misiniz?
Kalemi	
Kitabı	
Kalemleri	
Saatı	
Haberi	

c)
Kitapları	gönderir misiniz?
Kalemi	
Kitabı	
Kalemleri	
Ahmedi	
Kapıcıyı	
Kâtibi	
Konsolosu	
Sefiri	
Hasanı	

d)

Kitaplarí	gönderdi.
Kalemí	
Kitabí	
Merdiveni	
Ahmedí	
Saatí	
Menejerí	
Konsolosú	
Sefirí	
Amerikalıyı	
Türkü	
Haberí	
Hasaní	
Kimí	
Neyí	

15.13 Grammar Drills on Possessed Suffixes Plus $\{-(y)í\}$: Sample Sentence

Drills

a) $\{-(s)í[n]\}$ + $\{-(y)í\}$:

Adresini bilmiyorum.	I don't know his address.
Kitabını okuyor.	He's reading his book.
Menejerini gönderdi.	He sent his manager.
Kitaplarını burada bırakıyor.	He's leaving his books here.
Kapıcısını gönderiyor.	He's sending his doorman.
Kitabını götürdü.	He took his book.
Amerikán sefarethanesini biliyorum.	I know the American Embassy.

160

b) $\{-(i)m\}$ + $\{-(y)\acute{i}\}$:

Kitabımı verír misiniz?   Would you give [me] my book?

Adresimi biliyór musunuz?   Do you know my address?

Kitaplarımı néreye bıraktınız?   Where did you leave my books?

Kitabımı götürdünüz mü?   Did you take my book [along]?

Kitabımı aldıníz mı?   Did you take my book?

c) $\{-(i)n\}$ + $\{-íz\}$ + $\{-(y)\acute{i}\}$:

Kitabınızı götürüyór musunuz?   Are you taking your book [along]?

Adresinizi verír misiniz?   Would you give [me] your address?

Menejerinizí gönderirsiniz.   You'll send your namager.

Kitaplarınızı kím aldı?   Who took your books?

d) $\{-(ı)m\}$ + $\{-íz\}$ + $\{-(y)\acute{i}\}$:

Kitaplarımızı búrada bırakıyoruz.   We're leaving our books here.

Adresimizi biliyór musunuz?   Do you know our address?

Adreslerimizi biliyór musunuz?   Do you know our addresses?

Kitaplarımızı gönderír misiniz?   Will you send our books?

e) $\{-lár\}$ + $\{-(s)\acute{i}[n]\}$ + $\{-(y)\acute{i}\}$:

Adreslerini bílmiyorum.   I don't know their address.

Kitaplarını búrada bıraktılar.   They left their books here.

Menejerleriní gönderıyorlar.   They're sending their manager.

Kitaplarıní okuyorlar.   They're reading their books.

15.14 Grammar Drills on Pronouns as Direct Object:

Onú görüyorum.   I see him (her, it, that).

Onú anlıyorum.   I understand that (him, her, it).

Onú bekliyorum.   I'm waiting for her (him, it, that).

Onú okuyorum	I'm reading that (it).
Onú tercüme ediyorum.	I'm translating it (that).
Bunú anlıyorum.	I understand this.
Bunu bilmiyorum.	I don't know this [matter].
Bunu istemiyorum.	I don't want this.
Şunu almıyorum.	I'm not buying that.
Şunu istemiyorum.	I don't want that.
Şunú okuyorum.	I'm reading that.
Beni bekliyor musunuz?	Are you waiting for me?
Beni anlıyor musunuz?	Do you understand me?
Beni götürür müsünüz?	Would you take me?
Sizi anlamıyoruz.	We don't understand you.
Sizi götürür.	He'll take you.
Sizi göndermek istemiyoruz.	We don't want to send you.
Onları anlıyor musunuz?	Do you understand them?
Onları götürür müsünüz?	Would you take them?
Onları göndermek istiyorum.	I want to send them.

UNIT 16

16.0 Dialog: 'Greetings'

-John-

Mérhaba Ali bey!   Hello Mr. Ali!

-Ali-

Mérhaba efendim. Hóş geldiniz.   Hello, sir. Welcome.

-John-

Hóş bulduk.   I'm glad to be here.

-Ali-

        seyahát   trip

        geçmék   to pass

Seyahatınız násıl geçti?   How did your trip go?

-John-

        gáyet   extremely

Gáyet rahat geçti.   It went extremely well.

-Ali-

        kahvé   coffee, coffee house

        kahvaltí   breakfast

        kahvaltí etmek   to have breakfast

Kahvaltı ettiníz mi?   Did you have breakfast?

-John-

        sabáh   morning

        sabáhleyin   in the morning

        vagón   car

        vagon restorán   dining car

gidíp	went and .....
tazé	fresh
çay	tea
bir çáy	a [cup of] tea
içmék	to drink

Ettím. Sabáhleyin vagon resto-
 raná gidip taze bir çáy içtim.

I did. I went to the dining car in the morning and had a fresh cup of tea.

-Ali-

yálnız   only, just, except that

Yalnız çáy mı içtiniz?   Did you just drink tea?

-John-

bír de	and also
simít	simit (pretzel-like roll with sesame seeds)
yemék	to eat

Bir de simít yedim.   I ate a simit also.

16.1 Vocabulary Drills

a) <u>gáyet</u> 'extremely, exceedingly' Sample Sentence Drill

Ahmet gáyet iyi bir şöför.   Ahmet is an extremely good driver.

Türkçeyí gáyet rahat konuşuyorsunuz. You speak Turkish very fluently. ('extremely comfortably')

Gáyet iyi bir şöförüm var.   I have an exceedingly good driver.

Bú lokantanın yemekleri gáyet pahalı. This restaurant's dishes are extremely expensive.

b) Use çok 'very' in place of <u>gayet</u> in the above sentences.

c) <u>Sabáhleyin</u> 'in the morning' Simple Substitution Drill

Sabáhleyin	Ahmedí gördüm.	I saw Ahmet in the morning.
	kahvaltı étmedik.	We didn't have breakfast in the morning.
	telefón ederim.	I'll phone in the morning.
	dérs çalışırım.	I'll do my homework in the morning.
	konsolosluğá gidiyor.	He's going to tne consulate in the morning.

d) <u>yálnız</u> 'only, except that' Sample Sentence Drill

Bugün yálnız kitap aldım.   I bought only a book today.
                                   (or <u>the</u> book)

Yálnız Türkçe konuşunuz.   Speak only Turkish.

Derste yálnız okuyacaklar.   They're only going to read in
                                   class.

Yálnız tercüme ettik.   We only translated.

Bize yálnız Ahmét geldi.   Only Ahmet came to [visit] ús.

e) <u>geimek</u> / <u>gitmek</u> 'to visit','to come to see', 'to go to see'
Sample Sentence Drill

Yarın bizé gelin.   Come see us tomorrow.
                                   ('Come to us tomorrow.')

Bu akşam sizé geleceğiz.   We're coming to see you this
                                   evening.

Akşam Ahmedé gittim.   I went to see Ahmet [in the]
                                   evening.

Sabahleyin Alilere gittik.   We went to see the Ali family
                                   in the morning.

Yarın baná gelecekler.   They're coming to see me tomorrow.

Yarın sabah saná gelecek.   She's coming to see you tomorrow
                                   morning.

Akşam oná gittiler.   They went to see her in the
                                   evening.

Yarın onlará gideriz.   We'll go see them tomorrow.

f) { -(y)á }........almak   'to buy/get [something] for [someone]'

     Sample Sentence Drill

Bana bir kalem alír mısınız?	Will you [please] buy me a pencil?
Aliye bir kitáp alıyorlar.	They're getting Ali a book.
Sana káç liralık benzin aldı?	How many liras worth of gas did he buy for you?
Bize ikí liralık kahve alın.	Buy us two liras worth of coffee.
Ona né aldın?	What did you get her?
Onlara büyük bir saát aldık.	We bought them a large clock.
Size né aldılar?	What did they get you?

g) götürmék   'to take [somebody or something] to [someplace]'

     Sample Sentence Drill

Beni sinemaya götürür müsünüz?	Will you [please] take me to the movies?
Bizi partiye götürmediler.	They didn't take us to the party.
Onu okulá götürdüm.	I took it to school.
Seni bizé götürürüm.	I'll take you home. ('to our place')
Sizi lokántaya götüreceğiz.	We're going to take you to [a] restaurant.
Onları Türk sefarethanesine götürün.	Take them to the Turkish Embassy.

16.2   Questions on the Dialog and Related Questions.

1.   John nérede kahvaltı etti?

2.   Kahvaltıda né içti?

3.   Yalnız çáy mı içti?

4.   Siz umumiyetle kahvaltıda né içersiniz?

5.   Lokantada kahvaltı etmek pahalí mı?

6.   John'un seyahatı násıl geçti?

7. Siz çok seyahat edér misiniz?

8. Biz bú derslerde yalnız okuyór muyuz?

16.3 Note: Participle with Suffix {-(y)ácák}:

Káç litre alacaksınız?	How many litres are you going to buy?
Néreye gideceksiniz?	Where are you going to go?
Size zahmét olacak.	That would be trouble for you.
Şimdi bir táksi gönderecekler.	They're going to send a taxi right away.

These sentences furnish examples of the suffix {-(y)ácák}.

More literal translations of the forms are:

al-acák-sınız	You [are] (one who is) going to buy.
gid-ecék-siniz	You [are] (one who is) going to go.
ol-acák	[He (etc.) is] (one who is) going to become.
gönder-ecek-lér	[They are] (ones who are) going to send.
ed-ecéğ-im	I [am] (one who is) going to perform.

/k/ (or /k̠/) is replaced by /ğ/ before suffixes beginning with a vowel.

The suffix {-(y ácák} forms a participle meaning 'going to (do so and so)' or '(one who is) going (to do so and so)'. As a predicate (with or without 'I [am]'(etc.) additional information suffixes) it corresponds to the English 'going to' future verb phrase. As is the case with the other participles, {-(y)ácák} may be followed by the past form of 'imek' (see 15.5) making forms like: /alacáktınız/ 'you were (one who is) going to buy'. The examples above, /olacák/ and /göndereceklér/, show the use of the participle by itself as predicate meaning '[he(she,it) is] (one who is) going to be', and with the

167

plural meaning '[They are] (ones who are) going to send'. The other examples

have the suffixes for 'I [am]' and You [are]'. These are frequent uses of this

participle, others will be taken up in the future.

The forms thus far explained give the pattern: Participle alone:

alacák	'[He (she, it) is] (one who is) going to get'
alacaklár	'[They are] (ones who are) going to get'
gidecék	'[He (she, it) is] (one who is) going to go'
gideceklér	'[They are] (ones who are) going to go'

Participle plus additional information personal suffixes:

alacáğım	'I [am] (one who is] going to get'
gidecéğim	'I [am] (one who is) going to go'
alacáğız	'We [are] (one who is) going to get'
gidecéğız	'We [are] (one who is) going to go'
alacáksın	'Thou [art] (one who is) going to get'
gidecéksin	'Thou [art] (one who is) going to go'
alacáksınız	'You [are] (one who is) going to get'
gidecéksiniz	'You [are] (one who is) going to go'

There is more variation in the way these forms are said than there is with most

other forms in Turkish, yet all the variations which occur are understandable

in the terms of a few statements about changes which occur in vowels before the

palatal phonemes /y/ and /c/.

1. { a } before /c/ is often heard as { ı } :

   alıcáksınız   for   alacáksınız

   gidicéksiniz   for   gidecéksiniz

   olucáksınız   for   olacáksınız

   edicéksiniz   for   edecéksiniz

The forms in the left-hand column are common spoken ones. Those on the right

represent more formal speech and the regular spelling. This variation of pronunciation of the participle is found with this participle without additional

information personal suffixes and with all such suffixes.

Before additional suffixes beginning with a vowel, the /k/ of this partici-

ple changes to /ğ/. After back vowels /ğ/ is commonly merely a lengthening of

the preceding vowel (see 11.1).

alacağım is pronounced /alacáım/

olacağım is pronounced /olacáım/

Sometimes the vowel-cluster in these and similar words is heard reduced to a

single vowel. This change usually occurs where the vowel before c is heard as

{ ı } :

/alıcam/ and /olucam/

However, after front vowels /ğ/ is pronounced /y/ (see 11.1) and a

second statement helps explain what happens:

2. {a} before a /y/ which introduces an unstressed syllable is commonly

pronounced { ı } :

gidiceğim */gidiceyim/ thus becomes */gidiciyim/

ediceğiz */ediceyiz/ thus becomes */ediciyiz/

These forms are seldom actually to be heard, since in most dialects, especially

in Istanbul, these forms are shortened by reduction of the /iyi/ sequence to /ĭ/:

/gidicĭm/ and /edicĭm/ or even /gidicím/ and /edicím/

/edicĭz/ and /gidicĭz/ or even /edicíz/ and [gidicíz/

These variant forms should be recognized when heard, though it is not necessary

to drill them.

16.4 Grammar Drills on Participle with {-(y)acák}

   Simple Substitution Drills:

a) {-(y)acák} Participle alone (3rd person):

şimdi	tercüme edecek.	He's now going to translate.
	tekrar edecek	repeat.
	konuşacak.	speak.

Bir taksi	bulacaklar.	They're going to find a cab.
	göndereçekler.	send
	çağıracaklar.	call

b) with personal suffixes: {-(y)ım}, {-(y)ız}, {-sın(íz)} :

Doğru	gideceğim.	I'm going to go direct.
	konuşacağım.	speak right.
	okuyacağım.	read correctly.

Ona bir kitap	göndereceğiz.	We're going to send her a book.
	götüreceğiz.	take
	vereceğiz.	give

Benzin	alacaksın.	You (sg.) are going to buy gas.
	dolduracaksın.	put in

Ahmet beyi saat beşte otelde	göreceksiniz.	You're going to see Mr. Ahmet at the hotel at five o'clock.
	bulacaksınız.	find
	bekliyeceksiniz.	wait for

c) {-(y)acák} + {-mı}

Bu akşam	gidecek mi?	Is he going to go this evening?
	dönecek mi?	return
	gelecek mi?	come

Size	telefon edecekler mi?	Are they going to phone you?
	haber verecekler mi?	inform
	gelecekler mi?	visit

Ben de	gidecek miyim?	Am I to go too?
	konuşacak mıyım?	talk
	bekliyecek miyim?	wait

Bir taksi	gönderecek misin?	Are you going to send a cab?
	çağıracak mısın?	call
	bulacak mısın?	find

Ona	haber verecek miyiz?	Are we going to inform him?
	haber gönderecek miyiz?	send news to him?
	başlıyacak mıyız?	begin it?

Konsolosluğa	gidecek misiniz?	Are you going to go to the consulate?
	telefon edecek misiniz?	phone
	haber verecek misiniz?	inform

d)   {-ma}   +   {-(y)acak}

| Sizi orada | beklemeyecek. | He isn't going to wait for you there. |
| | görmeyecek | see |

| Burada | durmayacaklar. | They aren't going to stop here. |
| | ölmayacaklar. | be |

Oraya	gitmeyeceğim.	I'm not going to go there.
	göndermeyeceğim.	send [it]
	telefon etmeyeceğim	phone

Haber	vermeyeceksin.	You're not going to announce [it].
	almayacaksın.	get news
	göndermeyeceksin.	send

171

Onu	affétmeyeceğiz.	We're not going to forgive him.
	górmeyeceğiz.	see
	álmayacağız.	buy it

Bugün oraya	gitmeyeceğiz.	We're not going to go there today.
	göndérmeyeceğiz.	sent [it]
	telefon étmeyeceğiz.	phone

e)   {-ma} + {-(y)acák} + {-mı} :

Bugün ders	álmayacak mı?	Isn't he going to take a lesson today?
	vérmeyecek mi?	teach
	ólmayacak mı?	Isn't there going to be

Burada	beklémeyecekler mi?	Aren't they going to wait here?
	dúrmayacaklar mı?	stop
	ólmayacaklar mı?	be

Ona	haber vérmeyecek miyim?	Am I not (going) to tell him?
	telefon étmeyecek miyim?	phone
	teşekkür étmeyecek miyim?	thank

Beni de	beklémeyecek misin?	Aren't you going to wait for me too?
	götürmeyecek misin?	take
	çağírmayacak mısın?	invite

Kitapları	álmayacak mıyız?	Aren't we going to buy the books?
	vérmeyecek miyiz?	give
	götürmeyecek miyiz?	take

Siz de oraya	gitmeyecek misiniz?	Aren't you too going to go there?
	gélmeyecek misiniz?	come
	telefon étmeyecek misiniz?	telephone

172

f) Progressive Substitution - Correlation Drill

Cue	Pattern	Translation
	Búgün telefón edecek.	He's going to phone today.
Yarın	Yarın telefón edecek.	tomorrow
bizé gelmek	Yarın bizé gelecek___.	...to visit us...
(siz)	Yarın bizé geleceksiniz.	You're....
Bú akşam	Bú akşam bizé geleceksiniz.	..this evening.
(onlar)	Bú akşam bizé gelecekler.	They're...
telefon etmek	Bú akşam telefón edecekler.	...phone...
Saat onda	Saat ondá telefón edecekler.	at ten o'clock.
(biz)	Saat ondá telefón edeceğiz.	We're...
derse başlamak	Saat ondá dersé başlayacağız.	..start the lesson..
Yarın sabah	Yarín sabah dersé başlayacağız,	tomorrow morning.
(o)	Yarín sabah dersé başlayacak.	He's....
telefon etmek	Yarín sabah telefón edecek.	...phone...
Bugün	Bugün telefón edecek	...today.

g) Do the above exercises in question form.

h) Do the above exercises in negative form.

i) Repeat the exercises of f, g, and h above using {-(í)yor }, {-(á,í)r} and {-máz }

16.5 Mixed Grammar Drills on Participles - Multiple Substitution Drills

a)

Taksi	gönderecekler.
Çocuk	göndermediler.
Konsolos	
Şoför	
Adres	
Kitap	

Masa	gönderecekler.
Türk	göndermediler.
Amerikalı	

b) Repeat the exercise above in negative question form. Then with {-(í)yor},
{-(á,í)r} , {-dí} , the imperative, with negative and question form with all
possible personal endings.

c)

Para[1]	alacaksınız.
Benzin	gönderecekler.
Kahve	almadı
Çay	göndermediler.

d) Repeat the exercise above with all possible variations.

e)

Ahmet beyi	bekliyeceğim.
Onu	görecek.
Konsolosu	görmedik.
Menejeri	beklerdik.
Şoförü	bekliyordum.
Benzinciyi	

f) Repeat with possible variations as above.

g)

Oraya	saat 12' de gideceğim.
Size	gönderecekler.
Ona	telefon edecek.
Ona	
Konsolosluğa	
Otele	
Postahaneye	
Lokantaya	

[1] para: money

174

h) Repeat with possible variations as above.

16.6 Grammar Drills on {-(y)ácák} + {-(y)dı}
Simple Substitution Drills

a) {-(y)ácák} + {-(y)dı}

1.	Cue	Pattern	Translation
		Tercümé edecekti	He was going to translate.
	götürmék	Götürecékti.	..take [it] away.
	beklemék	Bekleyecékti.	..wait
	bırakmák	Bırakacáktı.	..leave [it]
	habér vermek	Habér verecekti.	..let [us] know
	kalmák	Kalacáktı.	..stay
	çağırmák	Çağıracáktı.	..call
	görmék	Görecékti.	..see
	durmak	Duracáktı.	..stop
	bulmak	Bulacáktı.	..find [it]

2.

Bizé	verecekti.
	alacaktı.
	gönderecekti.
	okuyacaktı.

He was going to give [it] to us.

       ...buy [it] for...

       ...send [it] to...

       ... read [it] to...

3.

Saat beşté	telefón edecekti.
	yapacaktı.
	konuşacaktı.
	alacaktı.

He was going to phone at five o'clock.

       ...do [it]...

       ...speak...

       ...get [it]...

4.

Dün postahaneyé	gidecekti.
	gönderecekti.
	verecekti.

He was going to go to the post office yesterday.

       ......send [it]

       ......give [it]

b) Repeat the drills of (a) with the interrogative suffix {-mı}

           Tercüme edecek miydi?   Was he going to translate?

götürmek   Götürecek miydi   ..take [it] away

     etc.

c) Repeat the drills of (a) with the negative verb stem in each case - the form with suffix {ma} :

           Tercüme etmeyecekti.   He wasn't going to translate.

götürmek   Götürmeyecekti.   ..take [it] away

     etc.

d) Repeat the drills of (a) in the negative interrogative form:

           Tercüme etmeyecek miydi?   Wasn't he going to translate?

götürmek   Götürmeyecek miydi?   ..take [it] away?

     etc.

e) -with suffix {-lár} 'they'. Repeat all the drills of 16.6 with the pluralized participle:

           Tercüme edeceklerdi.   They were going to translate.

götürmek   Götüreceklérdi.   ..take [it] away.

     etc.

f) with /-k/ 'we'

1. Cue   Pattern

                        Yapacáktık.   We were going to do [it].

tercüme etmek   Tercümé edecektik.

beklemek   Bekleyecéktik.

görmek   Görecéktik.

durmak   Duracáktık.

konuşmak   Konuşacáktık.

kalmak   Kalacáktık.

2.	Sizé gelecektik.	We were going to come visit you.
okumak	Sizé okuyacaktık.	
göndermek	Sizé gönderecektik.	
vermek	Sizé verecektik.	
almak	Sizé alacaktık.	
3.	Oraya bú akşam gidecektik.	We were going to go there this evening.
bırakmak	Oraya bú akşam bırakacaktık.	
habér vermek	Oraya bú akşam haber verecektik.	
telefón etmek	Oraya bú akşam telefon edecektik.	
götürmek	Oraya bú akşam götürecektik.	

g) Repeat the drills of (f) with the interrogative suffix {mı} :

	Yapacák mıydık?	Were we going to do [it]?
tercümé etmek	Tercüme edecék miydik?	
etc.		

h) Repeat the drills of (f) with the negative verb stem with suffix {ma} :

	Yápmayacaktık.	We weren't going to do [it].
tercümé etmek	Tercüme étmiyecektik.	
etc.		

i) Repeat the drills of (f) with the interrogative of the negative form:

	Yápmayacak mıydık?	Weren't we going to do [it]?
tercüme etmek	Tercüme étmeyecek miydik?	
etc.		

j) with /-m/ 'I'

1.	Dün gelecéktim ama| ólmadı.*	I was going to come yesterday, but it didn't work out.
yapmak	Dün yapacáktım ama| ólmadı	

---

* Note: The juncture may either precede or follow the conjunction <u>ama</u> 'but'.

177

	Dün <u>yapacák</u>tım ama	olmadı.
okumak	Dün <u>okuya</u>cáktım ama	olmadı.
göndermek	Dün <u>gönderecék</u>tim ama	olmadı.
almak	Dün <u>al</u>acáktım ama	olmadı.
bulmak	Dün bulacáktım ama	olmadı.

2.   Size <u>telefón edecek</u>tim ama | étmedim.   I was going to phone you but didn't.

tercüme etmek	Size <u>tercümé edecek</u>tim ama	étmedim.
götürmek	Sizé <u>götü</u>recektim ama	götürmedim.
vermek	Sizé <u>ve</u>recektim ama	vérmedim.
bırakmak	Sizé <u>bı</u>rakacaktım ama	bırákmadım.
haber vermek	Size habér verecektim ama	vérmedim.

3.   Saat üçté <u>gidecek</u>tim   I was going to go at three.

çağırmak	Saat üçté <u>çağ</u>ıracaktım.
görmek	Saat üçté <u>gö</u>recektim.
durmak	Saat üçté <u>du</u>racaktım.
konuşmak	Saat üçté konuşacaktım.

k) Repeat the drills of (j) with the interrogative {-mı} and without the clause introduced by /ama/:

	Dün <u>gelecek</u> miydim?	Was I going to come yesterday?
yapmak	Dün yapacak mıydım?	
etc.		

l) Repeat the drills of (j) with the negative {-ma} ,using /ama/ plus the positive.

| | Dün <u>gé</u>lmeyecektim ama geldím. | I wasn't going to come yesterday but... |

178

yapmak	Dün yápmayacaktım ama yaptím.	
etc.		

m) Repeat the drills of (j) with the negative interrogative without /ama/:

	Dün gélmeyecek miydim?	Wasn't I going to come yesterday.
yapmak	Dün yápmayacak mıydım?	
etc.		

n) with {-ınız} 'you':

1.	Saat beşté gelecektiniz.	You were going to come at five.
konuşmak	Saat beşté konuşacaktınız.	
görmek	Saat beşté görecektiniz.	
almak	Saat beşté alacaktınız.	
yapmak	Saat beşté yapacaktınız.	
2.	Bana telefón edecektiniz.	You were going to phone me.
tercüme etmek	Bana tercümé edecektiniz.	
göndermek	Bana gönderecéktiniz.	
vermek	Bana verecéktiniz.	
okumak	Bana okuyacáktınız.	
haber vermek	Bana habér verecektiniz.	
bulmak	Bana bulacáktınız.	
3.	Dün gidecéktiniz, gittiníz mi?	You were going to go yesterday. Did you go?
yapmak	Dün yapacáktınız, yaptıníz mı?	
çağırmak	Dün çağıracáktınız, çağırdıníz mı?	
götürmek	Dün götürecéktiniz, götürdünüz mü?	
beklemek	Dün bekleyecéktiniz, beklediníz mi?	

o) Repeat the drills of (n) (1) and (2) with the interrogative {-mı} :

        Saat beşte gelecék miydiniz?   Were you going to come
                                                       at five?

konuşmak   Saat beşte konuşacák mıydınız?

   etc.

p) Repeat the drills of (n) with the negative stem with {-ma} :

        Saat beşte gélmeyecektiniz.   You weren't going to
                                                       come at five.

konuşmak   Saat beşte konúşmayacaktınız.

   etc.

q) Repeat the drills of (n) (1) and (2) with the negative interrogative:

        Saat beşte gélmeyecek miydiniz?   Weren't you going to
                                                       come at five?

konuşmak   Saat beşte konúşmayacak mıydınız?

   etc.

UNIT 17

17.0 Dialog: 'You Must Be Tired'

-Ali

arkadáş	friend, fellow
ile / {-(y)la}	with, by (means of), and
sizínle, sizín ile	with you
tanımák	to know, to recognize
tanışmák	to get acquainted

Bír çok arkadaş sizinle tanışmák istiyor.

Many of [my] friends want to to meet you.

takdím	introduction
takdím etmek	to introduce, to present

Sizi onlara takdím edeceğim.

I'm going to introduce you to them.

-John-

kalmák	to remain
memnún kalmak / memnún olmak	to be pleased

Pék memnun kalırım.

I'll be very pleased

-Ali-

evvél	ago, first, before
évvelâ	at first, first of all
dinlenmék	to rest
son	end, the last
sónra	after, afterward, at last ('end place')

Fakat évvelâ biraz dinlénin.   But first rest a bit. I'll
                                                introduce you afterwards.

Sónra takdim ederim.

                              -John-

    yorgún   tired

    hiç   at all, never, ever

Teşekkúr ederim. Híç yorgun   Thank you. I'm not tired
                                         at all.
    değilim.

                              -Ali-

    yaták   bed

    yataklí   with bed [s]

    yataklí vagon / yataklí   sleeping car

    yataklíyla   by sleeping car

Yataklíyla geldiniz, değil mi?   You came by sleeping car,
                                         didn't you?

                              -John-

    kuşét   couchette, sleeping shelf
                                            without bedding

    kuşetlí   with couchette[s],
                                           couchette car

Háyır, kuşetlíyle geldim.   No, I came by couchette car.

17.1 Vocabulary Drills:

a) yorgun 'tired' Multiple substitution drills:

Bugün	çok	yorgunum.
	biraz	yorgunsun.
		yorgun.
		yorgunuz.
		yorgunsunuz.
		yorgunlar.

Akşam	çok	yorgundum	I was very tired last night.
	birak	yorgundun	
		yorgundu	
		yorgunduk	
		yorgundunuz	
		yorgundular	

b) <u>hiç</u> 'at all' Multiple substitution drills:

Hiç	yorgun	değílim	I'm not tired at all.
	rahat	değílsin	
	iyi	değíl	
	memnun	değíliz	
		değílsiniz	
		değíller	

Hiç	ihtiyacınız	yók	You don't need anything at all.
	param		
	rahatınız		
	arkadaşı		
	kitabım		
	kaleminiz		

'never'

Oraya	hiç	gítmedim	I never went there.
Taksiyle		götürmedim	I never took [it there] by cab.
Dolmuşla		göndérmedik	
Kuşetliyle		seyahat etmezlér	
Ahmetle			

183

'ever'

Oraya	hiç	gittiníz mi?	Did you ever go there?
Taksiyle		götürdük mü?	Did we ever take [him there] by cab?
Dolmuşla		gönderdiler mi?	
Kuşetliyle		seyahat ettim mi?	
Ahmetle			
Yataklıyla			

c) <u>évvelâ....sónra</u> 'First....later'   Sample Sentence Drills

Évvela dinlenin sónra gideriz. First rest, we'll go later.

Évvelâ okuyun sónra tercüme edin. Read first [and] translate later.

Évvelâ kahvaltı et sónra çalışırız.

Évvelâ sayfayı bul sónra başla!

Évvelâ Ahmet geldi sónra Mehmet.

Évvelâ Aliyle tanıştılar sónra Ahmetle.

Évvelâ Aliyle sonra Ahmétle tanıştılar.

17.2 Questions on the Dialogue and Related Questions:

     1. Kím John ile tanışmak istiyor?

     2. John'u onlara kím takdim edecek?

     3. Türk arkadaşlarınız vár mı?

     4. Hiç yataklıyla seyahat ettiníz mi?

     5. Bugün yorgún musunuz?

     6. Akşam çok yorgún muydunuz?

     7. Umumiyetle néyle seyahat edersiniz?

     8. Kuşetli rahát mı?

17.3 Note: $\{$ -(y)la $\}$, /ile/ enclitic:

     Umumiyetle órdan alırım.   I usually buy from there.

     Bír çok arkadaş sizinle tanışmák istiyor.   A number of [my] friends
                                               want to get acquainted
                                               with you.

Yatáklıyla geldiniz değil mi?   You came by sleeper, didn't you?

Háyır kuşetlíyle geldim.   No, I came by couchette car.

The unstressable suffix {-(y)la } indicates 'with', either of <u>accompaniment</u>
or of <u>instrument</u> and 'by (means of)' to express <u>means</u>. It also denotes <u>and</u> in
some contexts. It has one of the widest ranges of syntactic usage among Turkish
suffixes. These usages can be discussed under three headings:

1. As a 'post-position'. A post-position in Turkish is a form which
occurs at the end of a phrase and shows a relationship between the phrase and
the ensuing predication. Post-positions end phrases which provide such infor-
mation about the following as the time at which it occurred, the reason or
cause of its occurrence, the special circumstances under which it took place
and so forth. In the first sentence above <u>umumiyetle</u>, ending in the suffix
{-(y)la} , tells the time and circumstances of the following predicate. Here
{-(y)la} is a post-position.

2. As a relational suffix. We have seen the relational suffixes {-dá}
'in, on, at', {-(y)á} 'to, for'. {-(y)í} 'specific direct object' and {-dán}
'from, through'. In many contexts {-(y)la } can be translated 'with' and func-
tions almost exactly like the relational suffixes. In the last three sentences
above, this suffix is functioning in this way.

3. As a conjunction. A conjunction is a form which joins two words or
structures of parallel form so that they function as a single compound struc-
ture. The sentences above do not provide an example of {-(y)la} as a conjunc-
tion. It occurs as a conjunction in sentences like:

Alíyle Ahmet‖ sinémaya gittiler.   'Ali and Ahmet went to the movies.

There is an independent, somewhat literary form of {-(y)la} which is <u>ile</u>.
This form is written separately from the word with which it is associated and
does not have vowel harmony. It never occurs, however, except as part of a
phrase and never receives stress.

As the formula {-(y)la} indicates, this suffix has the forms:

  -le and -la after consonants

  -yle and -yla after vowels

Because of the initial /y/ after vowels such preceding vowels are often fronted.

Thus the third person possessed suffix {-(s)ı[n]}has regularly the form /-si/

before the suffix.

    babasí   'his father' but babasíyle 'with his father'

With the infinitive this suffix denotes 'by [means of] doing...' as <u>okumákla</u>

'by reading.'

17.4 Grammar Drills on {-(y)la}/ile/ 'with' (as relational suffix)

    Multiple Substitution Drills

a)

Ahmetle	konuşmak istiyorum.
Şoförle	konuştuk.
Aliyle	tanıştım.
Sefirle	görüştü.
Amerikalıyla	görüşüyor.
	gider.
	geldik.
	döneriz.

I want to talk with Ahmet.

We spoke with the driver.

b) 'by means of' (as relational suffix)

Táksiyle	geldik.
Dolmúşla	gidecekler.
Kuşetlíyle	geliyor.
Yataklíyla	döneceğiz.
Néyle	götürecekler.
	gönderdim.

We came by taxi.

They're going to go by dolmuş.

Şoförle	gönderecek.
Ahmetle	gönder!
Aliyle	gönderiyorlar.
	göndereceğiz.

He's going to send [it] by the driver.

Send [it] by Ahmet /with Ahmet.

c) 'by (means of)...ing' (relational suffix)

Okumakla	öğrenirim.
Tekrar etmekle	öğrenirsin.
Çalışmakla	öğrenirler.
Tercüme etmekle	öğreniriz.
Okula gitmekle	öğrenirsiniz.
Tekrarlamakla	öğreniyorlar.
	öğrendim.
	öğreneceksin.
	öğrenirdim.
	öğreniyorduk.

I learn / I'll learn by reading.

You learn / you'll learn by writing.

d) 'and' (conjunction) Progressive Substitution Drill

Cue	Pattern
	Ona bir kalemle bir kitáp <u>verdim</u>.
aldım	Ona <u>bir kalemle bir kitáp</u> aldım.
çayla kahve	<u>Ona</u> çayla kahvé aldım.
bize	Bize çayla kahvé <u>aldım</u>.
geldi	Bize <u>çayla kahvé</u> geldi.
Ahmetle Ali	<u>Bize</u> Ahmetle Alí geldi.
Size	Size <u>Ahmetle Alí</u> geldi.
yatakla masa	Size yatakla mása <u>geldi</u>.
gönderdim	<u>Size</u> yatakla mása gönderdim.
ona	Ona yatakla mása <u>gönderdim</u>.
verdim	Ona <u>yatakla mása</u> verdim.

17.5 Note: Pronoun Forms Preceding {-(y)la} , /ile/

Before this suffix pronouns - including personal pronouns, demonstratives
and the question word /kim/ 'who' - commonly occur in their possessor form:
/benímle/ 'with me', /senínle/ 'with thee'. /bizímle/ 'with us', /sizínle/
'with you', /bunúnla/ 'with this', /şunúnla/ 'with that(there)', /onúnla/
'with that (yonder), with him/her/it, /kimínle/ 'with whom'. However, in
spoken Turkish especially, the use of pronouns without the possessor suffix is
quite common.   The pronouns /ben/ and /sen/ occurring most often in informal
situations are very commonly heard without that suffix as /bénle/ and /sénle/.
The demonstratives, which end in vowels, and the plural pronouns are less likely
to be heard without the possessor suffix.   The third person plural form /onlár/
never occurs with the possessor suffix but always as /onlárla/ 'with them'.

17.6 Grammar Drill on {-(y)la} with Pronouns.   Multiple Substitution Drill

Kimínle	geldi?	With whom did he come?
Benímle	gelir.	She will come with me.
Sizínle	gelecek.	She's going to come with you.
Senínle	gönderiyordu.	He used to send [it] by you.
Bizímle		...........with us
Onúnla		.....with him /her/it,...by that

17.7 Grammar Drill {-(y)la} as 'with' (of instrument)   Sample Sentence Drill

Bununla né yapacaksınız?   What are you going to do with this?

Kalémle yazarız.   We write with pen[s].

Şunúnla yaptım.   I did [it] with that (there).

188

UNIT 18

18.0 Dialog: 'Meet My Friend'

-Ali-

işté	here's, there's
Bülént	Bülent (Proper name - male)
Büléntçiğim	my dear Bülent

Işté Bülént. Mérhaba Bülentçiğim.   Here's Bülent. Hello (my dear) Bülent.

bakmák	to look at
bakalím	let's see, how about

Gél bakalım. Násılsın?   Come here (how about)!
How are you?

-Bülent-

iyilík	goodness, kindness, favor
sağ	alive, living
sağlík	health, well-being
vállahi	really, truly
ne vár ne yok	what's up, what's new?

Iyilik sağlík vallahi. Sendé   Fine! ('Goodness and health, truly') What's new with you?

ne var ne yok?

-Ali-

hámdolsun   thank goodness, praises be

Hámdolsun, bén de iyiyim.   Thank goodness I'm well too.

189

-Bülent-

meşgûl	busy
meşgûlsen	if you're busy
rahatsíz	uncomfortable, ill
rahatsíz etmek	to disturb
rahatsız étmeyeyim/etmiyeyim/	let me not disturb

Çok meşgûlsen seni rahatsız étmeyeyim.
If you're very busy, I won't disturb you.

-Ali-

Estáğfurullah! Zaten telefón edip

seni buraya çağıracáktım.
Not at all. I was going to phone you and invite you over here anyway.

-Bülent-

öylé	thus, so
sahí	true

Öylé mi? /Sahí mi?
Is that so?

-Ali-

Keskín
sharp (a family name)

Bülent, sana arkadaşım Con'ú takdim

ederim. Bülent Keskín.
Bülent, I'd like to present to you my friend John. Bülent Keskin.

-John-

Memnún oldum efendim.
Pleased to meet you, (sir).

-Bülent-

şeréf	honor
müşerréf	honored
béyefendi	sir

Müşerréf oldum beyefendi.
I'm honored sir.

18.1 Vocabulary Drills:

a) <u>meşgûl etmek</u>, <u>rahatsız etmek</u>

1. Random Substitution Drill

  Cue   Pattern

        Áffedersiniz, sizi biraz <u>rahatsíz</u> edeceğim.

 meşgûl   Áffedersiniz, sizi biraz meşgûl <u>edeceğim</u>.

 ettim   Áffedersiniz, sizi <u>biraz</u> meşgûl ettim.

 çok   Áffedersiniz, sizi çók meşgûl <u>ettim</u>.

 ediyorum   Áffedersiniz, sizi çók <u>meşgûl</u> ediyorum.

 rahatsız   Áffedersiniz, sizi çok rahatsız <u>ediyorum</u>.

 ediyoruz   Áffedersiniz, sizi <u>çók</u> rahatsız ediyoruz.

 biraz   Áffedersiniz, sizi biraz rahatsız <u>ediyoruz</u>.

 ettik   Áffedersiniz, sizi biraz <u>rahatsíz</u> ettik.

 meşgûl   Áffedersiniz, sizi biraz meşgûl ettik.

2. Random Substitution Drill

  Cue   Pattern

       Lütfen beni <u>rahatsız</u> étmeyiniz.

 meşgûl   Lütfen <u>beni</u> meşgûl étmeyiniz.

 şoförü   Lütfen şoförü meşgûl <u>étmeyiniz</u>.

 etmeyin   Lütfen şoförü <u>meşgûl</u> étmeyin.

 rahatsız   Lütfen <u>şoförü</u> rahatsız étmeyin.

 bizi   Lütfen bizi rahatsız étmeyin.

3. Sample Sentence Drill

Bú kitap beni çók meşgûl etti.   This book kept me very busy.

Çay beni rahatsíz ediyor.   Tea upsets me.

Şímdilik onları rahatsız étmiyelim. Let's not disturb them for the present.

Kahve sizi rahatsíz ediyór mu? Does coffee upset you?

Taksiler sizi rahatsız ediyór mu? Are the taxis disturbing you?

B) çağırmak 'to invite'   Progressive Substitution Drill

Cue	Pattern
	Beni yemeğe çağırdılar.
Ahmedi	Ahmedi yemeğe çağırdılar.
çağıracağım	Ahmedi yemeğe çağıracağım.
partiye	Ahmedi partiye çağıracağım.
seni	Seni partiye çağıracağım.
çağırmadı mı?	Seni partiye çağırmadı mı?
kokteyl'e	Seni kokteyl'e çağırmadı mı?
onları	Onları kokteyl'e çağırmadı mı?
çağırmıyacağım	Onları kokteyl'e çağırmıyacağım.

c) bakalım in the sense of 'how about'   Sample Sentence Drill

Gel bakalım, násılsın.	Come here, (how about) how are you?
Gel bakalım, biraz konuşalím.	Come on, let's talk a bit.
Gel bakalım, bir kahvé içelim.	Come on, let's have [a] coffee.
Gel bakalım, bir telefón edelim.	Come on, let's phone.
Bir telefón edelim, bakalım.	How about it, let's phone.
Soralím bakalım.	How about it, let's ask.
Sór ona bakalım.	Ask him, why not? / Go on, ask him.
Bir telefon edelím bakalım, oteldé mi?	Come on, let's phone [and see if] he's at the hotel.
Soralím bakalım, biliyór mu?	Let's ask, why not, [and see if] he knows.
Évvelâ biraz dinléniniz bakalım, sónra konuşuruz.	How about resting a bit first, we'll talk afterwards.

18.2 Questions on the Dialog and Related Questions.

1. Ali, John'u kiminle tanıştırdı?

2. Ali, Bülent'i çağıracak mıydı?

3. Akşam rahatsız mıydınız?

4. Hér gün meşgûl müsünüz?

18.3 Note: Suffix {-lí}

pahá/bahá	'price, expense'	pahalí	'expensive'
Amerika	'America'	Amerikalı	'[an] American'
merdivén	'stairs'	merdivenlí	'with stairs'
yaták	'bed'	yataklí	'sleeper, with bed'
kuşét	'couchette'	kuşetlí	'couchette, coach, with couchette'

These words from basic sentences illustrate the stressable suffix {-lí}

the meaning of which is generally 'characterized by, with (in the sense of

having)'. When affixed to numbers this suffix denotes 'a set of...number'.

Thus, the names of playing cards, other than face cards, use this suffix:

ikili 'deuce', dörtlü 'four' etc.

18.4 Note: Suffix {-síz}

rahát 'comfort, comfortable'   rahatsíz 'uncomfortable, ill'

This pair illustrates the stressable suffix {-síz} which functions, with

a general meaning of 'without,---less', as the opposite of {-lí} and also often

of {-(y)la} . Note these examples:

sen 'thou'   seninle 'with you'   sensíz 'without you'

yaták 'bed'   yataklí 'with bed(s)'   yataksíz 'without bed(s)'

When both suffixes {-(y)la} and {-lí} occur with the same base, {-síz} is usually

opposite of the form with {-lí} :

telefón 'telephone' telefónla 'by phone' telefonlú 'with [a] phone

telefonsúz 'without [a] phone, phoneless'

18.5 Grammar Drills on {-li} Random Substitution Question and Answer

     Drill:

a) KEY WORD   QUESTION PATTERN   ANSWER PATTERN

               Nerelisiniz?   Ankaral<u>ıyım</u>.

    (biz)   Nerelisiniz?   <u>Ankaral</u>ıyız.

    bura   Nereli<u>siniz</u>?   <u>B</u>uralıyız.

    (o)   Nereli?   <u>B</u>uralı.

    Amerika   Nereli__?   Amerikalı.

    (onlar)   Nereliler?   <u>Amerikal</u>ılar.

    İzmir   Nereli<u>ler</u>?   İzmirliler.

    (sen)   Nerelisin?   <u>İzmir</u>liyim.

    Kadıköy   Nerelisin?   Kadıköylüyüm.

b)   <u>Kadıköy</u>lü müsün?   (Evet), Kadıköylüyum.

                                        (Hayır), Kadıkö/lü değilim.

    İstanbul   İstanbullu mu<u>sun</u>?   (Evet), İstanbulluyum.

                                        (Hayır), İstanbullu değilim.

    (o)   <u>İstanbull</u>u mu?   (Evet), İstanbullu.

                                        (Hayır), İstanbullu değil.

    Sivas   Sivaslı m<u>ı</u>?   (Evet), Sivaslı.

                                        (Hayır), Sivaslı değil.

    (Siz)   Sivaslı mısınız?   (Evet), Sivaslıyız.

                                        (Hayır), Sivaslı değiliz.

18.6 Drills on li and   -siz Contrasted - Sample Sentence Drill

Bu çok zahmetli oldu.	This was very troublesome.
Ahmet isimli bir arkadaşim var.	I have a friend named Ahmet.
Ali adlı bir hariciyeciyle tanıştım.	I got acquainted with an FSO named Al
Çok paralı bir Amerikalı.	[He is] a very rich American.
Pek meraklısınız.	You're very much interested/curious/ worried.
Çok merdivenli otel istemem.	I don't want a hotel with lots of stairs.
Bana telefonlu bir otel bulun.	Find me a hotel with telephone[s].
Kuşetliyle seyahat rahat.	Travel is comfortable by couchette coach.
Size çok şey borçluyum.	I'm in debt to you for many things/ I owe you a lot.
Saatli bir taksiyle geldim.	I came in a cab with a meter.
Sefarethaneye randevulu gittim.	I went to the Embassy with an appointment.
Haberli geldiler.	They came announced.

Bu hiç zahmetsiz oldu.	This wasn't troublesome at all.
İsimsiz kitap gördünüz mü?	Have you seen nameless books?
Hiç burada adsız lokanta var mı?	Is there such a thing as a nameless restaurant here?
Benzini parasız aldım.	I got the gas free.
Çok meraksız bir bey.	[He's] a very unconcerned gentleman.
Merdivensiz bir binanın önünde durduk.	We stopped in front of a building without stairs.
Burada telefonsuz otel yok.	There is no hotel here without phone(s).
Hangi vagon kuşetsiz?	Which car is without couchette(s)?
Borçsuz olmak iyi şey.	It's a good thing to be without debt.
Taksimetresiz bir taksiyle geldiler.	They came in a taxi without a meter.
Sefirle randevusuz konuştuk.	We talked with the Ambassador without an appointment.
Habersiz geldiler.	They came unannounced.

18.7 Additional Examples with {-síz} : Sample Sentence Drill

Bunu yardımsíz yaptım.	I did this without help.
Dört saat tenefüssüz çalıştık.	We worked four hours without a break.
Bugün çok halsizim.	I'm very weak/faint. ('Conditionless) today.
Sensiz gitmém.	I won't go without you.
Kahvesíz çaysız kahvaltı etméz.	[He] doesn't have breakfast without coffee or tea.
Bülentsiz bir şey almám.	I won't buy a thing without Bülent.
Kalemsíz kitapsız kaldık.	We were left without books or pencils.

18.8 Various Expressions with {-lí} and {-síz} Sample Sentence Drill

Senli benlí olduk.	We got very informal/familiar/ intimate.
Sağlí sollu büyük binalár var.	There are big buildings on both sides.
Müsaadelí müsaadesíz gelirler.	They come any old time (with or without permission).
Zamanlí zamansíz gelir.	He comes at any time (without regard to proprieties).
Yollú yolsuz konuşur.	She talks loosely (without regard to propriety).

18.9 Narrative: (Letter)

İstanbuldan Ankaraya kuşetliyle gittim. Seyahatım 13-14 saat sürdü ve gayet rahat geçti. Sabahleyin vagon restoranda kahvaltı ettim. Kahvaltıda simit yedim, çay içtim. Saat dokuzda Ankaraya geldik. Ali bey beni bekliyordu, beni arkadaşı Bülent beyle tanıştırdı. Bu akşam biraz dinleneceğim. Yarın da Ali beyin bir çok arkadaşiyle tanışacağım. Şimdilik haberlerim bu kadar.

                   Selâmlar[1],

                     John

Substitute biz, o, and onlar for ben in this letter.

---

[1] selâm - greeting

UNIT 19

19.0   Dialog: 'Nejat's Father is Ill'

-Ali-

dün	yesterday
Nejat	Nejat (proper name-male)
gidiyormuş	[he] is going (it is said)

Dün akşam Nejat telefon etti.   Nejat called last evening.
(He says) he is going to
Ankaraya gidiyormuş.   Ankara.

-Bülent-

için	for, on account of
niçin/ne için	why? what for?

Niçin?   What for?

-Ali-

işitmek	to hear
duymak	to hear, to feel, to sense

Sen işitmedin mi? /Sen duymadın mı?   Didn't you hear?

-Bülent-

Neyi?   What?

-Ali-

telgraf	telegram
almış	[he] has received (it is said)

Dün bir telgraf almış.   Yesterday he got a wire.

baba	father
ağır	heavy, serious, slow
hasta	sick, patient
eski	old, ancient

eskidén   formerly

Babası ağír hastaymış. Biliyor-   His father is (reportedly)
                                                       seriously ill. You know he
sun eskidén de hastaydı.   was sick before.

                        -Bülent-

    tevekkeli değíl   [it is] not surprising

    démin   just now, a moment ago

    acelé   quick, hurry, hasty, rush

    acelé acele   in a hurry

Tevekkeli değíl, ben de demin   No wonder! I saw him just
                                                       now on the street. He was
yoldá gördüm. Acelé acele gidi-   in a rush.

yordu.

                        -Ali-

    söylemék   to say, to tell

Bir şey söyledí mi?   Did he say anything?

                        -Bülent-

    selám   greeting

    selám vermek   to greet, to salute

    hareket   departure, movement,
                                                       behavior

    hareket etmek   to act, to move, to depart

Háyır! Yalnız selám verdi. Né   No, he just greeted [me].
                                                     When is he leaving for Ankara?
zaman Ankaraya hareket ediyor?

                        -Ali-

    dérhal   at once, immediately

    söylemíşti   [he] had said

Telefonda dérhal hareket edeceğini

söylemişti.

He told me ('had told me') on
the phone that he was going
to leave at once.

-Bülent-

gördüğüm zaman

when I saw ('my having
seen time')

istasyón

station

Ben gördüğüm zaman |hérhalde |is-

tasyoná gidiyordu.

He was probably on his way
to the station when I saw him.

-Ali-

Hérhalde.

Probably.

19.1 Vocabulary Drills: Sample Sentence Drills

a) ağir, 'seriously, heavy, slow'

Babası ağir hasta.	His father is seriously ill.
Biraz ağir işitiyor.	He doesn't hear very well.
Bu masa çók ağir.	This table is very heavy.

b) ağir ağir, 'slowly, ploddingly, heavily'

Tren ağir ağir haraket etti.	The train started up very slowly.
Lütfen ağir ağir konuşun.	Please speak quite slowly.
Ağir ağir tercüme ediyordu.	He was translating very slowly.

c) acelé acele, 'hurriedly, in a rush'

Acelé acele néreye gidiyorsun'	Where are you going in such a hurry?
Acelé acele tercüme ediyordu.	He was translating very hurriedly.
Acelé acele okur.	She reads rapidly.

d) demin, 'just now, a moment ago'

Demin babanızí gördüm, biraz konuştúk.	I just saw your father [and] we chatted a bit.

Demin otele gittim, Ahmetle tanıştırdılar. — I went to the hotel a little while ago [and] they introduced [me] to Ahmet.

Demin söyledim; duymadın mı? — I just said [it]. Didn't you hear?

e) hareket etmek, 'depart, leave, set out'

Yarın Ankaraya hareket ediyorum. — I'm leaving for Ankara tomorrow.

Nezaman hareket edeceksiniz? — When are you going to start?

Tren biraz sonra hareket edecek. — The train will start a bit later.

Ahmet yarın İstanbula hareket ediyor. — Ahmet is off to Istanbul tomorrow.

f) hareket etmek, 'act, behave'

Çok iyi hareket ettiniz. — You behaved very well.

Oraya gitmekle'hiç iyi hareket etmedi. — He didn't do very well at all in going there.

Söylememekle'iyi hareket etti. — He did well not to say.

g) selâm vermek, 'greet'

Bana selâm verdi. — He greeted me.

Hiç selâm vermez. — He doesn't greet at all.

h) selâm söylemek, 'to express [one's] regards'

Arkadaşlara selâm söyleyin. — Say hello to [my] friends.

Babana selâm söyle. — Give my best to your father.

Ankarada Aliyi göreceksiniz,

   benden çok selâm söyleyin. — You'll see Ali in Ankara [so] tell him 'Hello' for me. (... tell [him] lots of greetings from me.')

Arkadaşlar selâm söylediler. — [Your] friends sent their regards.

Ahmet size selâm söyledi. — Ahmet sent you [his] regards.

i) gördüğüm zaman, 'when I see, when I saw'

Ben Aliyi gördüğüm zaman,

   kahvaltı ediyordu. — When I saw Ali he was having breakfast.

Sizi gördüğüm zaman, telefon

   ediyordunuz. — You were phoning when I saw you.

Hasanı gördüğüm zaman, ona

  söylerim.

Dün onu gördüğüm zaman, bana

  selâm verdi.

Otelin önünde bir taksi gör-

  düğüm zaman, çók memnun oldum.

Babanızı orada gördüğüm zaman,

  çók memnun oldum.

When I see Hasan I'll tell him.

When I saw him yesterday, he
  greeted me.

When I saw a cab in front of the
  hotel, I was very pleased.

I was very pleased when I saw your
  father there.

19.2 Note: The 'Presumptive' Enclitic {-(y)mış}

    Ánkaraya gidiyormuş.

    Babası ağír hastaymış.

He's going to Ankara (he says).

His father is (reportedly) seri-
  ously ill.

The unstressable enclitic {-(y)mış} is a form of 'imek' parallel in its

patterning to {-(y)dı} (See 15.5). It is an 'additional information suffix'

to the predicate. The meaning is that the action, state or item reported by

the predication is something which the speaker does not know of his own per-

sonal experience - something which has been alleged or reported to him by

another person or which he has deduced from circumstantial evidence. When the:

is no personal suffix to the predication (that is, when there is a 'third pers(

reference) this matter of being reported, alleged, or deduced is quite straight

forward. Thus Ánkaraya gidiyor means that the person referred to is going to

Ankara and that the speaker himself has definite personal knowledge that this

person is taking this action. On the other hand, Ánkaraya gidiyormuş means th:

the speaker has been told by the person referred to or someone else that a tri

to Ankara is taking place, but that the speaker has no evidence other than thi:

Like other 'additional information' suffixes to predicates, this suffix may be

added to nouns, verbal nouns, participles, etc. - in short, to anything which

functions as predicate in a Turkish sentence. Note: Hastáymış   '[He is] re-
portedly ill.' The suffix {-(y)mış} does not tell anything about the time of
the reported action which may be past, present or future. {-(y)mış} has an
independent literary form, seldom heard in speech, /imiş/. The interrogative
suffix {-mı} precedes {-(y)mış}:

> Hastá mıymış   Is he sick?

19.3 Note: Participle with Suffix {-míş}

> Dün akşam Neját telefon etti.   Nejat called last evening.

> Dün bir telegráf almış.   He (reportedly) received a
>   wire yesterday.

Both of these sentences are translated with English past tense forms. The
form with suffix {-dí } was described in 15.1 as 'attested past'. The form
with suffix {-míş} and without any 'additional information' suffix (except
personal suffixes) is a 'reported past'. Thus this form is at once a past -
like /aldí/ 'got' and a reporting of something outside the speaker's personal
experience like the forms with {-(y)mış} described above in 19.2. Thus /almış/
is 'reportedly got'.

{-míş} is a stressable suffix and occurs suffixed only to verb bases or
stems to make a participle parallel in usage to forms with {-(í)yor} {-(á,í)r},
{-(y)ácák} and others yet to be introduced. When this participle occurs in any
use other than as a predicate, or when it occurs as a predicate but with an
additional information suffix other than a personal suffix, it does not have a
meaning of reported action and is a 'perfect participle' indicating that the
action is finished. We have seen the word /dolmúş/ meaning a jitney cab run-
ning a regular route on an irregular schedule. This word is from the verb
/dolmák/ 'to become full' and is the perfect participle meaning 'has become
full' or simply 'full'. A 'dolmúş' does not start until it has filled up.

The interrogative suffix {-mı} follows {-mı́ş}:

Telgraf almı́ş mı?   Has he reportedly gotten a wire?

The suffixes {-(y)mış} and {-mı́ş} are among the most difficult to use

correctly in Turkish. Note especially these points:

1. {-(y)mış} always refers to actions, states or items which are outside

the experience of the speaker - reported, alleged or inferred. It does not

tell anything about the time of the predication. It is suffixed to any kind

of predicate. It is unstressable.

2. {-mı́ş} always refers to perfected or finished action and is trans-

lated by an English past or perfect form. It is suffixed only to verb stems

and forms a participle which may be used in functions other than as predicate.

If this suffix, used as predicate, has no 'additional information' suffix added

to it besides personal suffixes it borrows from {-(y)mış} its meaning of 're-

portedly, allegedly, or apparently' and thus has <u>two separate elements of</u>

<u>meaning</u> - past (perfect) and reported. This is the only suffix of common use

in Turkish which often occurs with two separable meaning elements. It is a

stressable suffix. Compare the sentences:

    1. Gidı́yor.   [He is] going.

    2. Gidı́yormuş.   [He is/was] reportedly going.

    3. Gittı́.   [He] went.

    4. Gitmı́ş   [He] reportedly has gone/went.

    5. Gitmı́ştir.*   [He] has gone. [He] must have gone.

    6. Gitmı́şti.   [He] had gone.

    7. Gitmı́şmiş   [He] reportedly had gone.

*This additional information suffix {dır} has not yet been explained. Its

function here is largely to remove the 'reportedly' meaning of {-mı́ş} without

changing the time.

From comparison of these sentences it can be seen that (4) is the only one in which a single suffix has two distinct elements of meaning. In (7) however, there is no second past element({-(y)mış}normally has no time) but this sentence does contrast with (4) in being past perfect in time and still having the 'reportedly' meaning element. Thus in sentence (7) there are three elements of meaning - perfect, reportedly, and past - and only two suffixes.

In all examples thus far, these suffixes have occurred without first or second personal suffixes. When personal suffixes do occur, the meaning is in general that the action or state (on 'my' part or on 'yours') is reported or alleged by some third person, often mistakenly. Thus, especially with the first person suffix, the use of these forms often indicates surpirse:

Hastaymışım.   I'm allegedly sick!

Use of these forms with first and second person suffixes will be introduced and drilled later in this course.

19.4 Questions on the Dialog and Related Questions for Discussion:

1. Dün akşam Aliye kim telefon etmiş?

2. Kim Ankaraya gidiyormuş?

3. Nejat Ankaraya niçin gidiyormuş?

4. Ankaraya nezaman hareket edecekmiş?

5. Nejat yolda Bülentle konuşmuş mu?

6. Nejat acele acele nereye gidiyormuş?

7. Nejadın babası nerede oturuyormuş?

8. Babanız sağ mı?

9. Babanız nerede oturuyor?

10. Siz hiç Ankaraya gittiniz mi?

Continue the discussion by asking fellow students or the teacher a question and then reporting the answer to another.

For example:

Student A (to Student B)   Babanız sağ mı?

Student B (to Student A)   Even, sağ.

Student A (to Student C)   Babası sağmış.

Review the questions of previous units and invent other questions to use in this way for practice with {-(y)mış}.

19.5 Grammar Drills on {-míş} 'Reported Past' without Personal Suffix. Sample Sentence Drills

a)
Ahmét bey de gitmek istemiş.   (Reportedly)   *Ahmet also wanted to go.

Çók iyi tercüme etmiş.   "   He translated/has trans-
                                                        lated very well.

Dersé başlamış.   "   He has started the class.

İyí bir otel bulmuş.   "   He found/has found a good
                                                        hotel.

Sizi postahanedé görmüş.   "   He saw/has seen you at the
                                                        postoffice.

Ó kitabı okumuşlar.   "   They read/ have read that
                                                        book.

Bize gelmék istemişler.   "   They wanted to visit us.

Parayı göndermislér.   "   They sent/have sent the
                                                        money.

Béş dakika gecikmişlér.   "   They were five minutes late.

Bunu sizé söylemişler.   "   They told/have told you this.

b) {-ma} + {-míş}

Benzin álmamış.   "   He didn't buy/hasn't bought
                                                        gasoline.

---

* Often 'apparently', 'allegedly', 'evidently', 'it is said' and the like placed at different places in the translations will make them more meaningful.

Bunu anlámamış.	(Reportedly)	He didn't understand/hasn't understood this.
Ona yardım étmemiş.	"	He didn't help/hasn't helped him.
İngilizce konuşmak istémemiş.		He didn't want to speak English.
O kitabı okúmamış.	"	He didn't read/hasn't read that book.
Kapıyı áçmamışlar.	"	They didn't open/haven't opened the door.
Parayı göndérmemişler.	"	They didn't send/haven't sent the money.
Oraya gítmemişler.	"	They didn't go/haven't gone there.
Bunu ona söylémemişler.	"	They didn't tell/haven't told him this.
Derse başlámamışlar.	"	They didn't start/haven't started the lesson.

c) Repeat the sentence of (a) and (b) with the interrogative suffix {-mı} .

19.6 Grammar Drills on {-(y)mış} :

a) {-(y)ácák} + {-(y)mış} Reported future (in present or past)

Bú akşam gelecekmiş.	(Reportedly)	He's going to come this evening.
Dün akşam gelecékmiş ama ólmamıs.	"	He was going to come last evening, but it didn't work out.
Bunu ona yárın söyleyecekmiş.	"	He is going to tell him this tomorrow.
Bunu ona dün söyleyecekmiş, söylémemiş.	"	He was going to tell him this yesterday [but] didn't.
Yárın akşam size telefon edecekmiş.	"	He's going to call you tomorrow night.
Dün akşam size telefon edecekmiş, zamanı yokmuş	"	He was going to call you last evening [but] didn't have time.

Yarın bana yardım edeceklermiş.	(Reportedly)	They're going to help me tomorrow.
Dün bana yardım edeceklermiş ama gecikmişler.	"	They were going to help me yesterday but they were late.
Bugün bize yolu tarif edeceklermiş.	"	They're going to explain the route to us today.
Dün bize yolu tarif edeceklermiş ama bilmiyorlarmış.	"	They were going to explain the route to us yesterday, but they didn't know it.
Yarın sabah bize haber vereceklermiş.	"	They're going to let us know tomorrow morning.
Dün sabah bize haber vereceklermiş, fakat telefonumuz çok meşgûlmüş.	"	They were going to let us know yesterday morning, but our phone was constantly busy.
Şimdi bir taksi tutacaklarmış.	"	They're going to engage a taxi now.
Dün bir taksi tutacaklarmış ama paraları yokmuş.	"	They were going to engage a cab yesterday but they didn't have money.

b) {-ma} + {-(y)acák} + {-(y)mış}

Bu akşam gelmeyecekmiş.	"	He isn't coming this evening.
Dün akşam gelmeyecekmiş ama gelmiş.	"	He wasn't going to come last evening but he came.
Bunu ona hiç söylemeyecekmiş.	"	He isn't going to say anything to him about this.
Bunu ona hiç söylemeyecekmiş ama söylemiş.	"	He wasn't going to say anything to him about this but he did.
Yarın orada İngilizce konuş- mayacakmış.	"	He's not going to speak English there tomorrow.
Dün orada İngilizce konuşmayacakmış, fakat Türkçe bilmiyorlarmış.	"	He wasn't going to speak English there yesterday but they didn't know Turkish.

Zaten gítmeyecéklermiş.	(Reportedly)	They aren't going to go anyway.
Dün zaten gítmeyeceklermiş.	"	They weren't going to go yesterday anyway.
Bugün Aliyi görmeyeceklermiş.	"	They aren't going to see Ali today.
Dün Aliyi görmeyeceklermiş ama Ali onlará gitmiş.	"	They weren't going to see Ali yesterday but Ali went to visit them.
Kitabı tercüme étmeyeceklermiş.	"	They aren't going to translate the book.
Kitabı tercüme étmeyeceklermiş ama etmişlér.	"	They weren't going to translate the book but they did.

c) Repeat only the one-clause sentences of (a) and (b) with the interrogative
    suffix {-mɪ} .

d) {-(á,í)r} + {-(y)mɪş} - habitual

İyí Türkçe konuşurmuş.	"	He speaks Turkish well.
Eskiden iyí Türkçe konuşurmuş.	"	He used to speak Turkish well. ('He spoke... formerly.)
Çók kitap okurmuş.	"	He reads a lot of books.
O zaman çók kitap okurmuş.	"	At that time he used to read a lot of books.
Hergün gelirmiş.	"	He comes late daily.
Eskiden hergün gelirmiş.	"	He used to come late daily.
Herşeyi habér verirmiş.	"	She reports everything.
Eskiden herşeyi habér verirmiş.	"	She used to report every-thing.
O zamanlar herşeyi habér verirmiş.	"	[In] those days she would report everything.
Oraya gitmek üç saat sürermiş.	"	It takes three hours to go there.
Eskiden oraya gitmek üç saat sürermiş.	"	Formerly it took three hours to go there.

Hér zaman oradan benzin alırlarmış.	(Reportedly)	They always buy gas from there.
Eskiden hér zaman oradan benzin alırlarmış.	"	Formerly they always bought gas from there.
Aliye para gönderirlermiş.	"	They sent Ali money.
O zaman Aliye para gönderirlermiş.	"	At that time they used to send Ali money.
Derse saat sekizdé başlarlarmış.	"	They start class at eight o'clock.
Eskiden derse saat sekizdé başlarlarmış.	"	They used to start class at eight o'clock.

e)   {-maz} + {-(y)mış}

Hiç gülmézmiş.	"	He doesn't laugh at all.
Eskiden hiç gülmézmiş.	"	He didn't used to laugh at all.
Aliye yardım etmézmiş.	"	He doesn't help Ali.
O zaman Aliye yardım etmézmiş.	"	At that time he didn't help Ali.
Lokantaya gitmézmiş.	"	He doesn't go to restaurants.
Eskiden lokantaya gitmézmiş.	"	Formerly he wouldn't go to restaurants.
Kahvaltıda çay içmezlérmiş.	"	They don't drink tea at breakfast.
Eskiden kahvaltıda çay içmezlérmiş.	"	They didn't used to drink tea at breakfast.
Dolmuşla gitmezlérmiş.	"	They don't go by dolmuş.
Eskiden dolmuşla gitmezlérmiş.	"	They didn't used to go by dolmuş.
Eskiden sefarethaneyi bilmézlermiş.	"	They didn't used to know the embassy [building].

f) Repeat the sentences of (d) and (e) with the interrogative suffix {-mı}.

g) Repeat the sentences of (d), (e) and (f) using {-(í)yor} in place of
{-(á,í)r} and {-míyor} in place of {-máz} . The meanings of the sentences are
the same.

h) {-(í)yor} + {-(y)mış} Momentary. (When a particular time is specified
this form is momentary - otherwise habitual [see (g) above].)

Ahmet şimdi otelé gidiyormuş.	(Reportedly)	Ahmet is going to the hotel right now.
Bú sabah Ahmedi gördüğüm zaman otelé gidiyormuş.	"	When I saw Ahmet this morning he was going to the hotel.
Aliyi gördüğüm zaman sizí bekliyormuş.	"	When I saw Ali he was waiting for you.
Ahmetle Ali şimdi otelé gidiyorlarmış.	"	Ahmet and Ali are now going to the hotel.
Bú sabah onları gördüğüm zaman otelé gidiyorlarmış.	" "	When I saw them this morning they were going to the hotel.

i) Change the sentences of (h) into negatives.

j) {-(y)mış} with other predicates (non-verbal):

Bugün meşgúlmüş.	"	He's busy today.
Dün meşgúlmuş.	"	He was busy yesterday.
Eskiden meşgúlmüş.	"	He used to be busy.
O zamanlar meşgúlmüş.	"	He was busy in those days.

Substitute in the sentences above for meşgúl:

     rahatsíz, iyí, búrada, hastá, memnún

k) Repeat the sentences of (j) with the negative /değil/.

l) Repeat the sentences of (j) and (k) with the interrogative suffix {-mı} .

19.7 Drill on {-míş} + {-(y)dí} 'Pluperfect'

a)

Aliyi Türkiyede görmüştüm.	I had seen Ali in Turkey.
Onunla konuşmúştum.	I had talked with him.
Bení beklemiştin.	You had waited for me.
Búraya gelmişti.	He had come here.
Bize adrés vermişti.	He had given us the address.
Orada çók çalışmıştık.	We had worked very hard there.
Onunla partidé tanışmıştık.	We had gotten to know him at a party.
Ahmedi bana síz takdim etmiştiniz.	You had introduced Ahmet to me.
Yolu bize síz tarif etmiştiniz.	You had been the one who described the road to us.
Kitaplarını kapamışlárdı.	They had closed their books.
Kapıyı açmışlárdı.	They had opened the door.

b) Repeat the sentences of (a) in the negative.

c) Repeat the sentences of (a) and (b) with the interrogative suffix {-mı}.

19.8 Review Drill on {-(á,í)r} + {mı} + {-sıníz}
      Sample Sentence Drill

   'Would you [please]...',   'Will you [please]...'

Bana da haber verír misiniz?	Would you [please] let me know also?
Kitaplarınızı kapár mısınız?	Will you [please] close your books?
Bize telefon edér misiniz?	Will you [please] call us?
Beş dakika beklér misiniz?	Would you [please] wait five minutes?
Şimdi tercüme edér misiniz?	Will you [please] translate now?
Bu kitabı buradan alír mısınız?	Will you [please] take this book away from here?
Bunu ona gönderír misiniz?	Will you [please] send this to him?
Lütfen bana yardım edér misiniz?	Would you please help me?
Konsolos beye sorár mısınız?	Would you ask the consul [please]?
Bana yolu tarif edér misiniz?	Could you [please] direct me?

UNIT 20

20.0 Dialog: 'Let's Send Our Best Wishes'

-Bülent-

Nejadın babasını tanír mısın?   Do you know Nejat's father?

-Hasan-

    kıymét   value, worth

    kıymetlí   valuable, worthy

    adám   man

    adámdır   [certainly] is a man

    eé   well..., so...

Tanírım; çók kıymetli bir adamdır.   I do. He's certainly a worthy
                                                 man. Well...what happened
  Eé, né olmuş?   [to him].

-Bülent-

Ağır hastaymış.   He's seriously ill.

-Hasan-

    yazík   too bad! a pity

    üzmék   to disturb, to worry

    üzülmék   to be concerned, to be
                                                 worried

    tuháf   strange, peculiar

    düşünmék   to think, to think of

Yazík! Çók üzüldüm. Tuhaf değíl   Too bad! I'm awfully sorry
                                                 (I'm much concerned). Isn't
  mi? Ben de bugün Nejadí düşünüyordum.   it strange? And I was just
                                                 thinking of Nejat today.

-Bülent-

Üzülecék bir şey   a thing to worry over

Ó kadar üzülecek bir şey yok,　　　　There's nothing to be that
　　　　　　　　　　　　　　　　　concerned about, don't worry.
üzülme. İnşallah iyi olur.　　　　　God willing he'll get well.

　　　　　　　　　　　-Hasan-

İnşallah!　　　　　　　　　　　　　I hope so!

　　bári　　　　　　　　　　　　　　　how about, why not, at
　　　　　　　　　　　　　　　　　　least, might as well

　　hatír　　　　　　　　　　　　　　sake, well being, feeling

　　sormák　　　　　　　　　　　　　to ask

Bari bú akşam telefónla　　　　　　　Let's at least call up tonight
　　　　　　　　　　　　　　　　　and ask how he is (inquire his
　hatırıní soralım.　　　　　　　　　well being by phone).

　　　　　　　　　　　-Bülent-

Çók iyi olur. Saat sekizde　　　　　That would be very good. We'll
　　　　　　　　　　　　　　　　　telephone at eight o'clock.
　telefon edériz.

20.1 Vocabulary Drills

a) <u>tanımak</u> 'to know, to be acquainted with' Random Substitution-Correlation Drill

Cue	Pattern	
	Nejadın babasını tanírım.	I know Nejat's father.
(sen)	<u>Nejadın babasını</u> tanírsın.	
Ahmet	Ahmedi tanír<u>sın</u>.	
(o)	<u>Ahmedi</u> tanír.	
Hasanın şöförü	Hasanın şoförünü tanír__.	
(Biz)	<u>Hasanın şoförünü</u> tanírız.	
Onları	Onları tanír<u>ız</u>.	
Ahmet	Ahmet <u>onları</u> tanír.	
Benim babam	<u>Ahmet</u> benim babamı tanír.	
(Siz)	Benim babamı tanírsınız.	

b)   Repeat the sentences of (a) in the negative.

c)   Repeat the sentences of (a) with the interrogative {-mı} .

d)   <u>tanımak</u> 'to recognize' Sample Sentence Drill

Ahmedı dérhal tanıdım.	I recognized Ahmet at once.
Beni tanímadınız mı?	Didn't you recognize me?
Áffedersiniz, sizi tanímadım.	Pardon me, I didn't recognize you.
Bizi tanímamış.	He evidently didn't recognize us.
Bu yolu tanıdín mı?	Do you recognize ('did you come to know') this road?
Sizi tanímamışlar.	They apparently didn't recognize you.
Kitabı dérhal tanıdık.	We recognized the book at once.

e)   <u>tanımak</u> 'to meet, to get to know' Random Substitution Drill

Cue	Pattern	
	Onu bir partidé tanımış.	He allegedly got to know her at a party.
Ahmedi	Ahmedi <u>bir partidé</u> tanımış.	
İstanbulda	Ahmedi İstánbulda <u>tanımış</u>.	
tanımıştım	Ahmedi <u>İstánbulda</u> tanımıştım.	I had gotten to know Ahmet in İstanbul.
sizde	<u>Ahmedi</u> sizdé tanımıştım.	
Alinin babasını	Alinin babasını sizdé <u>tanımıştım</u>.	
tanıdım.	<u>Alinin babasını</u> sizdé tanıdım.	
Arkadaşınızı	Arkadaşınızı sizdé tanıd<u>ım</u>.	
Biz	Arkadaşınızı <u>sizdé</u> tanıdık.	
bir kokteyl'de	<u>Arkadaşınızı</u> bir kokteyl'dé tanıdık.	
Nejadı	Nejadı bir kokteyl'dé tanıd<u>ık</u>.	
Siz	Nejadı <u>bir kokteyl'dé</u> tanıdınız.	
bizde	Najadı bizdé <u>tanıdınız</u>.	
tanımıştınız	Nejadı bizdé tanımıştınız.	

f) <u>bilmek</u> 'to know [a language]' Multiple Substitution Drill

Türkçe	biliyormuş.
İngilizce	bilmezmiş
Fransızca	biliyorlar.
Almanca	bilir.
İspanyolca	biliyór musunuz?
	bilmiyorum.
	bilmem.

g) <u>bilmek</u> 'to know [a fact]' Multiple Substitution Drill

Konsolosluğun adresini	bilmiyorum.
Ahmedin otelini	biliyór musun?
Otelin ismini	bilmiyorlarmış.
Yolu	bilmez.
Otelin yolunu	bilmeyiz.
	bilmez mi?

h) <u>üzülmek</u> 'to be concerned, to feel sorry about, to be upset'
Sample Sentence Drill

Sabáhleyin gitmişler, onları görmedim; çók üzüldüm.

> They apparently left in the morning [and] I didn't see them [so] I'm very sorry.

Hiç parası yók, yazík; çók üzülüyor.

> It's too bad; he has no money [and] he's very worried.

Randevularına gecikmişlér; çók üzülmüşler.

> They were apparently late to their appointment [and] were very much upset.

Postahaneyi kapamışlár, acelé telgraf gönderecekti; çók üzüldü.

> They closed up the postoffice [when] he was going to send an urgent wire [and] he was quite disturbed.

Bize haber vérmediler; üzüldük tabii.

> They didn't let us know [and] we were naturally disturbed.

216

Size söylémediler; buna çok üzüldünüz, değil mi?

> They didn't tell you [and] you were quite bothered by this weren't you?

İstánbula gidecek, hiç Türkçe bilmiyor; çok üzülüyor.

> He's going to Istanbul [and] doesn't know any Turkish [so] he is
> quite concerned.

Ucuz otel yókmuş; çok üzülmüşler.

> There is/was no inexpensive hotel [and] they apparently are/were
> quite concerned.

i) <u>üzülmek</u> and <u>merak etmek</u> 'to worry about something'
   Sample Sentence Drill

Hastáymış; çok üzüldüm.	He's reportedly ill; I'm very worried.
Hastáymış; çok merak ettim.	
Babam biraz rahatsíz; üzülüyoruz.	My father is a bit ill, we're concerned.
Babam biraz rahatsíz; merák ediyoruz.	
Üzülme; biraz sonra gelír.	Don't worry, he'll come in a little while.
Merak étme; biraz sonra gelír.	
Hiç bu kadar gecikmézdi; çok üzülüyorum.	She never was this late, I'm really worried.
Hiç bu kadar gecikmezdi; çok merak ediyorum.	

j) <u>merak etmek</u> 'to be curious, to wonder' Sample Sentence Drill

Çok merak ediyorum; acaba Türkçe biliyór mu?

> I'm very curious - do you suppose he knows Turkish?

Acaba parti násıl oldu; çok merak ettik.

> We're very curious about how the party turned out.

Babasını çok merak ediyorum; acaba násıl bir adam?

> I'm very curious about his father - what kind of a man do you
> suppose he is?

k) <u>üzmek</u> 'to worry, to disturb' Sample Sentence Drill

Babanı o kadar üzme.	Don't bother your father so much!
Sen üzülüyorsun; bení de üzüyorsun.	You're worried [and] you're worrying me.

Arkadaşlarını çok üzer.   She upsets her friends a lot.

Gecikíyor; sizi üzüyor değíl mi?   He comes late [and] he worries
                                            you, doesn't he?

Áffedersiniz; sizi çok üzdük.   Excuse us, we've given you
                                            much cause to worry.

1) bári 'at least, might as well' Sample Sentence Drill

O çok pahalı; bari bunú alalım.

    That's very expensive, we'd better take this.

Partiye gítmiyeceğiz, bari sinémaya gidelim.

    [Since] we're not going to the party, let's at least take in a movie.

Taksi bulámadık; bari dolmúşla gidelim.

    We haven't been able to find a cab [so] we might as well take a dolmuş.

Tercüme étmiyorsunuz; bari okúyun.

    [As] you aren't translating, at least read [it].

Kahvaltı étmiyorsun; bari bir çáy iç.

    You're not having breakfast [but] at least drink a cup of tea!

m) tuháf 'strange, peculiar' Sample Sentence Drill

Çók tuhaf bir adam.   [He's] a strnage man!

Tuháf şey!   What a weird thing!

Biraz tuháf konuşuyor.   He talks a little strangely.

Tuháf konuştu, değíl mi?   He talked funny, didn't he?

Tuháf şeyler söyledi.   He said some peculiar things.

Tuháf bir şey oldu.   A funny thing happened.

n) kıymetli 'valuable, worthy' Sample Sentence Drill

Ahmet kıymetlí bir arkadaştır.   Ahmet is surely a valuable
                                            friend.

Bülent beyin çók kıymetli şeyleri var.   (Mr.) Bülent has very valuable
                                            posessions.

Bu saat çók kıymetli.   This watch is very valuable.
                                            (Or: This hour is very
                                                precious.)

o) <u>hatır sormak</u> 'to ask after [someone]', 'to inquire after [someone's]
   well being' Multiple Substitution Drill

Hatırını	sordu	He asked after her./He asked how she was.
Hatırınızı	sordular	They asked.......
Hatırlarını	sorar	He'll ask........
Hatırımı	soracaklar	They're going to ask.......
	sormuş	He reportedly asked.......
	soruyor	He's asking.......
	sormaz	He wouldn't ask.../He won't ask...

20.2 Questions on the Dialog and Related Questions:

1. Nejadın babasını tanıyór musunuz?

2. Násıl bir adammış?

3. Nejadın babasına né olmuş?

4. Hasanla Bülent telefonla kimín hatırını soracaklar.?

5. Saat kaçtá telefon edecekler ?

6. Bülent'i tanír mısınız?

7. Onunla nérede tanıştınız?

8. Bu masa çok ağír mı?

9. Kimín babası ağır hasta?

10. Hasan bugün kimí düşünüyormuş?

20.3 Note: Suffix {-dır}

Kıymetlí bir adamdır.   He's certainly a worthy man.

The unstressable suffix {-dır} is an additional information suffix to

predicates. It may follow most of the other additional information suffixes

including personal suffixes but is generally present or general in time and

does not follow {-(y)dı} . It most commonly occurs, however, without any other

additional information suffix and has frequently been described as a third personal suffix with meaning 'he/she/it is'. Its meaning actually is to emphasize the termination of the predicate - to say, in effect, 'period'. The use of this suffix in speech, where a falling intonation is usually sufficient to indicate the end of the predication, is quite limited.

{-dır} is most common after noun predicates without any other suffix. It is commonly used, therefore, in sentences which we translated into English with a subject, the verb 'be' and a predicate complement - adjective or noun. The example sentence is translated 'He__ is ___ a valuable man'. In the Turkish, however, there is nothing to represent either 'he' or 'is' and a more literal translation is therefore 'A valuable man - period'. From this we understand that some third person is being described as a valuable man, that this is a complete predication - a sentence - and that nothing else is going to be said. It is emphatic and our translation using 'certainly' or 'surely' renders the meaning quite properly.

In questions with {-mı} or in sentences with verb forms or with nouns which have relational suffixes (translated by prepositions) {-dır} is relatively rare. The following are possible but not common utterances:

Ankara palas pahalídır.	'The Ankara Palace is sure expensive.'
Otel nérededir?	'Where is the hotel?'
Ahmet gidecéktir.	'Ahmet is surely going to go.'

After the participle with {-mış} this suffix has the function of removing the reported meaning so that:

Ahmet gitmíş.   means   Ahmet has allegedly gone.

while:

Ahmet gitmiştir.   means simply   Ahmet has gone/Ahmet must have gone.

This form is very common in writing, especially in newspaper style, less common in speech. When used in speech it has commonly meaning #2, which results from the sense of {-dır} outlined below.

In English the use of an emphatic expression such as 'surely' is frequently
an indication of indecision or unsureness on the part of the speaker. Thus
'The book is on the table.' is a more definite statement than 'The book is
surely on the table.' which has a sense of 'ought to be'. This same feature is
noticeable in Turkish in the use of {-dır} . Thus the sentence: <u>Kitap másada</u>
is more definite than <u>Kitap másadadır</u> which implies that it should be there.
This kind of unsureness is frequent in Turkish in conjunction with words like
<u>bélki</u> 'maybe' <u>inşallah</u> 'God willing, [one] hopes'. <u>hérhalde</u> 'probably' and the
like. See the drills below for examples of this structure. Since the use of
this suffix elsewhere is less common and optional, we drill here only its use
with such expressions.

20.4 Grammar Drills on {-dır} Following Certain Expressions of Probability

a) after <u>herhalde</u> 'probably' Sample Sentence Drill

Bú kitap herhalde iyídir.	This book is likely [to be] good.
Hérhalde buradan çok uzaktır.	It's probably very far from here.
Şimdi hérhalde biraz pahalídır.	Now its probably a bit expensive.
Hérhalde şimdi memnúndur.	She's probably pleased now.
Bugün hérhalde oteldédirler. (oteldelérdir)	They're in all probability at the hotel today.

b) verb forms after <u>herhalde</u>: {-mış} + {dır} Sample Sentence Drill

Hérhalde dün hareket etmişlerdir.	They probably started yesterday.
Hérhalde bizi görmüşlérdir.	They must have seen us.
Haberi hérhalde duymúştur.	He probably has heard the news.
Hérhalde işitmíştir.	She's probably heard [it].
Hérhalde Ahmede telefón etmiştir.	He has probably called Ahmet.
Herhalde benzin álmamışlardır.	They probably haven't gotten gasoline.

221

c) with <u>belki</u> 'perhaps'   Simple Substitution Drills

Belki	óradadır.	Perhaps he's there.
	o filmi bén de görmüşümdür.	" I too may have seen that film.
	bu otel ucúzdur.	" this hotel is cheaper.
	bu şoför iyi değíldir.	" this driver isn't good.
	partidé tanışmışsınızdır.	" you get acquainted at a party.

Belki	dolmuş yóktur.	Perhaps there is no dolmuş.
	taksi várdır.	" there's a taxi.
	gitmişlérdir.	" they've gone.
	gélmemiştir.	" he hasn't come.
	sizi görmemiştir.	" she didn't see you.
	tanímamıştır.	" he didn't recognize [it].
	duymuşlárdır.	" they've heard.

d) With <u>acaba</u> '[I] wonder'   Sample Sentence Drill

Acaba evdé mi [dir]?   I wonder if he's home?

Acaba Ahmet nérede [dir]?   I wonder where Ahmet is?

Acaba bu otel pahalí mı [dır]?   I wonder if this hotel is expensive?

e) With <u>inşallah</u> 'Hopefully'   Simple Substitution Drill

İnşallah	param várdır.	I hope I have money.
	hasta değíldir.	he's not sick.
	memnúndur.	she's pleased.
	raháttırlar.	they're comfortable.
	Türkçe bilíyordur.	he knows Turkish.
	beklíyordur.	she's waiting.
	kitap Túrkçedir.	the book is Turkish.
	çok beklémemişlerdir.	they haven't waited long.
	çalışmıştır.	he's studied.
	gecíkmemişlerdir.	they haven't been delayed.

İnşallah	İngilizce öğrenmiştir.	I hope he's learned English.
	iyisinizdir.	you're quite well.
	gecíkmemişimdir	I'm not late.

f) <u>inşallah</u> 'God willing' Sample Sentence Drill

Yarın inşallah sizé geleceğiz.
Tomorrow, (God willing), we'll come to see you.

İnşallah yarın akşam sinémaya gideceğiz.
(God willing) we're going to go to the movies tomorrow night.

Yarın sabah teléfon ederim, inşallah.
Tomorrow morning I'll telephone (God willing).

Tekrár görüşürüz, inşallah.
We'll see each other again (God willing).

İyí Türkçe konuşacağım inşallah.
I'm going to speak good Turkish. (God willing).

g) <u>muhakkak</u> 'surely' Sample Sentence Drill

Múhakkak köşede bir táksi vardır.
There must be a cab on the corner for sure.

Múhakkak yemek yemişlérdir.
They surely must have eaten.

Múhakkak telefonla habér vermiştir.
He surely must have let [him] know by phone.

Yazík, bizi múhakkak çók beklemişsinizdir.
Unfortunately you surely must have waited for us for a long time.

Aliyi múhakkak tanıyorsunuzdur.
You surely are acquainted with Ali.

h) <u>muhakkak</u> without {-dır} Sample Sentence Drill

Múhakkak geleceğiz.
We'll come for sure.

Söyléyin, múhakkak yapar.
Tell him, he'll do [it] for sure.

Yedide múhakkak telefón ederim.
I'll phone at seven without fail.

Múhakkak telgráf çekerim[1], merak étmeyin.
Don't worry, I'll send a wire for sure.

---

[1] çekmek - to pull, etc.
telgraf çekmek - to send a telegram

i) {-dır} Without Specific Words Expressing the Possibility
    Sample Sentence Drill

Ahmet, dönmüştür.   Ahmet must have come back.

Mektubunuzu dün almışlardır.   They surely got your letter yesterday.

Kitaplarını odasına bırakmıştır.   He must have left his books in his
                                    room.

Sizi sinemada görmüşlerdir.   They must have seen you at the movies.

Siz o filmi görmüşsünüzdür.   You must have seen that film [before].

Şimdi çalışıyordur.   He must be working now.

20.5 Narrative

    Nejadın babası çok iyi ve kıymetli bir adammış, Ankarada oturuyormuş. Dün

Nejada bir telgraf göndermişler. Telgrafta: 'Baban çok hasta acele gel' diyor-

larmış. Tabii Nejat çok üzülmüş ve derhal Ankaraya hareket etmiş. İstasyon

yolunda Hasan'ı görmüş ama konuşmamış, yalnız selâm vermiş, çünkü çok acele

gidiyormuş.

    Henceforth stress marks are used only in build-ups where stress is not on
the last syllable of the new word, in suffix formulas and in compounds or new
constructions where stress might be confusing to the student.

UNIT 21

21.0 Dialog: 'At the Station'

-Ahmet-

Merhaba efendim. İstanbula hoş   Hello, sir. Welcome to
                                                    İstanbul.
    geldiniz.

-John-

Merhaba, hoş bulduk. Nasılsınız?   Hello. Glad to be here.
                                                    How are you?

-Ahmet-

    böyle   like this, thus

Hamdolsun, iyiyim. Siz nasılsınız?   Thank goodness, I'm well.
                                                    How are you? Where [are
    Nereden böyle?   you coming] from (thus)?

-John-

Teşekkür ederim, Ankaradan dönüyorum.   (Thanks) [I'm fine]. I'm
                                                    returning from Ankara.

    eş   mate, husband, wife, peer

    karı, zevce   (wife)

    koca, zevç   (husband)

    çocuk   child, fellow

Eşiniz çocuklarınız nasıl?   How are your wife and children?

-Ahmet-

Teşekkür ederim, onlar da iyi.   Thank you, they're well too.

-John-

    biri, birisi   one, someone

    karşı   opposite, facing, across

    karşılamak   to welcome, to confront
                                                        to meet

karşılamağa gelmek	to come to meet
İstasyona birisini karşılamağa mı gelmiştiniz?	Had you come to the station to meet somebody?

-Ahmet-

tren	train
çıkmak	to come out, to come up to go out, to go up
Evet ama trenden çıkmadı.	Yes, but [he] hasn't gotten off the train.

-John-

bildirmek	to inform (to cause to know)
Ali de beni karşılayacaktı; bu trenle geleceğimi bildirmiştim.	And Ali was going to meet me. I informed him I was coming on this train.

21.1 Vocabulary Drills

a) çıkmak 'to come out, to go out' Sample Sentence Drill

Saat 1'de kapıdan çıktım.	I came out the door at one o'clock.
Saat üçte evden çıktık.	We left home at three o'clock.
Bu kâğıt[1], şu kitaptan çıktı.	This paper came out of that book.
Ahmet bu trenden çıkmadı.	Ahmet didn't get off this train.
Böyle nereden çıktınız?	Where'd you come from like this?
Bu da nereden çıktı?	And where did this come from?

b) çıkmak 'to go up' Sample Sentence Drill

Ahmet bu merdivenden çıktı.	Ahmet went up these stairs.

c) birisi 'someone' Sample Sentence Drill

Birisi telefon etti, sizi aradı.[2]	Somebody called [and] wanted you.

---

[1] kâğıt - paper
[2] aramak - to look for

Birisi geldi, sizi sordu.	Someone came [and] asked for you.
Sizi kapıda birisi bekliyor.	Somebody's waiting for you at the door.
Birisini gördüm, babamı sordu.	I saw someone [who] asked after my dad.
Kitabı birisine verdim.	I gave the book to somebody.

21.2 Questions for Discussion:

1. Ahmet bey istasyonda kimi gördü?

2. John nereden dönüyordu?

3. Ahmet beyin eşi ve çocukları iyiler miydi?

4. Ahmet bey istasyona ne yapmağa gitmişti?

5. Arkadaşı trenden çıktı mı?

6. Ali kimi karşılayacaktı?

7. John Aliye trenle geleceğini bildirmiş miydi?

8. Çocuklarınız var mı?

9. Kaç çocuğunuz var?

10. Eşinizin ismi ne?

11. Eşiniz nereli?

12. Eşiniz de Türkçe çalışıyor mu?

13. Eşinizi ve çocuklarınızı da Türkiyeye götürecek misiniz?

14. Selman isimli birisini tanıyor musunuz?

21.3 Note: Verbal Noun with Suffix {-(y)acák}

...bu trenle geleceğimi bildirmiştim. 'I (had) informed [him] [of] my being about to come by this train.'

This sentence exemplifies the 'future' or 'potential' verbal noun with suffix {-(y)acák} Together with the other verbal nouns to be discussed below, this form functions in Turkish to express ideas which in English are normally expressed by relative clauses. Thus, the example sentence above is more smoothly translated into English as 'I had told him that I was going to come on this train.

The verbal noun with suffix {-(y)ácák} occurs without further suffixes as
a modifier in such expressions as gelecek hafta 'next week', but is much com-
moner with possessed suffixes as in the example sentence above. With such
possessed suffixes, the verbal noun functions as subject, as direct object or
with any of the other 'relational' suffixes. See the drills below for examples
of these usages.

21.4 Grammar Drills on the Verbal Noun with Suffix {-(y)ácák}

a) As direct object. Random Substitution - Correlation Drill

Cue	Pattern	Translation
	Ne yapacağımı bilmiyorum.	I don't know what I'm going to do.
almak	Ne alacağımı bilmiyorum.	
(sizin)	Ne alacağınızı bilmiyorum.	
(o)	Ne alacağınızı bilmiyor.	
(onun)	Ne alacağını bilmiyor.	
görmek	Ne göreceğini bilmiyor ___.	
(siz)	Ne göreceğini bilmiyorsunuz.	
(bizim)	Ne göreceğimizi bilmiyorsunuz.	
söylemiyorsunuz	Ne göreceğimizi söylemiyorsunuz.	
(onlar)	Ne göreceğimizi söylemiyorlar.	
ısmarlamak	Ne ısmarlıyacağımızı söylemiyorlar.	
(onların)	Ne ısmarlıyacaklarını söylemiyorlar.	
içmek	Ne içeceklerini söylemiyorlar.	

b)   Random Substitution - Correlation Drill

Cue	Pattern	
	Ne verece<u>ğinizi</u> biliyor musunuz?	Do you know what (or how much) you're going to give?
(bizim)	Ne vereceğimizi <u>biliyor musunuz?</u>	
bilmiyorum	Ne vereceğ<u>imizi</u> bilmiyorum.	
(benim)	Ne <u>verece</u>ğimi bilmiyorum.	
almak	Ne alacağımı <u>bil</u>miyorum.	
söylemem	Ne alacağımı söyleme<u>m</u>.	
(o)	Ne alacağ<u>ım</u>ı söylemez.	
(sizin)	Ne alacağınızı <u>söylemez</u>.	
söylemiyecek	Ne alacağınızı <u>söyle</u>miyecek.	
sormıyacak	Ne alacağınızı <u>sormıyacak.</u>	
sormaz mısınız	Ne alacağ<u>ınız</u>ı sormaz mısınız?	
(onların)	Ne alacaklarını sormaz mısınız?	
bildirmez		
misiniz	Ne <u>al</u>acaklarını bildirmez misiniz?	
söylemek	Ne söyleyecek<u>ler</u>ini bildirmez misiniz?	
(bizim)	Ne söyleyeceğimizi bildirmez mi<u>siniz</u>?	
(biz)	Ne söyleyeceğimizi bildirmez miyiz?	

c)   Random Substitution - Correlation Drill

      Cue   Pattern

                  Nereye gideceğini bilme<u>z</u>.   He doesn't know where
                                             he's going to go.

(biz)   Nereye gidece<u>ğini</u> bilmeyiz.

(sizin)   Nereye gideceğinizi <u>bilmeyiz</u>.

bilirler   Nereye <u>gid</u>eceğinizi bilirler.

dönmek   Nereye döneceğinizi bilir<u>ler</u>.

(ben)   Nereye <u>dön</u>eceğinizi bilirim.

göndermek   Nereye göndereceğinizi <u>bilirim</u>.

söylemiyor   Nereye gönderece<u>ğinizi</u> söylemiyor.

(onun)   Nereye <u>gönder</u>eceğini söylemiyor.

oturmak   Nereye oturacağını söylemiyor--.

(onlar)   Nereye oturacağ<u>ını</u> söylemiyorlar.

(onların)   Nereye <u>otur</u>acaklarını söylemiyorlar.

götürmek   Nereye götüreceklerini söylemiyor<u>lar</u>.

(ben)   Nereye <u>götür</u>eceklerini söylemem.

gelmek   Nereye geleceklerini söylemem.

d) Random Substitution - Correlation Drill

Cue	Pattern	
	Ne zaman döneceğini bilmiyor<u>um</u>.	I don't know when he's going to return.
(o)	Ne zaman <u>dö</u>neceğini bilmiyor.	
gitmek	Ne zaman gideceğ<u>ini</u> bilmiyor.	
(onların)	Ne zaman gideceklerini <u>bilmiyor</u>.	
biliyor mu?	Ne zaman gideceklerini biliyo<u>r </u>mu?	
(siz)	Ne zaman g<u>id</u>eceklerini biliyor musunuz?	
tercüme etmek	Ne zaman tercüme edecek<u>ler</u>ini biliyor musunuz?	
(sizin)	Ne zaman tercüme edeceğinizi biliyor mu<u>sunuz</u>?	
(ben)	Ne zaman tercüme edeceğinizi biliyor muy<u>um</u>?	
(o)	Ne zaman <u>tercüme ed</u>eceğinizi biliyor mu?	
okumak	Ne zaman okuyacağ<u>ınızı</u> biliyor mu?	
(benim)	Ne zaman okuyacağımı biliyor mu--?	
(siz)	Ne zaman <u>oku</u>yacağımı biliyor musunuz?	
çalışmak	Ne zaman çalışacağımı <u>bil</u>iyor musunuz?	
soruyor musunuz	Ne zaman çalışacağımı soruyor mu<u>sunuz</u>?	
(o)	Ne zaman çalışacağımı <u>soruyor mu</u>?	
soruyorlar	Ne zaman çalışacağ<u>ımı</u> soruyorlar.	
(onların)	Ne zaman çalışacaklarını soruyorlar.	

e) Multiple Substitution Drill

Nerede	olacağımı	bilmem.
	oturacağını	bilmiyorum.
	bulacağınızı	söylemiyor mu?
	çay içeceklerini	soruyorlar mı?
	kalacağımızı	söyleyecekler.

f) Multiple Substitution Drill

Nekadar	bekleyeceğini	soruyor mu?
	kalacağınızı	bilmiyorum.
	süreceğini	söylemiyorlar.
	oturacağımızı	söylemez.
	vereceklerini	bilmem.
	isteyeceğini	soruyor.
		bilmez.

g) Multiple Substitution Drill

Nasıl	gideceğinizi	bilmiyorum.
Neden	yapacağını	bilir mi?
Niçin	çalışacağını	sormuyorlar mı?
Niye	öğreneceğimizi	soruyor.
	döneceğinizi	bilmiyor mu?
	söyleyeceklerini	

h) with main verbs in past forms   Random Substitution - Correlation Drill

Cue	Pattern
	Ne yapacağımı bilmiyordum. I didn't know what I was going to do.
düşünmemiştim.	Ne yapacağımı düşünmemiştim.
ne kadar kalacağımı	Ne kadar kalacağımı düşünmemiştim.
(onların)	Ne kadar kalacaklarını düşünmemiştim.
(onlar)	Ne kadar kalacaklarını düşünmemişlerdi.
nereye gideceklerini	Nereye gideceklerini düşünmemişlerdi.
(siz)	Nereye gideceklerini düşünmemiştiniz.
(bizim)	Nereye gideceğimizi düşünmemiştiniz.
nasıl	Nasıl gideceğimizi düşünmemiştiniz.
soruyordu	Nasıl gideceğimizi soruyordu.
(onun)	Nasıl gideceğini soruyordu.
niçin	Niçin gideceğini soruyordu.
söylemedi	Niçin gideceğini söylemedi.
(onların)	Niçin gideceklerini söylemedi.
dönmek	Niçin döneceklerini söylemedi.
kiminle	Kiminle döneceklerini söylemedi.
bildirmediler	Kiminle döneceklerini bildirmediler.
(bizim)	Kiminle döneceğimizi bildirmediler.
konuşmak	Kiminle konuşacağımızı bildirmediler.
(sizin)	Kiminle konuşacağınızı bildirmediler.
nasıl	Nasıl konuşacağınızı bildirmediler.
söylemediler	Nasıl konuşacağınızı söylemediler.
para vereceğinizi	Nasıl para vereceğinizi söylemediler.
(siz)	Nasıl para vereceğinizi söylemediniz.
göndermek	Nasıl para göndereceğinizi söylemediniz.
söylemiştim	Nasıl para göndereceğinizi söylemiştim.
(onlar)	Nasıl para göndereceğinizi söylemişlerdi.

i) The verbal noun without question words   Random Substitution - Correlation
Drill

Cue	Pattern	
	Oraya gideceğini söylüyor.	He says he's going to go there.
(benim)	Oraya gideceğimi söylüyor.	
Ankara	Ankaraya gideceğimi söylüyor.	
(sizin)	Ankaraya gideceğinizi söylüyor.	
bildiriyor	Ankaraya gideceğinizi bildiriyor.	
(onların)	Ankaraya gideceklerini bildiriyor__.	
(ben)	Ankaraya gideceklerini bildiriyorum.	
(bizim)	Ankaraya gideceğimizi bildiriyorum.	
sinema	Sinemaya gideceğimizi bildiriyorum.	
söylüyorum	Sinemaya gideceğimizi söylüyorum.	
(senin)	Sinemaya gideceğini söylüyorum.	
gitmemek	Sinemaya gitmiyeceğini söylüyorum.	
(onun)	Sinemaya gitmiyeceğini söylüyorum.	
(o)	Sinemaya gitmiyeceğini söylüyor.	

j) Multiple Substitution - Correlation Drill

(Sizin)	çay	içeceğinizi	biliyordu.	He knew you were going to drink tea.
(Bizim)		içeceğimizi	söyledi.	
(Onun)		içeceğini		
(Senin)		içeceğini		
(Onların)		içeceklerini		
(Benim)		içeceğimi		

k) Multiple Substitution - Correlation Drill

(Sizin)	çay	içmiyeceğinizi	biliyordu.
(Bizim)		içmiyeceğimizi	söyledi.
(Onun)		içmiyeceğini	
(Senin)		içmiyeceğini	
(Onların)		içmiyeceğini	
(Benim)		içmiyeceğimi	
(onların)		içmiyeceklerini	

He knew you weren't going to drink tea.

l) The Verbal Noun + Suffix {-(y)a}   Multiple Substitution Drill

Yarın döneceğinize	üzüldük.
Oraya gideceğine	memnum olduk.
Bize söylemeyeceklerine	
Para vereceğinize	
Onu alacağınıza	
Ankarada oturacağına	
Orada çalışacağına	

We are sorry that you are going to return tomorrow.

We were pleased that he was going to go there.

m) The Verbal Noun as Subject: Multiple Substitution Drill

Geleceği	sahi mi?
Geleceğin	doğru mu?
Gelecekleri	iyi olacak.
Geleceğiniz	iyi.
Kalacağınız	iyi oldu.
Kalacağı	iyi olmadı.
Kalacakları	doğru değil.
Kalmayacakları	
Kalmayacağınız	
Gelmiyeceği	

21.5 Note: The Infinitive with Relational Suffix {-(y)á} 'to do (something), in order to do (something)'

> İstasyona birisini karşılamağa　　　'Was it to meet someone
>
> 　　mı geldiniz?　　　　　　　　　　　that you came to the station?'

This sentence illustrates the verbal noun known as the 'infinitive' used as a noun with suffix {-(y)á} 'to, for' as expression of purpose. Note that the final k of the infinitive suffix {-mák} is changed before the vowel suffix to ğ which represents /y/ before /e/ and vowel length only before /a/ (See 11.1.) The infinitive verbal noun refers to the performance of the action of the verb in general rather than its particular performance by a specific person as a specific time. It is thus never followed by personal possessed endings as is the verbal noun discussed above in 21.3. See the drills below for further examples of this usage.

21.6 Grammar Drills on the Infinitive Verbal Noun with Suffix {-(y)á}

a) Multiple Substitution Drill

İstasyona	Aliyi	karşılamağa	gidiyoruz.
	onu	bulmağa	gittik.
		görmeğe /görmiye/	geldiler.
			gelirler.
			gideriz.
			gideceğiz.
			gitmeyeceğiz.
			gitmez misin?
			gitmiyor muyuz?

b) Multiple Substitution Drill

Telefon etmeğe	gitti.
Kahve içmeğe	gittiler.
Para göndermeğe	gelmiş.
Yardım etmeğe	geliyor.
	gitmiyor mu?

236

c) Multiple Substitution Drill

Konuşmağa	başlayın.
Gülmeğe	başladık.
Yardım etmeğe	başladı.
Öğrenmeğe	başlayacağız.
Anlamağa	
Tercüme etmeğe	
Beklemeğe	
Çalışmağa	

21.7 Note: The Infinitive Verbal Noun plus <u>istemek</u>

The one verb in Turkish, <u>istemek</u>, 'to want, to wish, to request' occurs with the infinitive verbal noun as its 'object' without change in the infinitive - that is without any relational suffix on the infinitive. This is the only verb in Turkish which occurs in this pattern. Note the Sample Sentence Drill below for examples of this usage.

21.8 Grammar Drill on the Infinitive + <u>istemek</u>   Sample Sentence Drill

Bir taksi bulmak istiyordum.   I wanted to find a cab.

Ankaraya gitmek istiyorum.   I wanted to go to Ankara.

Aliye telefon etmek istiyorlar.   They want to phone Ali.

Nereye gitmek istediniz?   Where did you want to go?

Kahve içmek istiyor musunuz?   Do you wish to drink coffee?

Bize tercüme etmek istememişler.   They didn't seem to want to translate
                                      for us.

UNIT 22

22.0 Dialog: 'At the Station (B)'

-John-

mektup	letter
zan	supposition, opinion
zánnetmek	to think, to suppose

Acaba Ali nerede? Mektubumu

aldığını zannediyorum.

I wonder where Ali is. I
think he got my letter.

-Ahmet-

aramak	to look for, to search
yer	place, space, ground,
	floor

Herhalde burada bir yerdedir.

Arıyalım mı?

He's probably here someplace.
Shall we look for [him]?.

-John-

| salon | lounge, salon |
| bekleme salonu | waiting room |

Arıyalım. Belki bekleme salonun-

dadır.

Let's look. Perhaps he's in
the waiting room.

| tehir | delay |
| tehirli | late, delayed |

Tren tehirli geldi.

The train came late.

-Ahmet-

| ya! | Oh? So? |
| geç | late |

Ya! Kaç saat geç geldiniz?

Oh! How many hours late did you arrive?

-John-

İki saat kadar

About ('an amount [of]') two hours.

-Ahmet-

isterseniz	if you wish, if you like
yazmak	to write
yazı	[a] writing
yazıhane, daire	office, study
doğru	toward

İsterseniz, yazıhaneme doğru

gidelim. Yolda belki Aliyi

görürüz.

If you like let's go to(ward) my office. Perhaps we'll see Ali on the way.

-John-

Burada da yok. Herhalde istasyona

gelmedi. Merak ettim. Bari

yazıhanenizden bir telefon

edeyim. /ediim/

He's not here either. He probably didn't come to the station. I'm worried. Let me at least phone from your office.

239

22.1 Vocabulary Drills

a) Kadar 'about' Multiple Substitution Drill

İki saat	kadar	bekledik.
Üç saat		tehirliydi.
Yirmi dakika		çalıştı.
Ne (?)		sürdü.

b) bu kadar 'this much', o kadar 'that much' Multiple Substitution Drill.

O kadar	(çok)	merak etme!
Bu kadar		gülme!
		çalışmayın.
		yeme!
		üzülmeyiniz.
		düşünmeyin.
		konuşma!

c) doğru 'Toward' Multiple Substitution Drill

Bize	doğru	geliyorlar.
Size		geldiler.
Onlara		gittiler.
Ona		gideceğiz.
Kapıya		gidiyordu.
Otele		gitti.
İstasyona		döndüler.
Sola		

d) isterseniz 'if you wish' Sample Sentence Drill

İsterseniz bize gideriz.	If you wish, we'll go to our place.
İsterseniz telefon edin.	Telephone, if you wish.
Siz de gelin isterseniz.	You come too, if you like.
İsterseniz size de veririm.	If you want, I'll give you [one] too.

İsterseniz gideriz.   If you wish, we'll go.

Başlarız isterseniz.   We'll begin if you like.

Trenle gideriz isterseniz.   We'll go by train if you wish.

e) düşünmek 'to think of [somebody or something]' Multiple
   Substitution Drill

Babasını	düşünüyor.
Bizi	düşünüyormuş.
Dersleri	düşünüyorlar.
Derslerini	düşünmüyorlar.
Nereye gideceğini	

f) Multiple Substitution Drill

Ne	düşünüyorsun?
Kimi	düşünüyorsunuz?
	düşünüyordunuz?

g) <u>zannetmek</u> 'to think , to suppose' Multiple Substitution Drill

Döneceklerini	zannetmiyorum.
Öğreneceğini	zannetmem.
	zannetmiyorduk.

22.2 Questions for Discussion

1. Ahmet beyle John istasyonda kimi arıyorlar?

2. John kime mektup yazmış?

3. John'un treni tehirli miydi?

4. Kaç saat tehirliydi?

5. Kimin yazıhanesine doğru gittiler?

6. Yolda Aliyi göreceklerini zannediyor musunuz?

7. Ali istasyona gelmiş miydi?

8. John Aliyi merak etti mi?

9. John kime telefon edecekti?

10. John Aliye nereden telefon edecekti?

22.3 Note: The Verbal Noun with Suffix {-dík}

Mektubumu aldığını zannediyorum.   'I think his having received my letter.'

This sentence illustrates the verbal noun with suffix {-dík} plus the specific direct object suffix {-(y)í} . This form, like the verbal noun with suffix {-(y)ácák} (see 21.3), expresses ideas which in English are commonly found in the form of a clause. A smoother English translation of the sentence above is thus 'I think that he got my letter'.

The shape of this suffix is reminiscent of the first person plural form of the attested past - both are, e.g. aldık 'we received' or 'a having received'. However, the verbal noun seldom occurs in this form, being usually followed by possessed suffixes indicating the person whose having (received) is under discussion, and these possessed suffixes are also commonly followed by relational suffixes such as the direct object suffix in the example sentence.

The time of this form is either past or present. It thus contrasts in time concept with the future or potential verbal noun discussed in 21.3, but the distinction between past and present in a sentence with this form depends on the context. Thus:

Otelde kaldığını zannediyorum.		'I think he's staying in a hotel.'
	or	'I think he stayed in a hotel.'
Nerede kaldığını bilmiyordum.		'I didn't know where he was staying.'
	or	'I didn't know where he had stayed.'
Nerede kaldığını öğreneceğim.		'I'm going to learn where he's staying.'
	or	'I'm going to learn where he stayed.'

From these examples it is clear that this verbal noun covers all actions in progress or completed, whether the time of knowing, or thinking or learning about such actions be past, present or future. The verbal noun with {-(y)ácák}, in contrast, covers all potential actions whether the time of knowing, thinking, or learning about such actions be past, present or future.

Contrast:

Otelde kalacağını zannediyorum.	'I think he's going to stay in a hotel
Nerede kalacağını bilmiyordum.	'I didn't know where he was going to stay.
Nerede kalacağını öğreneceğim.	'I'm going to learn where he's going to stay.

22.4 Grammar Drills on the Verbal Noun with Suffix {-dık}

a) Random Substitution - Correlation Drill

Cue	Pattern	
	Kime verdiğ<u>imi</u> bilmiyorum.	I don't know who I have [it] to.
(Sizin)	Kime verdiğinizi bilmiyor<u>um</u>.	
(o)	Kime verdiğ<u>inizi</u> bilmiyor.	
(Benim)	Kime verdiğimi bilmiyor__.	
(Onlar)	Kime verdiğimi <u>bilmiyorlar</u>.	
biliyorlar	Kime <u>ver</u>diğimi biliyorlar.	
söylemek	Kime söylediğ<u>imi</u> biliyorlar.	
(senin)	Kime söylediğini biliyor<u>lar</u>.	
(sen)	Kime söylediğ<u>ini</u> biliyorsun.	
(onun)	Kime söylediğini biliyor<u>sun</u>.	
(ben)	Kime söylediğ<u>ini</u> biliyorum.	
(o)	Kime söylediğini biliyor.	

b) Multiple Substitution Drill

Nereye	gittiğini	söylememiş
Nasıl	gittiğimi	
Nezaman	gittiğinizi	
Niçin	gittiklerini	
	gittiğimizi	

c) Multiple Substitution Drill

Ne	yaptığınızı	sordu.
Niçin	yaptığını	merak etmiş.
Nasıl	yaptığımı	merak ediyorlar.
Ne zaman	yaptığımızı	soracaklardı.
Neyle	yaptıklarını	söylememiş.
Kime	gönderdiklerini	bilmiyorum.
	gönderdiğini	bilir misiniz?
	aldığımı	öğrenecekler.
	götürdüğünüzü	söylerim.

d) Without question words : Random Substitution Drill

Cue	Pattern	
	Öğrendiğini zannettim.	I thought you had learned.
(onun)	Öğrendiğini zannettim.	I thought he had learned.
zannediyor	Öğrendiğini zannediyor.	
bilmek	Bildiğini zannediyor.	
zannetmiyorum.	Bildiğini zannetmiyorum.	
(sizin)	Bildiğinizi zannetmiyorum.	
tanımak	Tanıdığınızı zannetmiyorum.	
bilmiyordum	Tanıdığınızı bilmiyordum.	
(onların)	Tanıdıklarını bilmiyordum.	
gelmek	Geldiklerini bilmiyordum.	
bilmiyor muydunuz?	Geldiklerini bilmiyor muydunuz?	
(onun)	Geldiğini bilmiyor muydunuz?	
(biz)	Geldiğini bilmiyor muyduk?	
söylemedik mi?	Geldiğini söylemedik mi?	
anlamak	Anladığını söylemedik mi?	
(bizim)	Anladığımızı söylemedik mi?	

(siz)	<u>Anladığımızı</u> söylemediniz mi?
duymak	Anladığımızı duymadınız mı?
yapmak	Yaptığımızı <u>duymadınız mı</u>?
duydunuz mu?	Yaptı<u>ğımızı</u> duydunuz mu?
(onların)	Yaptıklarını <u>duydunuz mu</u>?
duydu	Yaptıklarını <u>duydu</u>.
anlamak	<u>Yapt</u>ıklarını anladı.
gitmek	Gittiklerini anladı.

e) Multiple Substitution Drill

Derste	olduğunuzu	görüyor.
Burada	olduğumuzu	zannediyor.
Ankarada	olduğunu	söylemiş
İstasyonda	olduklarını	öğrenecek.
Lokantada		duydu.,
		anlamamıştı.
		bilir.
		görmemiş.

f) Multiple Substitution Drill

Anlamadıklarını	zannediyor.
Gelmediklerini	duymuş.
Gitmediğimizi	işitti.
Duymadığınızı	anlamamıştı.
Düşünmediğini	zanneder.
Göndermediğimi	anladılar.

g) With suffix $\{-(y)\acute{a}\}$ Random Substitution Drill

Cue	Pattern	
	Geciktiğimize üzüldük.	We were sorry we were late.
(sizin)	Geciktiğinize üzüldük.	
(o)	Geciktiğinize üzüldü.	
gelmek	Geldiğinize üzüldü.	
memnun oldu	Geldiğinize memnun oldu.	
(senin)	Geldiğine memnun oldu.	
para vermek	Para verdiğine memnun oldu.	
(onun)	Para verdiğine memnun oldu.	
olmadı	Para verdiğine memnun olmadı.	
gitmemek	Gitmediğine memnun olmadı_.	
(ben)	Gitmediğine memnun olmadım.	
bize sormak	Bize sorduğuna memnun olmadım.	
olmamış	Bize sorduğuna memnun olmamış.	
(onların)	Bize sorduklarına memnun olmamış.	
para vermemek	Para vermediklerine memnun olmamış__.	
(siz)	Para vermediklerine memnun olmamışsınız.	
duymamak	Duymadıklarına memnun olmamışsınız.	
(onlar)	Duymadıklarına memnun olmamışlar.	
öğrenmek	Öğrendiklerine memnun olmamışlar.	

UNIT 23

23.0 Dialog: 'At the Office'

-Ahmet-

sigara	cigarette
(sigara) içmek	to smoke

Bir sigara içmez misiniz?   Won't you have a cigarette?

-John-

İçeyim.   Yes ('Let me smoke').

kibrit	match
rica	request
rica etmek	to request

Bir kibrit rica edeceğim.   May I bother you ('I will ask') for a match.

-Ahmet-

Estağfurullah. Buyrunuz.   Of course, help yourself.

tabla	tray
sigara tablası	ash tray

Sigara tablası da burada.   And here is the ashtray.

müsaade etmek	to permit
temiz	clean
temizlemek	to clean

Fakat, bir dakika müsaade ediniz,   But just a moment, let me clean [it].

temizliyeyim/temizliyim.

-John-

zarar	harm, loss
zararı yok	it doesn't matter ('it has no harm')

ne olacak /nolucak/

what will come of it?
('what will it be')

Zararı yok efendim.   Ne olacak?

That's all right, what's the
difference?

yabancı

stranger, foreigner

değilim ki.....

I'm not....that....

Ben yabancı değilim ki...

I'm not a stranger...

-Ahmet-

sevmek

to like, to love

Kahvenizi nasıl seversiniz?

How do you like your coffee?

-John-

Türk kahvesi

Turkish coffee

Türk kahvesi mi?

Turkish coffee?

-Ahmet-

Evet, Türk kahvesi.

Yes, Turkish coffee.

-John-

şeker

sugar, candy

şekerli

sweet

orta şekerli

medium sweet

Orta şekerli severim, ama zahmet

I like [it] medium sweet but
you're putting yourself to
trouble.

ediyorsunuz.

-Ahmet-

Rica ederim. Hiç zahmet değil.

Please...it's no trouble at all.

23.1 Vocabulary Drills.

a) <u>rica etmek</u> 'request, ask for' Multiple Substitution Drill:

Sizden	yardım	rica	ediyorum.	Estağfurullah.
Onlardan	bir kibrit		ederim.	
Ahmetten	kitap		edeceğim.	
	bir kalem		edecektim.	
			ettim.	
			etmiştim.	

b) <u>rica ederim</u> 'Please!' Sample Sentence Drill

Rica ederim, konuşmayın.   Please don't talk.

Konuşmayın, rica ederim.   Don't talk, I beg you.

Rica ederim, beni meşgul etmeyin.   Please don't keep me busy.

Çok rica ederim, söyle.   Please, tell [me], or 'For heaven's sake, speak out.'

c) <u>rica ederim</u> in place of or with <u>estağfurullah</u> Sample Sentence Drill:

A. Affedersiniz, sizi rahatsız ettim.

B. Rica ederim!

A. Affedersiniz, sizi bir dakika meşgul edeceğim.

B. Rica ederim, estağfurullah.

23.2 Questions on the Dialog and Related Questions:

1. Ahmetle John neredeler?

2. John Ahmetten ne rica ediyor?

3. Yazıhanede sigara tablası var mı?

4. Sigara tablası temiz mi?

5. Tablayı kim temizleyecek?

6. John kahvesini az şekerli mi istiyor?

7. Kahve sever misiniz?

8. Hiç Türk kahvesi içtiniz mi?

9. Çok şekerli kahve sever misiniz?

10. Türkiyeyi seviyor musunuz?

11. Büyük şehirleri sever misiniz?

12. Çok sigara içer misiniz?

13. Türkiyede çok yabancı var mı?

23.3 Note: Suggestions in First Person, Requests for Third Person Action, with

Suffixes: {-(y)a} plus {-yim} {-lim}, and {-sin}

Doldurayım mı?	Shall I fill [it up]?
Bir dakika, haber vereyim.	Just a minute, let me inform [him].
Bari yazıhanenizden bir telefon edeyim.	Let me at least phone from your office.
Fakat, bir dakika müsaade ediniz, temizliyeyim.	But just a moment, let me clean [it].
Derse başlıyalım.	Let's start the lesson.
Kitapları kapıyalım, lûtfen.	Let's close the books please.
Şimdi konuşalım.	Now let's talk.
Teneffüs yapalım.	Let's take a break.
Hangi sayfayı açalım?	Which page shall we open [to]?
Telefonla hatırını soralım.	Let's ask how he is by phone.
Arıyalım mı?	Shall we look for [him]?
Allah rahatlık versin.	May God give comfort.

These examples from the basic sentences illustrate the forms used in
Turkish for making suggestions for first person action and requests for third
person action. These forms are, of course, directed to the listener, the sec-
ond person, and often, especially in questions, the translation into English is
smoother if the second person is directly addressed. For example 'Don't you
think I should go' might translate Gideyim mi? 'Shall I go?'

Together with the imperative forms explained and drilled in Unit 10, which are, of course, second person, these forms make a complete 'paradigm', or list of forms, which denotes the suggestion or request by the speaker for action by all three persons, singular and plural. For the verb <u>gitmek</u> these forms are as follows:

1st person singular	gideyím/gidiyím	'Let me go!'
		'I'd better go.'
	gideyím mi?	'Shall I go?'
1st person plural	gidelím	'Let's go.' We'd better go.'
	gidelim mi?	'Shall we go?'
2nd person singular	git	'Go!'
2nd person plural	gídin!	'Go!'
(or polite singular)	gídiniz?	'Go! (please)'
3rd person singular	gitsín	'Let him go', 'Have him go.'
	gitsín mi?	'Should he go?'
3rd person plural	gitsinlér	'Have them go.', 'Let them go.'
	gitsinlér mi?	'Should they go?'

These forms are actually of different origin for the three persons. The first person forms are special personal endings {-yím} and {-lím} suffixed to a participle or verbal noun with suffix {-(y)á} . This participle may also be used with suffixes of second person or without suffix for third person as may other participles, but the usages of these forms are rather specialized and will not be discussed at this time. The second person forms are the imperatives studied in Unit 10 and the third person forms use a special suffix {-sín} which is clearly similar in form to the third person possessed suffix {-(s)í(n)} but which here occurs on a verb root just as do the imperative (second person) forms. See the drills below for many additional examples of the use of these forms.

23.4 Grammar Drills on $\{-(y)\acute{a}\}$ + $\{-y\acute{i}m\}$ 'Let me...' 'Shall I...?'

a) Sample Sentence Drill

Düşüneyim, söylerim.	Let me think, I'.. say [it].
Telefon edeyim, gelir.	Let me phone, he'll come.
Bir sigara alayım, geleyim.	Let me [just] buy a [pack of] cigarette[s] and (let me) come [right back].
Evvelâ okuyayım, sonra tercüme edeyim.	First let me read [it], then let me translate.
Konsolosla görüşeyim, size haber veririm.	Let me talk [it over] with the consul, [and] I'll let you know.
Geç kalmayayım, babam merak eder.	I'd better not be late, my father worries.
Peki, size söylemeyeyim, kime söyleyeyim?	OK, [if] I'd better not tell you, who should I tell?
Tercüme etmeyeyim, yalnız okuyayım.	How about my not translating [it], [but] only reading [it]?
Telefon etmeyeyim, mektup yazayım.	I'd better not phone [but rather] (let me) write a letter.

b) Random

Cue	Pattern	
	<u>Yarın</u> sana telefon edeyim mi?	Shall I call you tomorrow?
bu akşam	Bu akşam <u>sana</u> telefon edeyim mi?	
size	Bu akşam size <u>telefon edeyim</u> mi?	
gelmek	<u>Bu akşam</u> size geleyim mi?	
şimdi	Şimdi size <u>gele</u>yim mi?	
okumak	Şimdi <u>size</u> okuyayım mı?	
onlara	<u>Şimdi</u> onlara okuyayım mı?	
sonra	Sonra onlara <u>okuyay</u>ım mı?	
vermek	Sonra <u>onlara</u> vereyim mi?	
sana	<u>Sonra</u> sana vereyim mi?	

Sonra sana ver<u>e</u>yim mi?

yarın   Yarın sana <u>ve</u>reyim mi?

telefon etmek   Yarın sana telefon edeyim mi?

c) Sample Sentence Drill

Sigara vereyim mi?	(Shall I) [Can I] give [you] a cigarette?
Okumağa başlayayım mı?	Shall I start to read?
Randevu alayım mı?	Shall I make an appointment?
Tercüme edeyim mi?	Shall I translate?
Kapıyı açayım mı?	Shall I open the door?
Kapıyı kapıyayım mı?	Shall I close the door?
Sizi Ahmede takdim etmeyeyim mi?	Do you want me not to introduce you to Ahmet?
Sigara içmeyeyim mi?	Would you rather I didn't smoke?
Kitaba bakmayayım mı?	Shouldn't I look at the book?
Para istemeyeyim mi?	Had I better not ask for money?
Borç para almayayım mı?	Should I avoid borrowing money?

d) with question words: Sample Sentence Drill

Kaç lira vereyim?	How many liras shall I give?
Kime sorayım acaba?	I wonder who I should ask?
Ahmede ne alayım?	What shall I buy for Ahmet?
Ne kadar benzin doldurayım?	How much gasoline shall I put in?
Hangi otelde kalayım?	Which hotel shall I stay in?
Nereye oturayım?	Where shall I sit?
Ne yapayım? / naapiim/	What shall I do? What can I do?
Partiye kimleri çağırayım.	Whom shall I invite to the party?

23.5 Grammar Drills on $\{-(y)\acute{a}\}$ + $\{-l\acute{i}m\}$ 'Let us...', 'We'd better...'

a)

Çocukları lokantaya götürelim.	Let's take the children to a/the restaurant.

Kokteyl'e Ahmedi de çağıralım.	Let's invite Ahmet too to the cocktail party.
Biraz bekleyelim.	Let's wait a bit.
Gidelim, konsolosla görüşelim.	Let's go [and] talk with the consul.
Benzin alalım.	Let's get gas.
Rahatsız etmeyelim.	Let's not disturb [him].
Tekrar etmeyelim.	Let's not repeat.
Ahmedi istasyonda karşılamayalım.	Let's not meet Ahmet at the station.
Gideceğimizi bildirmeyelim.	Let's not announce that we're going to go.
Ona sormayalım.	Let's not ask him.

b) Random Substitution Drill

Cue	Pattern	
	Bu akşam lokantaya gidelim mi?	Shall we go to a restaurant this evening?
yarın	Yarın lokantaya gidelim mi?	
Alilere	Yarın Alilere gidelim mi?	
telefon etmek	Yarın Alilere telefon edelim mi?	
İstanbula	Yarın İstanbula telefon edelim mi?	
dönmek	Yarın İstanbula dönelim mi?	
gelecek hafta	Gelecek hafta İstanbula dönelim mi?	
konsolosluğa	Gelecek hafta konsolosluğa dönelim mi?	
gitmek	Gelecek hafta konsolosluğa gidelim mi?	
bu akşam	Bu akşam konsolosluğa gidelim mi?	
lokantaya	Bu akşam lokantaya gidelim mi?	

c) Sample Sentence Drill

Ahmede mektup yazalım mı?	Shall we write a letter to Ahmet?
Sigara içelim mi?	Shall we have a cigarette?
Şimdi kahvaltı edelim mi?	Shall we have breakfast now?

Ona telefon edelim mi?   Shall we call her up?

Bir çay içelim mi?   Shall we have a [cup of] tea?

d) Random Substitution Drill

   Cue   Pattern

                  Ahmedi karşılamağa gitmeyelim mi?   [You think] we shouldn't
                                            go to meet Ahmet?

almağa   Ahmedi almağa gitmeyelim mi?

kitap   Kitap almağa gitmeyelim mi?

başlamak   Kitap almağa başlamayalım mı?

okumağa   Kitap okumağa başlamayalım mı?

Türkçe   Türkçe okumağa başlamayalım mı?

öğrenmeğe   Türkçe öğrenmeğe başlamayalım mı?

çalışmak   Türkçe öğrenmeğe çalışmayalım mı?

konuşmağa   Türkçe konuşmağa çalışmayalım mı?

Aliyle   Aliyle konuşmağa çalışmayalım mı?

gitmek   Aliyle konuşmağa gitmeyelim mi?

çalışmağa   Aliyle çalışmağa gitmeyelim mi?

ders   Ders çalışmağa gitmeyelim mi?

almağa   Ders almağa gitmeyelim mi?

Ahmedi   Ahmedi almağa gitmeyelim mi?

karşıla-   Ahmedi karşılamağa gitmeyelim mi?
mağa

e) Sample Sentence Drill

Ahmedi beklemeyelim mi?   Shouldn't we wait for Ahmet?

Tablayı temizlemeyelim mi?   Do you think we needn't clean the
                                            tray?

Hatırını sormayalım mı?   Shouldn't we ask after him?

Biraz dinlenmeyelim mi?   Hadn't we better take a little rest?

f) With question words   Sample Sentence Drill

Kime mektup yazalım?	To whom shall we write?
Nerede dinlenelim?	Where shall we rest?
Nereye oturalım?	Where shall we sit down?
Kiminle gidelim?	With whom shall we go?
Neyle gidelim?	How shall we go? (By what means...)
Nezaman kahvaltı edelim?	When shall we have breakfast?

23.6 Grammar Drills on Third Person Suggestions or Requests with Suffix {-sín}

a) Sample Sentence Drill

Biraz dinlensin, sonra çalışsın.	Let him rest a bit [and] (let him) work later.
Yarın beni arasın.	Have him call ('look for') me tomorrow.
Söyleyin ona, biraz beklesin.	Tell him to wait a bit. ('Speak to him, have him wait a bit')
Beni görsün sabahleyin.	Have him [come] see me in the morning.
Kitabı size versin.	Let him give you the book.
Taksiyle gitsin.	Let him go by cab.
Okadar çok çalışmasın.	Don't let him work so much.
Geç kalmasın, merak ederim.	Don't let her be late, I'll worry.
Merak etmesin, ona telefon edeceğim.	He shouldn't worry ('Let him not worry'), I'm going to call him.
Tercüme etmesin, yalnız okusun.	Let him not translate [but] simply (let him) read.
Yarın sizi görsün mü?	Should he see you tomorrow?
Beşte gelsin mi?	Shall he come at five?
İstasyonda beklesin mi?	Is he to wait at the station?
Taksi çağırsın mı?	Should he call a cab?
Çay ısmarlasın mı?	Do you want him to order tea?
Sabahleyin istasyona gitmesin mi?	Do you want him not to go to the station in the morning?

Simit almasın mı?	Do you want him not to buy a simit?
Size telefon etmesin mi?	Don't you want him to phone you?
Köşede beklemesin mi?	Is he not to wait on the corner?
Tercüme etmesin mi?	Is he not to translate?

b)   With Question Words : Sample Sentence Drill

Nereye gitsin?	Where should he go?
İstasyona nezaman gitsin?	When is he to go to the station?
Kaçta telefon etsin?	When should he call?
Kimi görsün?	Whom should he see?
Ne alsın?	What is he to buy?
Nasıl gitsin?	How is he to go?
Neyle gitsin?	What's he to go on?
Nerede beklesin?	Where should he wait?
Kimden istesin?	Whom should he ask for [it]?

UNIT 24

24.0 Dialog: 'At the Office' (continued)

-Ahmet-

kusur	shortcoming, defect
kusura bakmayın	forgive, (don't look at the shortcomings)
oda	room
küçük	small
iç	inside
karışık	confused, mixed, complicated

Kusura bakmayın. Odam çok küçük,

  içi de pek karışık.

Excuse it please. My room is very small and (its inside is) in a mess.

-John-

Estağfurullah, efendim.   No matter.

-Ahmet-

odacı	janitor
efendi	(title usually accorded servant or menial)
uzun	long
uzun zamandan beri	for a long time, ('since a long time [ago]')
izin	permission, leave
izinli	on leave
başka	[an] other, different
bakan	who looks after

Odacımız Mehmet efendi uzun zamandan beri izinli. Buraya başka bakan de yok.	Our janitor, Mehmet, has been on leave for a long time. There isn't anyone else to look after this place.

-John-

bekçi	watchman
gece bekçisi	niıjht watchman

Gece bekçiniz yok mu?	Don't you have a night watchman?

-Ahmet-

hep	all, always
uyumak	to sleep

Var ama o da hep uyur.	We have, but he's always asleep.
geçen	past, which has passed,
hafta	last week
Geçen hafta masamı ben temizledim.	Last week I cleaned my desk myself.

24.1 Vocabulary Drills

a) iç 'inside of' Sample Sentence Drill

Odanın içi karışıktı.	The inside of the room was a mess.
Otelin içini gördünüz mü?	Did you see the inside of the hotel?
Binanın içine bakalım.	Let's look inside the building.
Bu kâğıt kitabın içinden çıktı.	This paper came out of the book.
Postahanenin içinde beklerim.	I'll wait inside the postoffice.
İçimde bir tuhaflık var.	I've a strange feeling inside me. (I'm not feeling very well.)
İçimizde iki yüzbaşı Türkçe biliyor.	Two captains among us know Turkish.

İçinizde kaç hariciyeci var?   How many Foreign Service Officers
                                      are there among you?

İçlerinde hiç otelci yok.   There's not a single hotelkeeper
                                      among them.

b) <u>içeri, içer-</u> 'inside (place)' Sample Sentence Drill

İçerde ne oluyor?   What's going on inside?

İçerden sizi çağırıyorlar.   They're calling [for] you from within.

İçeri girmeyecek[1] misiniz?   Aren't you going to go inside?

İçeri buyrun lütfen.   Come inside please.

c) <u>uyku</u> 'sleep' (from <u>uyumak</u> 'to sleep') Sample Sentence Drill

Çok uykum var.   I'm very sleepy.

Uykum geldi.   I got sleepy.

Çocukların uykuları gelmiş.   The kids seem to have gotten sleepy.

Hiç uykun gelmedi mi?   Aren't you sleepy at all?

Çocuğun uykusu var.   The child is sleepy.

d) kusura bakmamak 'overlook the fault, forgive' Multiple Substitution Drill

Kusura bakmayın	geç kaldım.	Excuse me I'm late.
Affedersiniz	odam çok karışık.	". ." my room is messy.
	gitmeyeceğim.	". ." I'm not going.
	kahve sevmem.	". ." I don't care for coffee.
	anlamadım.	". ." I didn't understand.
	bilmiyorum.	". ." I don't know.
	sizi rahatsız ettim.	". ." I've disturbed you.

e) kusur 'fault, defect'   Sample Sentence Drill

O adamın birçok kusuru var.   That man has a lot of faults.

Kusursuz ev olur mu?   Is a faultless house possible?

Bu kitap çok kusurlu.   This book is very faulty/ has many
                                      mistakes.

Kusurum nedir?   What's my mistake?

---
[1] girmek - to enter

f) <u>izin</u> 'leave', <u>izin almak</u> 'to take leave'   <u>iz**in**</u> vermek 'to grant leave',

   <u>izinli</u> 'on leave'   Sample Sentence Drill

Üç gün izinliyim.	I'm on leave [for] three days.
On gün iznim var.	I have ten days [of] leave.
Bugün izinli.	He's on leave today.
Ahmet bana izin vermez.	Ahmet won't give me leave / won't allow me [to do it].
Size izin vermediler mi?	Didn't they give you leave? / Didn't they give you permission?
Babamdan izin aldım, sinemaya gideceğim.	I got permission from my dad, I'm going to the movies.
Babamdan izinsiz hiçbir yere gitmem.	I don't go anywhere without leave / permission from my father.

g) <u>başka</u>   (With question words) 'else'.   Sample Sentence Drill

Başka kim gelecek?	Who else is coming?
Başka ne aldınız?	What else did you get?
Başka neler alacaksınız?	What (all) else are you going to buy?
Başka nereye gittiniz?	Where else did you go?
Başka kimleri gördün?	Who (all) else did you see?
Ankaraya başka nasıl giderim?	How else can I go to Ankara?
Başka kaç odanız var?	How many more rooms do you have?

h) <u>başka</u> 'another', 'different'   Sample Sentence Drill

Başka odacınız var mı?	Have you another janitor?
Başka odanız var mı?	Have you another room?
Bana başka bir kitap verin.	Give me another book.
Başka biri telefon etti.	Somebody else phoned. (Another person phoned.)

i) <u>-dan başka</u> 'besides (other than)...'   Sample Sentence Drill

Ahmetten başka kim gelecek?	Who's coming besides Ahmet?
Simitten başka hiç bir şey almadın mı?	Didn't you buy anything besides simits? / a simit?

261

Partide bizden başka kimse rakı[1]   Nobody but us drank rakı at the
  içmedi.   party.

Daireden başka eve de telefon ettim.   Besides calling the office, I also
                                             called home.

24.2 Note: { -lík }

Allah rahatlık versin.   May God give rest.

Şimdilik bu kadar yeter.   This much is enough for now.

Şimdilik onbeş liralık yeter.   For the present, fifteen liras worth
                                             is enough.

Şimdilik Allahasmarladık.   Goodbye for now.

Amerikan konsolosluğuna.   To the American Consulate.

İyilik sağlık, vallahi.   Truly goodness and health.

The stressable suffix { -lík } forms nouns comparable to the general 'ab-
stract' type in English such as those in -ness (goodness), -th (health), -ity
(amity, polity) etc. With numeral phrases (onbeş liralık) it has the force of
'an amount of this order'. When it is suffixed to nouns which do not occur
commonly as attributes (with an 'adjectival' meaning) the resultant forms are
quite unpredictable as to meaning and will be introduced as new words where
they occur (e.g. kitaplık 'bookcase'). With time words such as şimdi the sense
is 'for the time'.

24.3 Grammar Drill on { -lík } : Sample Sentence Drill (new words and their
        translations underlined.)

Bu sabahlık çok pahalı.   This housecoat is very expensive.

Bu geceliği nereden aldınız?   Where did you buy this nightgown?

Arkadaşlık çok kıymetli bir şeydir.   Friendship is truly a valuable thing.

Bize babalık etti.   He acted as a father to us.

Bugün sende biraz tuhaflık var.   You're acting and looking a little
                                             strange today.

Irakta karışıklık olmuş.   There were disorders in Iraq.

---

[1] rakı: 'raki, arak' - popular strong drink made from raisins or figs and
flavored with anise.

Tabiilik güzel şeydir.	Naturalness is a fine thing.
Bu kitabın ağırlığı bir kilo kadar var.	This book weighs at least a kilogram. (The weight of this book has as much as a kilogram.)
<u>Yemeklik</u> ve <u>kahvaltılık</u> almağa gidiyorum.	I'm going to buy <u>things to cook</u> and <u>supplies for breakfast.</u>
Bugünlük bu kadar.	This is enough for today. (Today's is this much.)
<u>Yolculuğunuz</u> nasıl geçti?	How did your <u>trip</u> go?
<u>Yokluk</u> içindeler.	They are in poverty.
<u>Varlık</u> içindeler.	They are in a state of wealth.
Ahmedin <u>varlığını yokluğunu</u> düşünmedik, konuştuk.	We didn't think of Ahmet's <u>presence</u> or <u>absence</u>, [we just] talked.
Bana çok iyilik etti.	He was very good to me.
Bunun doğruluğunu anladım.	I understood the correctness of this.
Çok pahalılık var.	Everything is expensive.
Ucuzluk var.	Things are cheap.
İki saatlık yol.	[It is] a two hour trip.
Yüz sayfalık bir kitap okudum.	I read a one hundred page book.
<u>Allahlık</u> bir çocuk.	[He is] a <u>useless but harmless</u> child.

24.4 Note: $\{-c\acute{i}\}$

Ahmet bey burada bir benzinci var mı?	Ahmet, is there a gas station (gasoline seller) here?
Odacımız Mehmet efendi uzun zamandan beri izinli.	Our janitor, Mehmet, has been on leave for a long time.

The stressable suffix $\{-c\acute{i}\}$ added to nouns indicates one who is professionally connected with the item denoted by the noun. In some cases, the connection is not a permanent professional connection but rather a temporary one (<u>yolcu</u> 'traveller'). The suffix $\{-l\acute{i}k\}$ added to nouns formed with $\{-c\acute{i}\}$ forms words

263

used often as the names of professions (<u>kapıcılık</u> 'doorman's work') but may

have other denotations (<u>yolculuk</u> 'trip').

Gece bekçiniz var mı?   Have you a night watchman?

In this sentence the form <u>bekçi</u> is clearly related to the verb <u>beklemek</u>, 'wait,

watch, guard' but there is no noun <u>bek</u> in the language at present. This is an

example, of which many more will occur, of a form clearly derived by addition

of a suffix to a shorter form which is not itself used.

Other uses of the suffix {-cí} , which have not occurred in dialogs thus

far include:

1. Adherents of a particular ideology: /solcú/ 'leftist'

2. Persons characterized by particular idiosyncrasies: /inatçí/ 'stubborn

   person (from /inát/ 'stubborness', /ezbercí/ 'rote memorizer' (from

   /ezbér/ 'memorization' etc.

24.5 Grammar Drill on {-cí} : Sample Sentence Drill

Odacı odayı iyi temizlememiş.	The janitor seems not to have cleaned the room well.
Haberci iyi haberler getirdi.[1]	The messenger brought some good news.
Kitapçıya gidiyorum.	I'm going to the bookstore. ('bookseller')
Yardımcıya ihtiyacımız var.	We need a helper.
Saatimi saatçiye götürdüm.	I took my watch to a watchmaker.
Yolcular rahatsız olmuşlar.	The travelers reportedly got sick.
Kapıcının odası pek küçük.	The doorman's room is tiny.
Kahveciye kahve ısmarladık.	We gave [our] order [for] coffee to the coffee seller.
Kahveci, iki kahve getirir misin?	Coffee man (or coffee house proprietor), will you please bring two cups of coffee?
Benzinciden benzin almadım.	I didn't buy gas from the gas station ('gasoline seller').
Şekerciden biraz şeker al.	Get a little candy from the confectioner.

[1] getirmek - to bring

Postacı bize iki mektup verdi.	The postman gave us two letters.
Ahmet hariciyecidir.	Ahmet is a foreign service officer.
Sağcılar burada, solcular orada.	The rightists [conservatives] are here [and] the leftists [radicals] there.

24.6 Grammar Drill on {-cí} + {-lík} : Sample Sentence Drill

Konsolosluk yapmış.	[He] apparently worked as a consul.
Benzincilik yapıyor.	[He is] working as a gas station attendant.
İstanbulda şoförlük kolay[1] değil.	Driving ('driver's work') is not easy in Istanbul.
Ali kapıcılık yapar.	Ali is a doorman ('does doorman's work!').

24.7 Note: {-(y)án} 'one who does.....'

Buraya başka bakan da yok.   There's no one else who looks after this place.

The stressable suffix {-(y)án} added to a verb root or stem forms a verbal noun denoting 'one who (or which) does (or did) the action of the verb'. This verbal noun does not occur as predicate and is most common as subject although it also may occur as a modifier. It is only rarely possessed.

The form from the verb olmak, olan ,is commonly used following adjectives to denote 'the one who is....' as in rahat olan. 'the one who is comfortable' etc. The form is common after the participle with suffix {-miş} as in gelmiş olan 'the one who has come' in which construction the form gelmiş is, of course, not a predicate and is simply the perfective participle with no presumptive or reported sense.

---

[1] kolay - easy

24.8 Grammar Drills on {-(y)án}: Sample Sentence Drills

a) As subject:

Parası olan verir.	Who has money ('one who his money is') will give.
Orada bekleyen kim?	Who is the one waiting there?
Sizi gören oldu mu?	Was there anyone who saw you?
Türkçe konuşan var mı?	Is there anyone who speaks Turkish?
Gitmek isteyen var.	There is someone who wants to go.
Bana telefon eden Ahmetti.	The one who called me was Ahmet.
Çalışan geçer.	Who studies passes.
Bu kitabı okuyanlar iyi oldu- ğunu söylediler.	Those who read this book said it was good.
İzin isteyenler izin aldılar.	Those who requested leave got it.
Parası olanlar çok şey aldı.	Those who had money bought a lot.
Rahatsız olanlar derse gelmediler.	Those who were ill didn't come to class.
Zamanı olanlar bizimle gelir.	Those who have time will come with us.

Negative as subject:

Parası olmayan nasıl seyahat eder?	How is he who has not money to travel?
Mektup yazmayan mektup alır mı?	Does he who does not write letters receive letters?
Anlamayanlar tekrar sorsun.	Let those who do not understand ask again.

b) As direct object:

Sabahleyin telefon edeni tanımadım.	I didn't recognize the one who called in the morning.
Dün bize geleni gördünüz mü?	Did you see the one who came to [see] us yesterday?
Burada kitap okuyanı görmedim.	I didn't see anyone reading here.
İsteyenleri götürecek misiniz?	Are you going to take those who want [to go]?

Türkçe öğrenenleri bize çağırdık.	We invited those who are learning Turkish to our place.
Çalışanları severiz.	We like those who work.

Negative as direct object:

Beni sevmeyeni ben de sevmem.	I don't like either the one who doesn't like me.
Gitmek istemeyeni göndermeyiz.	We won't send those who don't want to go.
İstanbulu sevmeyeni görmedim.	I've never seen anyone who doesn't like Istanbul.
Bizi düşünmeyenleri biz de düşünmeyiz.	Those who don't think of us-we don't think of them either.
Türkçe dersi almayanları Türkiyeye göndermediler.	They didn't send to Turkey those who didn't take Turkish lessons.
Parası olmayanları götürmeyeceğiz.	We're not going to take those who don't have money.

c) With relational suffixes: $\{-(y)\acute{a}\}$

New York'tan dönene sorun.	Ask the one returned from New York.
Çok çalışana üç gün izin veriyoruz.	We're giving three days leave to those who work hard.
Gelmek isteyene 'Gel!' dedik.	We said 'Come' to those who wish to come.
Soranlara söyledik.	We told [it] to those who asked.
Seyahatten dönenlere bakın.	Look at the people returning from a trip.
Gelmek isteyenlere gideceğinizi bildirmiştik.	We had informed those who wanted to come that you were going to go.
Bizimle gelenlere teşekkür ettik.	We thanked those who came with us.

Negatives:

Çay içmeyene kahve verin. | Give coffee to the one who doesn't drink tea.

Sormayana söylemeyiz. | We don't tell those who don't ask.

İstemeyene vermiyorlar. | They don't give to those who don't ask.

Bilmeyenlere öğretiriz. | We teach those who don't know.

Orada olmayanlara mektup yazdılar. | They wrote letters to those who were not there.

{ -dán } :

Parası olanlardan istedik. | We asked for [it] from those who have money.

Kahvaltı edenlerden para aldılar. | They took money from those who had had breakfast.

Yalnız çay içenlerden para almadılar. | They didn't take money from those who only drank tea.

{ -(y)la }:

Ahmedi tanıyanlarla konuştum. | I spoke with those who knew Ahmet.

d)   As modifier: of the subject:

Beni oraya götüren şoför iyi bir şofördür. | The driver who took me there is a good driver.

Şu masada oturan adam Amerikalıdır. | The man sitting at that table is an American.

Bu sabah telefon eden adam bizim kapıcımızdı. | The man who called this morning was our doorman.

Şu gelen çocuk benim arkadaşımdır. | This child who is coming is my friend.

Şurada kitap okuyan çocuk Ahmed'in çocuğu. | The child reading [a] book over there is Ahmet's child.

Beni karşılamağa gelen arkadaşlar neredeler? | Where are the friends who came to meet me?

Bize doğru gelen çocuklar arkadaşlarınız mıdır?	Are the children coming toward us your friends?
İstanbulda oturan yabancılar çok memnunlar.	Foreigners living in Istanbul are very satisfied.
Ders çalışmayan çocuk çok şey öğrenmez.	Children who don't study don't learn very much.
Derse gelmeyen çocuk, Ahmetti.	The child who didn't come to class was Ahmet.
Türkçe bilmeyen hariciyeci Türkiyeye gitmiş.	The FSO who didn't know Turkish is reported to have gone to Turkey.
Parası olmayan arkadaşlar taksiyle gitmediler.	Those friends who had no money didn't go by cab.
Türkçe bilmeyen hariciyeciler Türkiyeye gitmeyecekler.	FSOs who don't know Turkish aren't going to go to Turkey.
Onu tanıyan çocuklar çok seviyorlar.	Children who know him like [him] very much.

Of the direct object:

Sizinle konuşan çocuğu tanıyorum.	I know the child who was speaking with you.
Size haber veren adamı gördüm.	I saw the man who gave you the news.
Türkçe çalışan yüzbaşıyı bize çağırdım.	I invited the captain who's studying Turkish to our place.
Derse giden çocukları görmedim.	I didn't see the children who went to class.
Bana yardım eden Türkleri tanıyor musunuz?	Do you recognize the Turks who are helping me?
Çalışan çocuğu severim.	I like the child who works.

Of a noun with suffix {-(y)á} :

Şurada oturan adama sorun.	Ask the man sitting there.
Sizi görmek isteyen adama ne söyleyeyim?	What shall I say to the man who wants to see you?
Dün gelen şoföre para verdiniz mi?	Did you give money to the driver who came yesterday?
Dün telefon eden arkadaşlara gittiniz mi?	Did you go to see the friends who called yesterday?
Türkiyeden dönen Amerikalıya sordum.	I asked the American who had returned from Turkey.

Of a noun with suffix {-dán} :

Çalışan çocuklardan memnunuz.	We're pleased with the children who study.

Of a noun with suffix {-(y)la} :

Sizi tanıyan bir adamla seyahat ettim.	I travelled with a man who knows you.
Ahmedi tanıyan adamlarla konuştum.	I spoke with the men who know Ahmet.

24.9 Note {-dán} ......beri 'since, for'

Odacımız Mehmet Efendi uzun zamandan beri izinli.

Our janitor, Mehmet, has been on leave for a long time.

This sentence from the basic sentences illustrates the form beri, a noun meaning literally 'this side [of]', here used as a phrase final word with a preceding noun with suffix {-dán}. In this structure the translation is usually 'since' or 'for'. The choice between these two English concepts depends on whether the noun with suffix {-dán} refers to a moment in time or to a period of time.

o zamandan beri	'since that time.....'
uzun zamandan beri	'for a long time.....'
geçen haftadan beri	'since last week.....'
üç haftadan beri	'for three weeks.....' or 'since three weeks ago.....'

It is clear from these examples that English here makes a distinction which is not made in the Turkish. Note also that where English uses a 'perfect' tense after 'since' or 'for' in these structures, Turkish uses a predicate lacking anything corresponding to a 'perfect' form.

24.10 Grammar Drills on {-dán} ....beri:

a) 'for' Sample Sentence Drill

İki seneden beri Ankaradayız.

Uzun zamandan beri sinemaya gitmedik.

Altı aydan beri türkçe çalışıyorlar.

b) 'since' Sample Sentence Drill

Dün akşamdan beri hastayım.

Nezamandan beri buradasınız?

Saat dörtten beri Ahmedi bekliyorum.

Geçen seneden beri görüşmedik.

c) With verbal nouns: Simple Substitution Drill

Cue	Pattern
	Buraya döndüğümden beri hava[1] iyi gidiyor.
(siz)	Buraya döndüğünüzden beri hava iyi gidiyor.
(onlar)	Buraya döndüklerinden beri hava iyi gidiyor.
(o)	Buraya döndüğünden beri hava iyi gidiyor.
(sen)	Buraya döndüğünden beri hava iyi gidiyor.
(biz)	Buraya döndüğümüzden beri hava iyi gidiyor.
(ben)	Buraya döndüğümden beri hava iyi gidiyor.

---

[1] hava - air, weather

UNIT 25

25.0 Dialog: 'Taking Leave'

-John-

lâzım	necessary

Ahmet bey, bana müsaade, gitmem
lâzım.

Ahmet, excuse me ('to me permission'), I have to go.

-Ahmet-

acele etmek	to hurry
beraber	together

Estağfurullah. Niçin acele
ediyorsunuz? Beraber bir yerde
yemek yerdik.

Don't mention it. Why are you hurrying? We could have eaten together someplace.

-John-

söz	word
söz vermek	to give ones word

Çok iyi olurdu ama söz verdim,
Ali bekliyor.

That would have been nice but I've given my word. Ali is waiting [for me].

-Ahmet-

mani	hindrance
mani olmak	to hinder, to be a hinderance

O halde mani olmayayım.

In that case I won't keep you.

-John-

hoşça kalın	stay happy
fırsat	opportunity

Hoşça kalın Ahmet bey. İnşallah

ilk fırsatta yine görüşürüz.

So long Ahmet. I hope we'll
get together again at the
first opportunity.

-Ahmet-

İnşallah. Güle güle. Aliye benden

çok çok selâm söyleyin.

I hope so. Goodbye. Give Ali
my very best regards.

-John-

Olur efendim, söylerim.

OK, I will.

25.1 Vocabulary Drill: <u>mani olmak</u> 'to hinder' Multiple Substitution Drill

Bize	mani	oldular.
Size		olmadılar.
Bana		oluyorlar.
Aliye		olacaklar mı?
Ona		olur.
Sana		olmaz.
Bize		olmadı.

25.2 Questions on the Dialog and Related Questions:

1. Kimin şimdi gitmesi lâzımmış?

2. John, kime söz vermiş?

3. John'u kim bekliyormuş?

4. Ahmet bey John'un gitmesine mani oldu mu?

25.3 Note: Verbal Noun with Suffix {-má} :

Ahmet bey, bana müsaade, gitmem lâzım.

This sentence from the dialogue of this unit illustrates the verbal noun

form with suffix {-má} , in this case with a first person singular possessed suffix following. The 'literal' meaning of the form is 'my going'.

Note that the form of this verbal noun is like that of the infinitive verbal noun (with suffix {-mák}) except that the /k/ is not there. The infinitive verbal noun denotes the performance of the action in the abstract:

Gitmek zor.   'To go is difficult'.

while the verbal noun with suffix {-má} denotes the performance of the action on one (or perhaps more) occasions, usually by a particular performer. The performer is indicated by the possessed suffix to the verbal noun. The infinitive never occurs with a possessed suffix since the performance of the action in the abstract is not the performance by a particular person, while this verbal noun usually is to be heard <u>with</u> a possessed suffix indicating the performer of a specific performance of the action. It does occur without possessed suffixes, commonly as a modifier, but this use will be taken up at a later stage.

25.4 Grammar Drills on the Verbal Noun with Suffix {-ma} :

a) Multiple Substitution Drill

	Şimdi gitmem	lâzım.
(senin)	gitmen	lâzım mı?
(onun)	gitmesi	lâzımmış
(bizim)	gitmemiz	
(sizin)	gitmeniz	
(onların)	gitmeleri	
Alinin	gitmesi	
(benim)	gitmem	

b) Multiple Substitution Drill

	Ona	söylememem	lâzımdı.
(senin)		söylememen	
(onun)		söylememesi	
(bizim)		söylemememiz	
(sizin)		söylememeniz	
(onların)		söylememeleri	
Alinin		söylememesi	
(benim)		söylememem	

25.5 Note: Verbal Noun with Suffix {-má} as Direct Object.

This usage has not occurred in the dialogues to date. The following sentence will illustrate:

Ahmet bey bana müsaade etmedi, gitmememi söyledi.

' Ahmet bey did not give me permission (and) told me not to go
('said my not going').

This verbal noun occurs commonly as the direct object of verbs such as söylemek 'to say' and istemek 'to want' and translates in such contexts by the English infinitive.

25.6 Grammar Drills on the Verbal Noun with Suffix {-má} as Direct Object.

a) Multiple Substitution Drill

	Telefon etmemi	söyledi.
(senin)	etmeni	
(onun)	etmesini	
(bizim)	etmemizi	

He told me to phone you.

b) Multiple Substitution Drill

(sizin)	Telefon	etmenizi	söyledi.
(onların)		etmelerini	
Alinin		etmesini	
(benim)		etmemi	

c) Multiple Substitution Drill

	Onu da	götürmenizi	rica ediyor.
(bizim)		götürmemizi	
(senin)		götürmeni	
(onların)		götürmelerini	
(onun)		götürmesini	
(benim)		götürmemi	
(sizin)		götürmenizi	

d) Multiple Substitution Drill

	Beklememenizi	istemişler.	They wanted us not to wait.
(sizin)	Beklememenizi		you
(onun)	Beklememesini		(etc.)
(onların)	Beklememelerini		
(benim)	Beklemememi		
(senin)	Beklememeni		
Alinin	Beklememesini		
(bizim)	Beklemememizi		

e) With Suffix {-(y)á} : Multiple Substitution Drill

	Mektup yazmama	mani oldu
(senin)	yazmana	mani olmadı.
etc.		

276

f) Multiple Substitution Drill

(onların)	Mektup	yazmalarına	mani	oldular mı?
(bizim)		yazmamıza		
(onun)		yazmasına		
(sizin)		yazmanıza		
Alinin		yazmasına		
(benim)		yazmama		

g) Multiple Substitution Drill

	Konsolosu	görmemize	müsaade ettiler.
(sizin)		görmenize	müsaade etmediler.
Alinin		görmesine	etmediler mi?
(benim)		görmeme	ettiler mi?
(onların)		görmelerine	
(senin)		görmene	
(onun)		görmesine	
(bizim)		görmemize	

h) with suffix {-dán} : Multiple Substitution Drill

	Çalışmamdan	memnun.
(sizin)	Çalışmanızdan	
(onların)	Çalışmalarından	
(onun)	Çalışmasından	
(bizim)	Çalışmamızdan	
(senin)	Çalışmandan	
(benim)	Çalışmamdan	

UNIT 26

26.0 Dialog: 'An Invitation'

-Bülent-

yürümek	to walk,
yürümüşken	since [we've] walked
ev	house
uğramak	to call, to drop in, to stop at

Buraya kadar yürümüşken, bari

  bizim eve de uğrayalım.

Since we've walked this far, let's drop into our house too.

-Orhan-

yakın	near, close

Buraya yakın mı oturuyorsunuz?

Do you live near here?

-Bülent-

hemen	just, right
şuracık	a little way off, just there
şuracıkta	right there
cadde	avenue

Evet, hemen şuracıkta, caddede.

Yes, right over there on the avenue.

-Orhan-

Caddenizin ismi ne?

What's the name of your avenue?

-Bülent-

Atatürk

Ataturk ('Father of Turks') Name given to Mustafa Kemal

Atatürk Caddesi.

Ataturk Avenue

-Orhan-

tesadüf	coincidence, chance
tesadüf etmek	to chance upon
bulvar	boulevard

Ne tesadüf! Biz de Atatürk Bul-

varında oturuyoruz.

What a coincidence, we [also]
live on Ataturk Boulevard.

-Bülent-

İçeri buyrun, biraz dinlenin,

bir de çay içeriz.

Come in, rest a bit, and we'll
have a cup of tea.

-Orhan-

erken	early
çünkü (çünki)	because
kütüphane	library

Yalnız erken dönmem lâzım, çünkü

kütüphaneye uğrayacağım.

Only, I must return early be-
cause I'm going to stop at
the library.

-Bülent-

Kitap mı alacaksınız?

Are you going to get a book?

-Orhan-

daha	more
iade etmek	to give back, to return

Hayır, daha evvel almıştım, onu

iade edeceğim.

No, I took it out earlier,
I'm going to return it.

26.1 Vocabulary Drills:

a) **hémen** 'right away' Sample Sentence Drill

Hemen buraya gelin.

Telefon edin, taksi hemen gelir.

Çok zamanımız yok. Hemen gidelim.

Sordum, hemen söyledi.

Şimdi gidiyorum, hemen döneceğim.

b) **hémen** 'right' , 'just'   Sample Sentence Drill

Sola dönün, lokanta hemen orada.

Hemen şurada bir otel var.

Ahmedi hemen şuracıkta gördüm.

Hemen buralarda ucuz otel var mı?

c) **hémen hemen** 'almost', 'just about' Simple Substitution Drill

Hemen hemen	üç saat bekledim.
	iki saat uyudu.
	her gün sizdeler.
	her dakika paraya ihtiyacı olduğunu söylüyor.
	her hariciyeci onu tanır.

26.2 Questions on the Dialog and Related Questions:

1. Bülent hangi caddede oturuyor?

2. Orhanın niçin erken dönmesi lâzımdı?

3. Orhan kütüphanede ne yapacaktı?

4. Orhanla Bülent içerde ne yapacaklar?

5. Burada kütüphane var mı?

6. Yakında postahane var mı?

7. İstasyon buraya uzak mı?

8. Yakında mı oturuyorsunuz?

9. Bu sabah yürüdünüz mü?

10. Çok yürür müsünüz?

26.3 Note: Omission of Possessed Suffixes on Certain Possessive Constructions:

Buraya kadar yürümüşken,bari <u>bizim</u> eve de uğrayalım.

This sentence from the dialogue illustrates a construction in which a first

person possessor (bizim) is followed immediately by the item possessed.   In

such a construction, the possessor is expressed only to provide contrast with

something else in the sentence (in this case the implication is that we've

come this far to stop in and do some errand or other and why not just go a bit

farther and stop off at another place - namely <u>our</u> house).   The personal pos-

sessed suffix on the item possessed would be quite redundant.   This redundency

is usually avoided when the possessor is first person, expecially if the item

possessed is of some considerable value or symbolizes some status.   It is less

likely to be omitted with second person and is not omitted with a third person

possessor.   The rationale of this construction may be that one does not wish

overly to call attention to ones own possessions hence when contrastive emphasis

requires the possessor form of the first person pronoun (benim or bizim),

modesty dictates the omission of the redundent possessed suffix on the item

possessed.   If other words intervene between possessor and possessed, the omis-

sion of the possessed suffix is not possible.

26.4 Note: Phrase Final Suffix $\{-(y)ken\}$:

A phrase-final suffix is one which occurs on a predicate (usually a sub-

ordinate predicate in a longer sentence) and which is never followed by any

other suffix - personal or otherwise.

Buraya kadar yürümüşken,bari bizim eve de uğrayalım.

This sentence from the dialogue illustrates the suffix $\{-(y)ken\}$.   The form of

this suffix is /-yken/ after a vowel and /-ken/ after a consonant,and the syll-

able /ken/ is non-harmonic (always has the vowel /e/) and unstressable.   In this

sentence the suffix occurs suffixed to the participle yürümüş 'have walked'.

The suffix is a form of the hypothetical verb 'imek' parallel to $\{-(y)dı\}$ and

{-(y)mış} (see 15.3 and 19.1) and, like those forms, has an independent
literary form occasionally seen in writing - <u>iken</u> (parallel to <u>idi</u> and <u>imiş</u>).

The meaning of the suffix is a temporal one - variously to be translated
'when', 'while' and, by extension of the temporal meaning, 'since' and 'al-
though'. Like the other 'imek' forms, it may occur after noun or adjective
predicates as well as after verbal participles: <u>buradayken</u> 'when/while/since
[one is] here.' This suffix does not follow the past form of the verb with
suffix {-dı} .

None of the phrase-final suffixes accepts any personal suffix and the per-
son of the actor performing the action denoted by the verb stem of the phrase-
final is indicated by the context. In the sample sentence the actor is inter-
preted as first person plural since the second clause of the sentence has a
first person plural personal suffix and no other person is referred to anywhere
in the sentence. See the drills below for further examples of the use of this
suffix.

26.5 Grammar Drills on {-(y)ken} :

a) Directly on a noun stem with no subject Multiple Substitution Drill

	Çocukken	çok	meşguldüm.	When a child.......
(sen)	Hariciyeciyken		meşguldün.	While an FSO.......
(biz)	Askerken		meşguldük.	a soldier....
(siz)	Yüzbaşıyken		meşguldünüz.	a captain....
(onlar)	Bekçiyken		meşguldüler.	a watchman...
(o)	Kapıcıyken		meşguldü.	a doorman....
	Şoförken			a driver.....
	Konsolosken			consul.......
	İyiyken			well........
	Rahatken			Since comfortable..

b) On a noun with suffix {-dá} : Multiple Substitution Drill

		bir iki beyle	tanışmıştım.
(siz)	Ankaradayken		tanışmıştınız.
(biz)	Oradayken		tanışmıştık.
(o)	Oteldeyken		tanışmıştı.
(sen)	Amerikadayken		tanışmıştın.
(siz)	Seyahatteyken		tanışmış mıydınız?
	Benzincideyken		

c) With <u>var</u> and <u>yok</u>: with subject stated. Sample Sentence Drill

Ben varken size niçin sorsun? — When since I'm here why should he ask you?

Ben yokken ne yaptınız? — What did you do when I wasn't here?

Biz otelde yokken gelmişler. — They evidently came when we weren't at the hotel.

Param varken herşeyi almak isterim. — When I have money I want to buy everything.

Parası yokken hiç bir yere gitmez. — When he hasn't money he doesn't go anywhere.

d) On participles with suffix {-(á,í)r}   Sample Sentence Drill

Okurken başka şey düşünmem.

Uyurken hiç Lir şey duymaz.

Beni Ahmede takdim ederken 'Çok iyi arkadaşım Ali'dedi.

Parayı verirken bir şey söyledi mi?

Gelirken üç yerde durduk.

Çay içerken birisi gelmiş.

Tercüme ederken yorgundunuz.

e) Some examples of ambiguity with this construction: Sample Sentence Drill

Aliyi konuşurken gördüm. — I saw Ali while he was talking.
or — I saw Ali while I was talking.

Aliye sizi beklerken telefon ettim. — I phoned Ali while he was waiting for you.
or — I phoned Ali while I was waiting for you.

but note:

Konuşurken Aliyi gördüm.　　　　　I saw Ali while I was speaking.

Sizi beklerken Aliye telefon ettim.　　I phoned Ali while I was waiting
　　　　　　　　　　　　　　　　　for you.

Çayı tazeyken severim.　　　　　　I like tea when it is fresh.
　　　　　　　　　　　　　　　　(no ambiguity because of the meanings)

f)　on participle with {-míş} : 'since'　Simple Substitution Drill

	Buraya kadar gelmişken bize de	uğrayalım.	Since we've.
(siz)		uğrayın.	you've.
(o)		uğrasın.	he's.
(sen)		uğra.	you've.
(onlar)		uğrasınlar.	they've
(siz)		uğrayınız.	you've.

g)　Single Substitution Drill

	Amerikaya gelmişken bari İngilizce de	öğren.
(siz)		öğrenin.
(ben)		öğreneyim.
(o)		öğrensin.
(biz)		öğrenelim.
(onlar)		öğrensinler.
(siz)		öğreniniz.

h)　Single　Substitution Drill

	Başlamışken bari tercüme de	edelım.
(siz)		edin.
(sen)		et.
(o)		etsin.
(onlar)		etsinler.
(siz)		ediniz.

i) on participles with {-mí\$} and {-(y)acák} followed often by a negative in

the main clause. 'although'   Sample Sentence Drill

Parasını vermişken almadı.

Although [somebody] gave [him] his
money, he didn't take it.

Çayı ısmarlamışken beklemedi, gitti.

Although he ordered the tea, he didn't
wait [for it] [but] left.

Söz vermişken gelmedi.

Although he promised he didn't come.

Gidecekken gitmedik.

Although we were going to go, we
didn't go.

Alacakken düşündüm almadım.

Although I was going to buy [it],
I considered [and] didn't but [it].

Bize gelecekken sinemaya gitmişler.

Although they were going to come to
[visit] us, they apparently went
to the movies.

26.6 Note: The General Verbal Conjunctive Suffix {-(y)íp}:

Sabahleyin vagon restorana gidip taze bir çay içtim.

This sentence from an earlier dialogue illustrates a stressable suffix

which resembles a phrase-final suffix but has a broader application. The form

of the suffix is {-yíp} after vowels and {-íp} after consonants. Its function

is to denote simply that the verb stem to which it is attached is to be con-

strued as having all the same suffixes as the next verbal form which occurs in

the sentence. Thus in addition to its use as in the sentence above to join two

clauses into a compound sentence translated 'I went to the dining car and drank

a fresh [cup of] tea.', it may also occur when the next verbal form in the

sentence is a verbal noun, in which case it indicates that the verb stem to which

it is attached is to be construed also as a verbal noun in parallel construction

with the following one:

Alıp götürmem lâzım.

I must get [it] and take it along.

Gidip gitmeyeceğini söylemedi.

He didn't say whether he was
going to go or not ('His going,
his not going he didn't say.')

285

In the sample sentence at the beginning of this note this conjunctive form joins two verbal forms of which the second is a predicate and so forms a compound predicate. In this usage this conjunctive form functions like a phrase final and is followed like other phrase finals by /||/ juncture. The drills below provide practice in this usage - others will be drilled in future units.

26.7 Grammar Drills on {-(y)íp}

a) Followed by the participle with suffix {-(y)ácák}. Multiple Substitution Drill

	Kahve içip	geleceğim.
(o)	Simit alıp	gelecek.
(biz)	Haber verip	geleceğiz.
(onlar)	Taksi çağırıp	gelecekler.
Bülent	Aliye bir şey söyleyip	
	Mektubu gönderip	
	Ahmedi oteline bırakıp	

b) Repeat drill (a) using the verb form with suffix {-dí} - the past: ie.

    Kahve içip   geldim.

        etc.   etc.

c) Repeat drill (a) above using the participle with suffix {-míş} plus {-(y)dı}:

    Kahve içip   gelmiştim.

        etc.   etc.

d) Repeat drill (a) with the participle with suffix {-íyor} :

    Kahve içip   geliyorum.

        etc.   etc.

26.8 Note: Interjections with ne 'what':

        Ne tesadüf!   What a coincidence!

The question word ne functions as a modifier of nouns or adjectives in interjections. The construction is very similar to the English construction which

serves as its translation above. The question word <u>nasıl</u> may also be heard
occasionally in such interjections.

26.9 Grammar Drill on Interjections with <u>ne</u>. Sample Sentence Drill

Ne iyi adam!	What a good man!
Ne güzel ev!	What a pretty house!
Ne yazık!	What a pity!
Ne güzel kız!	What a beautiful girl!
Ne iyi şey!	What a wonderful thing!
Ne eski bina!	What an ancient building!
Ne çok yiyor!	How much he eats!
Ne çok konuşuyor!	How much she talks!
Ne kadar güzel konuşuyorsunuz!	How beautifully you speak!
Nekadar güzel bir gün!	How beautiful a day!
Nekadar iyi bir çocuk!	How good a child!
Eviniz nekadar temiz!	How clean your house is!
Nekadar meraklısınız!	How interested you are' or How concerned you are!

26.10 Narrative Drill

Orhanla Bülent çok yürümüşlerdi, yorgundular. Bülent orada yakında oturu-
yordu. Evi Atatürk Caddesindeydi. Oraya kadar yürümüşken, Bülent'in evinde
bir çay içip dinlenmek istediler. Yalnız, Orhan çok oturmayacaktı; çünkü kütüp-
hanye uğraması lâzımdı. Daha evvel bir kitap almıştı, onu iade etmek istiyordu.

UNIT 27

27.0 Dialog: 'At Bülent's House (I)

-Orhan-

Yakınmış, ben daha uzakta otur-   It's close! I was thinking you
                                               lived farther away.

duğunuzu zannediyordum.

-Bülent-

defa   time, occasion

bir defa   once

Bize daha evvel bir defa gelmiştiniz,   You came to see us once before
                                               didn't you?

değil mi?

-Orhan-

yıl   year

yılbaşı   New Years (head
                                                  of the year)

kutlamak   to celebrate

Evet, geçen yılbaşı gecesini   Yes, we celebrated last New
                                               Year's eve at your place.

sizde kutlamıştık.

-Bülent-

anne   mother

O halde annemle tanışmamıştınız,   In that case you've not met my
                                               mother because she was on a
çünkü annem yılbaşında seyahat-   trip at New Years...My friend
                                               Orhan, Mother.
teydi. Arkadaşım Orhan, anne.

-Zeynep Hanım-

yavrú/ evlât	offspring, child

Hoş geldiniz, evlâdım.   Welcome, my child. I'm glad
to meet you.

Tanıştığımıza memnun oldum.

-Orhan-

hanım	lady
hanímefendi/hánfendi/	honored lady, madame

Müşerref oldum, hanımefendi.   I'm honored, madame.

-Bülent-

şöyle	thus, in that fashion
koltuk	armchair, (also 'elbow')

Şöyle oturun, Orhan, o koltuk   Sit over there, Orhan. That arm-
chair is more comfortable.

daha rahat.

27.1 Vocabulary Drills

a) <u>oturmak</u> 'to reside, to live' Sample Sentence Drill

Nerede oturuyorsunuz?	Where do you live?
Buradan çok uzakta oturuyorlarmış.	They're said to live a long distance from here.
Hangi caddede oturuyor?	Which avenue does he live on?
Atatürk Caddesinde oturuyoruz.	We live on Ataturk Avenue.
Eskiden İnönü Bulvarında oturuyorduk.	We used to live on Inonu Boulevard.

b) <u>oturmak</u> 'to sit' Sample Sentence Drill

Lütfen şu koltuğa oturun.	Please sit in that chair.
Yere oturalım.	Let's sit on the floor.
Buraya oturmayın.	Don't sit here.

289

Şurada oturan hanımı görüyor musunuz?	Do you see the lady sitting over there?
Şu masada oturanlar Türkçe bilmiyorlar mı?	Don't these sitting at that table know Turkish?

c) <u>oturmak</u> 'to stay' Sample Sentence Drill

Ahmetlere gittik, iki saat oturduk.	We went to the Ahmets' [and] stayed two hours.
Alilerde kaç saat oturacaksınız?	How many hours are you going to stay at the Alis'.
Bülentlere gidiyorum, biraz oturup gelirim.	I'm going to the Bülents'. I'll stay just a little and come [back].

27.2 Questions on the Dialog and Related Questions:

1. Orhan Bülentlere daha evvel kaç defa gitmişti?

2. Orhan geçen yılbaşı gecesini nerede kutlamıştı?

3. Bülent'in annesi yılbaşında neredeymiş?

4. Bülent'in annesinin ismi ne?

5. Bülent annesini kiminle tanıştırdı?

6. Geçen yılbaşını siz nerede kutladınız?

7. Günde kaç defa yemek yersiniz?

8. Günde kaç defa çay içiyorsunuz?

9. Yılda kaç defa sinemaya gidersiniz?

27.3 Note: Comparison with and without <u>daha</u>:

Şöyle oturun, Orhan, o koltuk daha rahat.

This sentence from the dialogue illustrates the use of <u>daha</u> 'more' in comparison. When the item to which something is being compared is not mentioned as in this case, the use of <u>daha</u> is required to effect a comparison since the sentence <u>o koltuk rahat</u>. 'That armchair is comfortable' is not a comparison. When, however, the two items being compared are both mentioned, the suffix {-dán} identifies the lesser item, <u>daha</u> is somewhat redundant and its use is not obligatory. Thus these two sentences both have the same translations:

Bu koltuk o koltuktan daha rahat.   This armchair is more comfortable than
                                     that armchair.

Bu koltuk o koltuktan rahat.

Note that daha functions to effect a comparative translating both English forms

with more, such as 'more comfortable' and those with suffix -er, as 'better'.

27.4 Grammar Drills on Comparisons

daha 'more' in Comparisons: Sample Sentence Drill

Ahmet benden daha büyüktür.	Ahmet is older that I.
Ahmet daha büyüktür.	Ahmet is older.
Ahmet benden büyüktür.	Ahmet is older than I.
Bu kitap o kitaptan daha iyi.	This book is better than that.
Bu kitap daha iyi.	This book is better.
Bu kitap o kitaptan iyi.	This book is better than that.
Ali Ahmetten daha küçük.	Ali is younger than Ahmet.
Ali daha küçük.	Ali is younger.
Ali Ahmetten küçük.	Ali is younger than Ahmet.
Bu koltuk şu koltuktan daha rahat.	This armchair is more comfortable than that armchair.
Bu koltuk daha rahat.	This armchair is more comfortable.
Bu koltuk şu koltuktan rahat.	This armchair is more comfortable than that armchair.

27.5 Note: The Use of en and of the Possessed Suffixes in the Superlative:

     The superlative in Turkish is expressed by the word en 'most' before the

quality. The word is commonly used adjectivally as in:

          én rahat koltuk   'the most comfortable armchair'

However, the word denoting the quality may also have a third person possessed

suffix and not be followed by any noun. In such a case the denotation is

'the....est one':

          en rahatı   'the most comfortable'

This construction is frequently preceded by a possessor noun or a noun with

suffix {-dán} indicated from among what items the one designated is the ...est:

    koltukların en rahatı   'the most comfortable of the armchairs'

    koltuklardan en rahatı

In such constructions, of course, the word with the possessed suffix is a noun

and, as such, may be inflected with relational suffixes as direct object, etc.:

    Bunların en iyilerini ben aldım.   'I bought the best of these.'

This construction is reminiscent of the construction in English here used to

translate it - in which a superlative occurs with the and functions as a noun.

Note however, that, while in English the use of an 'adjective' as noun in this

way is restricted to the superlative (or the 'comparative' of two items) in

Turkish the comparative form may also occur in this construction:

    Bunun daha iyisini istiyorum.   'I want a better one of these
                          than this.' ('This's better
                          I want.')

and, indeed, the 'adjective' inflected with possessed suffix may occur as noun

with or without relational suffixes in other constructions than those involving

comparison:

    Çocukların çoğu çalışmaz. Most children don't work. ('of children
                           the most don't work')

27.6 Grammar Drill on en 'most' etc.

a) Sample Sentence Drill

En büyük oda benim.   The biggest room is mine.

Çocukların en büyüğü benim.   I'm the biggest of the children. (The
                           children's biggest I am')

En yakın arkadaşınız kim?   Who's your closest friend?

En yakın lokanta on dakika uzakta. The nearest restaurant is ten minutes away.

En ucuz koltuklar burada.   The cheapest armchairs are here.

b) Simple Substitution Drills:

En	pahalısı	burada.
	ucuzu	
	iyisi	
	büyüğü	
	küçüğü	
	rahatı	
	hoşu	
	yakını	
	uzağı	
	çoğu	
	azı	

En	pahalısını	ben aldım.
	ucuzunu	
	iyisini	
	büyüğünü	
	rahatını	
	çoğunu	
	azını	
	küçüğünü	

c) with {-dán} Simple Substitution Drill

En	ucuzundan	istiyorum.
	pahalısından	
	iyisinden	
	büyüğünden	
	küçüğünden	

d) With çok and az without Possessed Suffixes: Multiple Substitution Drill

En	çok	kim çalışır?
	az	Ahmet okuyor.
		ben yürürüm.
		siz gülüyorsunuz.

e) çoğu without Comparative or Superlative :   Multiple Substitution Drills

Hariciyecilerin	çoğu	orada
Arkadaşlarımın		iyi
Kitapların		burada
Lokantaların		
Onların		

Arkadaşlarımın	çoğunu	gördünüz.
Şoförlerin		bilirim.
Onların		
Kitapların		
Lokantaların		

f) çok with Other Possessed Suffixes: Sample Sentence Drill

Çoğumuz İngilizce biliyoruz.

Çoğumuz çalışmadık.

Çoğumuz sizinle gitmek istiyoruz.

Çoğunuz iyi konuşuyorsunuz.

Çoğunuz çalışmışsınız.

Çoğunuz iyi bilmiyorsunuz.

27.7 Narrative Drill:

Orhan Bülent'in evine daha evvel bir defa gitmişti. Geçen yılbaşı gecesi-
ni Bülentlerde kutlamışlardı. Fakat evi iyi bilmiyordu; daha uzakta olduğunu
zannediyordu. Ev o kadar uzakta değildi.

Bülent Orhan'ı annesiyle tanıştırdı. Daha evvel tanışmamışlardı, çünkü
Bülent'in annesi geçen yılbaşında seyahatteydi.

UNIT 28

28.0   Dialog: 'At Bülent's House' (II)

-Bülent-

Babam evde yok mu, anne?   Isn't Dad home, mother?

-Zeynep-

ağa   Aga (a title of
                                                  respect now gen-
                                                  erally used for
                                                  village elders)

ağabey   elder brother

sinéma   movies

Hayır, ağabeyinle sinemaya gitti.   No, he went to the movies with
                                                  your (older) brother.

-Bülent-

Hangi sinemaya?   Which theatre?

-Zeynep-

Ar   Ar (a theatre name)

Ara.   To the Ar.

-Bülent-

seans   showing

Kaç seansına?   To what showing?

-Zeynep-

buçuk   --and a half (after
                                                  a whole number)

Dört buçuğa. Biraz daha erken   To the four thirty [showing].
                                                  If you'd come a bit earlier
                                                  you'd have [been able to] gone
gelseydiniz, siz de onlarla gider-   with them.

diniz.

295

-Bülent-

yok	No!
annecik	little mother, dear mother
oynamak	to play, to appear (at a theatre)
filim	film, movie
neredeyse	almost, at any moment, about to wherever...is

Yok, anneciğim; gitmediğimiz daha

iyi oldu. Ar'da oynayan filim

hiç iyi değilmiş. Zaten onlar da

neredeyse gelirler.

No, Mother dear, it was better we didn't go. The film playing at the Ar is reportedly no good at all. Anyway they'll come at any moment.

-John-

son zamanlarda	lately ('at the last times')

Son zamanlarda hiç sinemaya gitmedim.

I haven't been to the movies at all lately.

-Bülent-

tip	type, kind

En çok ne tip filimleri seversiniz?

What kind of films do you like best?

-John-

kovboy	cowboy
gangister	gangster

Kovboy ve gangister filimlerini

çok severim doğrusu.

I really like cowboy and gangster movies a lot.

28.1 Questions on the Dialog and Related Questions:

1. Bülendin babası evde miydi?

2. Sinemaya kiminle gitmişti?

3. Hangi sinemaya ve kaç seasına gitmişlerdi?

4. Bülent te gitmek ister miydi?

5. Ar'da oynayan filim iyi miymiş?

6. John en çok hangi tip filimleri severmiş?

7. Siz kovboy filimlerini sever misiniz?

8. Sinemaya çok gider misiniz?

9. Son zamanlarda gördüğünüz bir filmin ismini söyleyin.

10. Gördüğünüz o filim hangi tipti?

11. Bu hafta ___'da ne oynuyor? (Use name of a local theater.)

28.2 Note: {-cík} - Diminutive Suffix

     Yok, anneciğim.   'No, Mother dear.'

This sentence from the dialogue exhibits the suffix {-cík} a stressable suffix the denotation of which is diminutive - giving the sense of 'little' and also the implication of 'dear' or 'dear little'. The sense is affectionate rather than patronizing and it is commonly used to familiars such as members of the family, dear friends and the like.

28.3 Grammar Drill on {-cík} Sample Sentence Drill

Ahmetciğim! Çocukları çağırır mısın?	Ahmet [dear]! Will you [please] call the children?
Babacığım! Taksi sizi bekliyor.	The cab is waiting for you, dad.
Ahmetcik ne yapacağını bilmiyordu.	Poor Ahmet didn't know what he was going to do.
Rahat bir odacık buldum.	I found a comfortable little room.
Şuracıkta bir postahane var.	There's a post office right here.
Şu kadarcık kâfidir.	This little bit is enough.

28.4 Note: {-(y)sa} - Real Conditional Enclitic

Dolmuş yoksa telefon eder bir taksi çağırırım.

The suffix {-(y)sa} is a 'conditional' enclitic translating commonly as 'if'. It is a form of the hypothetical verb 'imek' parallel in structure to {-(y)dı} 'past' and {-(y)mış} presumptive' and, like them, is unstressable and may occur following any predicate - noun, adjective or participle. The personal suffixes following {-(y)sa} are the same as those following {-dı} and {-(y)dı} - the past forms. Like the other 'imek' forms, this one has an independent literary form occasionally seen in writing but seldom heard - ise.

In addition to this conditional form of 'imek', there is also a 'conditional tense' with suffix {-sá} added directly to the verb stem. This form will be taken up in detail in a later unit. It occured in the dialog in the sentence:

Biraz daha erken gelseydiniz, siz de onlarla giderdiniz.

'Had you come a bit earlier you too would have gone with them.'
As can be seen from this example, this form expresses the kind of conditional which is commonly referred to as 'contrary to fact' and which requires subjunctive forms in some English usages - forms like 'If I were you' and the like.

In contrast, the enclitic {-(y)sa} expresses what may be called a 'real condition' - the possible occurrence of something. Thus in the sample sentence at the head of this note there is a real possibility that there is no taxi and the translation 'if there be no taxi' would not be appropriate.

The forms of this suffix with personal suffixes and following different types

of predicates are exhibited below:

After a participle:

gidersem	If I go	gidersek	If we go
gidersen	If you go	giderseniz	If you go
giderse	If he goes	giderlerse	If they go

After an adjective:

yoksam	If I'm not present	yoksak	If we're not in
yoksan	If you're not present	yoksanız	If you're not in
yoksa	If he's not present	yoklarsa	If they're not in

Following suffix {dá}

oradaysam	If I'm there	oradaysak	If we're there
oradaysan	If you're there	oradaysanız	If you're there
oradaysa	If she's there	oradalarsa	If they're there

Care must be exercised in pronouncing {-(y)sa} especially before second per-

sonal suffixes. Contrast:

    gelirsiniz 'You will come.'

    gelirseniz 'If you come.'

The difference between these two utterances is not only the difference in the

vowel, but also the difference in the juncture which, in most contexts, occurs

following them. The conditional form is regularly final in a subordinate pred-

icate and is followed by /∥/ juncture with another predication following that.

    'Real' conditional clauses are often introduced by the word eğer 'if' to

emphasize their conditional nature:

    Eğer taksi yoksa.....

28.5 Grammar Drills on {-(y)sa}

a) After Adjectives: Multiple Substitution Drill

Ucuzsa	alırım.
İyiyse	al.
Rahatsa	alın.
Büyükse	alalım.
Küçük değilse	almayalım mı?
	alacağız
	alsınlar
	alacakmış.
	alır.
	almaz.

b) After Nouns: Multiple Substitution Drill

Ahmetse	gelsin
Benzinciyse	buyursun
Arkadaşınızsa	verir
Konsolossa	yapacak
	onu görelim

c) After Suffix {-da} : Multiple Substitution Drill

Postahanedeyse	acele gelsin
Lokantadaysa	onu görürüm
Oradaysa	ona söylerim
Ankaradaysa	niçin haber vermiyor?
Buradaysa	hemen mektup yazsın.
Kapının önündeyse	onunla konuşalım.
Evdeyse	

d) Plural: Multiple Substitution Drill

Lokantadalarsa	onları beklemeyeyim.
Postahanedelerse	görüşürüz.
Oradalarsa	söylerim.
Kapının önündelerse	onları görürüm.
Ankaradalarsa	size haber veririz.
Köşedelerse	bana bildirin.

e) With <u>değil</u>: Sample Sentence Drill

Otelde değilsem lokantaya bakın.

Lokantada değilse nerededir?

Evde değilsen kime soralım?

Ahmet değilse kim olacak?

Rahat değilseniz ne yapalım?

İyi değilse iade edelim.

f) With Various Personal Suffixes: Sample Sentence Drill

Hastaysam ona ne?   [And] if I'm sick, what's [it] to him?

Rahatsızsanız niçin dinlenmiyorsunuz?

İyiysem iyiyim.

İyiyseniz niçin çalışmıyorsunuz?

Hastaysak hastayız, ne yapalım?

Yabancıysak onlara ne?

Yabancıysalar onlara yardım edelim.

Hastaysalar doktora gitsinler.

g)   After Participle with Suffix {-(á,í)r} Simple Substitution Drill

Gelirse	iyi olur.
	beni görsün.
	onunla konuşacağım.
	görürüz.
	söylemeyin.
	beklesin.
	haber versinler.
	memnun olurum

h)   Negative

Gelmezse	ne yapayım?
	telefon edin.
	telefon edeyim mi?
	haber veririm.
	ben gideceğim.
	gelmesin.
	memnun olurlar.

i)   First Person

Gelirsem	sizi görürüm.
	size de haber veririm.
	memnun olur.
	beni de götürür müsünüz?
	yardım ederler mi?
	benimle konuşacakmış.

j) Negative

Gelmezsem	siz yemeğinizi yiyin.
	gitsinler.
	Ahmedi gönderirim.
	üzülürler.
	size ne?
	üzülür müsünüz?
	ne olur?

k) Second Person

Gelirsen	görüşürüz.
Gelirseniz	memnun oluruz.
	memnun olurlar.
	iyi olur.

l) Negative

Gelmezsen	merak ederiz.
Gelmezseniz	üzülürüz.
	biz yemeğimizi yeriz.
	biz de gitmeyiz.

.m) Third Person Plural

Gelirlerse	onlara konuşunuz.
	size de bildiririm.
	sinemaya gideceğiz.
	onları sinemaya götüreceğiz.
	iyi olur.
	memnun oluruz.

n) Negative

Gelmezlerse	ne yaparız?
	telefon edelim mi?
	biz nereye gideceğiz?
	yalnız gideceğiz.
	siz gelir misiniz?
	gelmesinler.

o) First Person Plural

Gelirsek	bizi onlarla tanıştırır mısınız?
	ne vereceksiniz?
	ne yiyeceğiz?
	konuşuruz.

p) Negative

Gelmezsek	siz gidin.
	Aliyi göndeririz.
	parayı göndermezler.
	üzülmeyin.
	merak etmesinler.

q) After Participle with Suffix {-(y)ácák} Substitution - Correlation Drill

Cue	Pattern
	<u>Ali</u> tercüme edecekse_ ben etmeyeyim.
siz	<u>Siz</u> tercüme edecekse<u>niz</u> ben etmeyeyim.
onlar	<u>Onlar</u> tercüme edecek<u>lerse</u> ben etmeyeyim.
sen	<u>Sen</u> tercüme edecekse<u>n</u> ben etmeyeyim.
o	<u>O</u> tercüme edecekse ben etmeyeyim.
Ahmet	Ahmet tercüme <u>edecekse</u> ben et<u>me</u>yeyim.
etmeyecekse	<u>Ahmet</u> tercüme etmeyecekse ben edeyim.
onlar	<u>Onlar</u> tercüme etmeyecek<u>lerse</u> ben edeyim.

<u>Onlar</u> tercüme etmeyecek<u>lers</u>e, ben edeyim.

siz	<u>Siz</u> tercüme etmeyecek<u>seniz</u> ben edeyim.
o	<u>O</u> tercüme etmeyecekse_ ben edeyim.
sen	<u>Sen</u> tercüme etmeyecekse<u>n</u> ben edeyim.
Ali	Ali tercüme etmeyecekse ben edeyim.

r) After {-íyor} Simple Substitution Drill

	Mektup yazıyorsanız	gelmeyeyim.
(onlar)	Mektup yazıyorlarsa	
(sen)	Mektup yazıyorsan	
(o)	Mektup yazıyorsa	
(siz)	Mektup yazıyorsanız	

s) Simple Substitution Drill

	Mektup yazmıyorsanız	geleyim.
(o)	Mektup yazmıyorsa	
(sen)	Mektup yazmıyorsan	
(onlar)	Mektup yazmıyorlarsa	
(siz)	Mektup yazmıyorsanız	

t) After {-dí} Substitution - Correlation Drill

Cue	Pattern
	Söz verdiyse_ gelir.
(ben)	Söz verdiyse<u>m</u> gelirim.
(siz)	Söz verdiyse<u>niz</u> gelirsiniz.
(onlar)	Söz verdi<u>lers</u>e gelirler.
(biz)	Söz verdiyse<u>k</u> geliriz.
(sen)	Söz verdiyse<u>n</u> gelirsin.
Ali	Ali söz verdiyse gelir.

28.6 Note {-(y)sa} Following Questions Words '.....ever':

    /neredeyse/ 'any moment, about to' /kimse/ 'person, anyone'

    The suffix {-(y)sa} following questions words - ne and compounds with ne, such as nekadar; kim, hangi, nasıl, kaç - produces forms with similar use and meaning to English forms with -ever following questions words - like whatever, wherever, however, whoever. Note the following sentences:

Bu kitap kaç liraysa alalım.	'However many liras this book is, let's buy it.'
Neyse gidelim.	'Let's go anyway (whatever [it may be]).'
Hangisiyse gelsin.	'Whichever one [it is], let him come.
Her nasılsa gidiyoruz.	'We're going no matter how (However [it may be]).'
Kimse kapıyı açmayalım.	'Let's not open the door, no matter who it is (whoever it may be.'
Ali neredeyse ona haber verelim.	'Let's let Ali know, wherever he is.'

Two of these constructions occur used not as subordinate predicates but as if they were simple word stems: kimse in the sense of 'anybody' as a noun: and neredeyse in the sense of 'any moment' or 'about to', as an adverb. The latter occurred in the sentence of the dialog:

    Zaten onlar da neredeyse gelirler. 'Anyway they'll come at any moment.' This usage is almost exactly parallel to that of az kaldı 'almost'. See the drills below for further examples of these forms.

    kimse as a noun occurs in such sentences as:

Kimse gelmedi.	'Nobody came (Anybody didn't come).'
Burada kimse var mı?	'Is anybody here?'
Kimseyi görmedim.	'I didn't see anybody.'

28.7 Grammar Drills on <u>neredeyse</u>

a) With Present or Future Predications: Simple Substitution Drill

Neredeyse	gelir	He'll come any moment.
	akşam olacak.	It's just about to become evening.
	dönerler.	They're about to return.
	sabah olacak.	It's nearly morning.

b) With Past Predications: Multiple Substitution Drill

Neredeyse	alıyordum.	I almost bought [it].
Az kaldı	alacaktım.	I was just about to buy it.
	yardım etmeyecektim.	I nearly didn't help.
	size telefon ediyorduk.	We were just about to call you.
	gelmeyecektik.	We almost didn't come.
	soracaktı.	She was just about to ask.
	soruyordu.	She nearly asked.
	trenle gidecektik.	We were just about to go by train.
	telgraf çekiyordum.	I almost sent a wire.

28.8 Narrative Drill

Bülentin babası evde yoktu. Ağabeyiyle babası dört buçuk seansına, Ar sinemasına gitmişlerdi. Bülent onlarla gitmediğine memnun oldu; çünkü ona, Ar'da oynayan filimin güzel olmadığını söylemişlerdi. Ağabeyiyle babası neredeyse sinemadan döneceklerdi.

John son zamanlarda hiç sinemaya gitmemişti. En çok kovboy ve gangister filimlerini seviyordu.

Note: The word ağabey 'elder brother' occurs both with the 'regular' possessed suffix as ağabeyi 'his elder brother' and, probably because it often is pronounced with a long /e/ sound at the end and without /y/, sometimes also occurs with the suffix appropriate to vowel final forms as ağabeysi /ābēsi/.

UNIT 29

29.0 Dialog: 'Admiring the Home'

Adnan

Buyrun efendim. Hoş geldiniz.   Come in, sir. Welcome.

Mete

güzel	beautiful, lovely, fine
máşallah	God be praised! Goodness! My!

Hoş bulduk. Maşallah eviniz çok   Glad to be here. My, your house is

guzel ve çok rahat.   very lovely and comfortable.

Adnan

epeydir   it's a long time

Teşekkür ederim. Epeydir böyle   Thank you. We'd been looking for

bir ev arıyorduk.   such a house for a long time.

Mete

taşımak	to move, to carry (from one place to another)
taşınmak	to move (oneself), to change residence

Ne zaman taşındınız?   When did you move [in]?

Adnan

ay   moon, month

İki ay oldu.   It's been two months.

Mete

satın almak	to purchase
yóksa	or, otherwise
kira	rent

kirayla oturmak   to rent [a residence], to
                                         occupy a rented place

Satın mı aldınız, yoksa kirayla mı   Did you buy [it] or are you renting'

oturuyorsunuz?

                              Adnan

   gezmek   to go about, stroll, sightsee

   ne gezer   not likely! fat chance!

Ne gezer! kirayla oturuyoruz.   Not likely! We're renting.

                              Mete

   aydán aya   monthly, from month to month

Kirayı aydan aya mı veriyorsunuz?   Do you pay the rent monthly?

                              Adnan

   péşin   in advance; former, first;
                                         ready (money)

   kontrat   contract, lease

   ayrı   other, apart, separated,
                                         isolated

   áyrıca   separately, in addition,
                                         besides

Evet, fakat bır senelik peşın   Yes, but we paid a year in advance.
                                        In addition we made a two year
                                        lease.
verdik. Ayrıca iki senelik te

kontrat yaptık.

                              Mete

   ısıtmak   to heat

   kalorifer   radiator, central heating

Nasıl ısıtıyorsunuz? Kalorifer

var mı?

                  How do you heat [it]? Is there
                     central heating?

           Adnan

Evet var.

                  Yes, there is.

           Mete

     odun   firewood

     kömür   charcoal, coal

Ne kadar güzel! Oduna kömüre

ihtiyacınız yok.

                  How wonderful! You have no need o
                     firewood and charcoal.

           Adnan

     ton   metric ton (2200 pounds)

     kók kömürü   coke

     aile   family

Yalnız her aileye bir ton kok kömürü

veriyorlar.

                  They only allow one ton of coke
                     per family.

           Mete

Kaloriferin temizliği kâfi.

  Güle güle oturun.

                  The cleanliness of central heat is
                     enough [to justify it]. Enjoy
                     your stay!

           Adnan

Teşekkür ederim.   Thank you.

29.1   Questions on the Dialog and Related Questions

1.   Mete Adnanın evini nasıl buldu?

2.   Adnan beyi kim ziyaret ediyor?

3. Adnan beyin evi Mete'nin hoşuna gitti mi?

4. Kaç ay evvel taşınmışlar?

5. Evi satın mı almışlar veya kirayla mı oturuyorlarmış?

6. Ne kadar peşin vermişler?

7. Kontratları kaç senelikmiş?

8. Kirayı her ay mı veriyorlarmış?

9. Evde kalorifer var mıymış?

10. Kalorifer için hangi kömürü alıyorlarmış?

11. Türkiyede odun ve kömür pahalı mı?

12. Umumiyetle kaloriferli evler daha pahalı, değil mi?

13. Eviniz büyük mü?

14. Evinizde kaç oda var?

15. Evinizi kömürle mi ısıtıyorsunuz?

29.2 Vocabulary Drills:

a) <u>Maşallah</u> 'How wonderful', 'Lord be praised' Sample Sentence Drill

Maşallah güzel bir çocuk.	What a lovely child!
Maşallah, hoş geldiniz.	How wonderful! Welcome.
Ne iyi bir kız maşallah.	What a fine girl, (Lord be praised). *
Sizi görene maşallah.	You're a hard man to get to see. ('To those who see you - Lord be praised')

b) <u>Epeydir</u> 'It's a long time' Sample Sentence Drill

Epeydir sizi göremedim.	I haven't see you ('I haven't been enabled to see you') for ages.
Epeydir buraya gelmiyordunuz.	It's been a long time since you came around. (It's a long time you weren't coming here.')

---

* Cultural Note: Turks do not praise the children of their friends without maşallah. To do so would violate a common superstition that praise attracts bad luck to the child unless it is accompanied by a suitable invocation, a superstition not necessarily belived by all who follow the tradition.

Epeydir hasta.	He's been sick for a long time.
Kardeşlerimi epeydir ziyaret etmedim.	I haven't visited my brother [or sisters] for a long time.

c) Épey/ Épeyce 'a good deal', 'a lot', 'quite', 'pretty' Sample Sentence

   Drill

Eviniz epeyce güzel ve rahat.	Your house is quite pretty and comfortable.
Eviniz epeyce uzakta.	Your house is pretty far.
Epeyce yol yürüdük.	We walked quite a long way. ('a good deal of road')
Epeyce ders çalıştık.	We covered a good deal of lesson material. /We studied pretty hard.
Epeyce geç kaldık.	We were pretty late.
Epeyce güldünüz mü?	Did you laugh a lot?
Epeyce güzel bir kız.	She's a quite attractive girl.

29.3 Variation and Review Drills and Exercises

a) Random Substitution-Transformation Drill

Cue	Pattern
	Ev arıyorum.
(dün)	Ev aradım.
(o)	Ev aradı.
otel	Otel aradı.
(yarın)	Otel arayacak_.
(biz)	Otel arayacağız.
lokanta	Lokanta arayacağız.
(şimdi)	Lokanta arıyoruz.
(onlar)	Lokanta arıyorlar.
postahane	Postahane arıyorlar.
(ben)	Postahane arıyorum.

312

	Postahane ar<u>ı</u>yor<u>u</u>m.
(dün)	<u>Postahane</u> aradım.
odacı	Odacı ara<u>dı</u>m.
(şimdi)	<u>Odacı</u> arıyorum.
ev	Ev arıyorum.

b) **Minimal Dialogue Exercise** (Produce an appropriate response to each of the cues provided. One suitable response to each stimulus is printed but others may be appropriate.)

Cue	Sample Response
Ev için kömür lâzım.	Kömürü nereden alalım?
Odunlar çok pahalı.	O halde kömür alalım.
Kirada oturmak istemiyorum.	Bir ev satın almak için ne bekliyorsunuz?
Ev almak için param yok.	O halde kirayla oturun.

c) **Transformation Exercise** (The cues in this exercise are statements containing subject, complement and predicate. Produce a question concerning the <u>complement</u> and then the answer to the question.)

Cue	Question	Answer
Adnan Bey <u>başka eve</u> taşındı.	Nereye taşındı?	Başka eve (taşındı).
Mete <u>Adnan'ı</u> ziyaret etti.	Kimi ziyaret etti?	Adnan'ı.
Adnan <u>ev için</u> kontrat yaptı.	Ne kontratı yaptı?*	Ev için kontrat yaptı.
Ev için <u>odun ve kömür</u> aldı.	Ev için ne aldı?	Odun ve kömür (aldı).

d) **Repeat exercise (c)** above, asking first a question about the subject, then again asking about the verb.

---

* Note: While <u>Ne için kontrat yaptı?</u> is possible, the fact that <u>ne için</u> often is used to mean 'Why'? makes the sentence given here more likely.

e) Question and Answer Exercise (Answer each of the questions with a positive
and a negative answer. Sample answers are provided. Others may be appropriate.)

Question	Answers
Adnan bey bir senelik ev kirasını	Evet, bir senelik kira verdi.
verdi mi?	Hayır, üç aylık peşin verdi.
Mete Adnanın annesiyle tanıştı mı?	Evet, tanıştı.
	Hayır, tanışmadı.
Adnan kömür ve odun aldı mı?	Evet, (kömür ve odun) aldı.
	Hayır, yalnız kömür aldı, odun almadı.

29.4. Narrative

    Mete Adnan'a gitti. Evi çok güzel ve rahat bulduğunu Adnan'a söyledi. Adnan
epeydir böyle bir ev arıyordu. İki ay evvel taşınmışlardı. Kirayla oturuyor-
lardı. Evi kaloriferle ısıtıyorlardı. Mete 'Ne iyi oduna, kömüre ihtiyacınız
yok.' dedi. Fakat Adnan her aileye verdikleri bir ton kok kömürünün kâfi
olmadığını söyledi.

29.5. Note: Verb Base + {(y)a´} + /bil/ : The 'Positive Abilitative' Verbal
      Extension.

    A 'verbal extension' is a suffix which may occur between the verb root or
extended base and the infinitive suffix {-mák}. In the sentence:

    Kitapları açabilírsiniz.   'You may open the books.'
the infinitive form of the verb used can be seen to be <u>açabilmek</u>, translated
'to be able to open' or 'to be permitted to open'. Thus the extended base of
this verb is <u>açabil-</u> and this form can be inflected with all the various suffixes
appropriate to any verb root or base.

    A verbal extension serves to add an element of meaning to the 'basic'
meaning of the verb rather than to denote such things as the time or the aspect
of the action (or state) of the verb. The meanings of verbal extensions in

Turkish include such things as 'passive', 'causative', 'reciprocal' and nega-
tive'. We have already iearned the negative verbal extension {-mə}.

The positive abilitative verbal extension consists of the suffix {-(y)á}
plus the root of the verb bilmek 'to know'. The suffix {-(y)á} has been observed
in such forms as güle from gül(mek) and the form with this suffix is a verbal
noun of rather restricted usage. Historically the development of the abilita-
tive in Turkish comes from the relation between knowing the doing of an action
and being able to do it. In this construction the root bil- can be inflected
with any of the participle suffixes or verbal noun suffixes but it does not
accept any verb extension, including the negative.

The meaning of the construction is ability, permission or possibility.
Note the following examples:

Gidebilirsiniz.	'You may go.'
Olabilir.	'Could be.'
Yapabilecekler.	'They'll be able to do [it].'
Konuşabilirdi.	'He would have been able to talk.'

Note that this form is very common with the suffix {-(á,í)r}, less common with
other participial suffixes.

29.6 Grammar Drills on the Positive Abilitative Verbal Extension

a) Simple Substitution Drill

Bu gün	postahaneye	uğrayabilir.
	otele	
	lokantaya	
	konsoloshaneye	
	sinemaya	
	elçiliğe	
	nereye	

He can drop by the postoffice today.

315

b)   Multiple Substitution Drill

Bu gün	kütüphaneye	gidebilirim.
Yarın	Ankaraya	telefon edebilirsin.
Bu akşam	lokantaya	bakabilir.
Gelecek hafta	Manisaya	dönebiliriz.
Bu gece	derse	gelebilirsiniz.
Yarın akşam	sefarethaneye	bırakabilirler.

c)   Progressive Substitution Drill

Cue	Pattern
	Bu gün evde oturabilirim.
yarın	Yarın evde oturabilirim.
kütüphane	Yarın kütüphanede oturabilirim.
okumak	Yarın kütüphanede okuyabilirim.
(sen)	Yarın kütüphanede okuyabilirsin.
akşam	Akşam kütüphanede okuyabilirsin.
daire	Akşam dairede okuyabilirsin.
çalışmak	Akşam dairede çalışabilirsin.
(o)	Akşam dairede çalışabilir.
sabah	Sabah dairede çalışabilir.
park	Sabah parkta çalışabilir.
kahvaltı etmek	Sabah parkta kahvaltı edebilir_.
(biz)	Sabah parkta kahvaltı edebiliriz.
öğleden sonra[1]	Öğleden sonra parkta kahvaltı edebiliriz.
otel	Öğleden sonra otelde kahvaltı edebiliriz.

---

[1]   öğle - noon, öğleden sonra - afternoon

d) Progressive Substitution Drill

Cue	Pattern
	Öğleden sonra otelde <u>kahvaltı edebiliriz</u>.
görüşmek	Öğleden sonra otelde görüşebili<u>riz</u>.
(siz)	Öğleden sonra otelde görüşebilirsiniz.
gece	Gece <u>otel</u>de görüşebilirsiniz.
lokanta	Gece lokantada <u>görüş</u>ebilirsiniz.
yemek	Gece lokantada yiyebili<u>rsiniz</u>.
(onlar)	<u>Gece</u> lokantada yiyebilirler.
öğleden evvel	Öğleden evvel <u>lokanta</u>da yiyebilirler.
restoran	Öğleden evvel restoranda <u>yi</u>yebilirler.
konuşmak	Öğleden evvel restoranda konuşabilir<u>ler</u>.
(biz)	<u>Öğleden evvel</u> restoranda konuşabiliriz.
bu gün	Bu gün <u>restoran</u>da konuşabiliriz.
ev	Bu gün evde <u>konuş</u>abiliriz.
oturmak	Bu gün evde oturabili<u>riz</u>.
(ben)	Bu gün evde oturabilirim.

e) Random Substitution Drill

Cue	Pattern
	<u>Adnan bey</u> bu akşam Ankaraya taşınabilir.
(ben)	Bu akşam <u>Ankaray</u>a taşınabilirim.
ev	Bu akşam eve taşınabilir<u>im</u>.
(sen)	Bu akşam <u>eve taşın</u>abilirsin.
müsaade almak	Bu akşam müsaade alabilir<u>sin</u>.
(o)	<u>Bu akşam</u> müsaade alabilir.
yarın	Yarın müsaade alabilir_.
(biz)	Yarın <u>müsaade al</u>abiliriz.
hareket etmek	Yarın hareket edebili<u>riz</u>.

	Yarın hareket edebilir<u>iz</u>.
(onlar)	<u>Yarın</u> hareket edebilirler.
Yarın akşam	Yarın akşam___hareket edebilirler.
Ankaraya	Yarın akşam Ankaraya hareket edeb̲ilir<u>ler</u>.
Adnan bey	Adnan bey <u>yarın</u> akşam Ankaraya hareket edebilir.
bu	Adnan bey bu akşam Ankaraya <u>hareket edebilir</u>.
taşınmak	Adnan bey bu akşam Ankaraya taşınabilir.

29.7   Grammar Drills on {-(y)á} + /-bil/ + {-dí} 'Past'

a)   Simple Substitution Drill

Dün akşam	eve	saat onda gelebildi.
	lokantaya	
	otele	
	sinemaya	

(Repeat the exercise with second and third person and plural subjects.)

b)   Multiple Substitution Drill

Dün gece	oraya	saat sekizde	telefon edebildim.
Dün	Manisaya	saat onda	uğrayabildin mi?
Bu sabah	loκantaya	------------	hareket edebildi.
Dün akşam	Ankaraya		haber verebildiniz mi?
Akşam	--------		gönderebildik.
Sabahleyin			gidebildiler.

29.8   Grammar Drills on Abilitative plus {-íyor} :   Present Habitual Ability to

     Do the Action:

a)   Sample Sentence Drill

Her gün saat sekizde gelebiliyor.	He can come at 8 o'clock every day.
Oradan telefon edebiliyoruz.	We are able to call from there.
Yalnız iki saat çalışabiliyorsunuz.	You may only work two hours.
Her gün dört saat yazabiliyorum.	I can write four hours a day.

Saat dokuzda derse başlayabiliyorlar.	They are able to start class at 9 o'clock.

b) Sample Sentence Drill (Interrogative)

Her zaman dersini çalışabiliyór mu?	Is he able to study constantly?
Sözlerinizi iyi tekrarlayabiliyór muyuz?	Are we able to repeat your words well?
Buradan telefon edebiliyór musunuz?	Are you able to phone from here?
Ben iyi oynayabiliyór muyum?	Am I showing ability to play well?
Size her gün gelebiliyorlar mı?	Are they able to visit you daily?

c) Progressive Substitution Drill

Cue	Pattern
	Dün gece evde yemek yiyebildim.
dün akşam	Dün akşam evde yemek yiyebildim.
lokanta	Dün akşam lokantada yemek yiyebildim.
Ahmetle görüşmek	Dün akşam lokantada Ahmetle görüşebildim.
(biz)	Dün akşam lokantada Ahmetle görüşebildik.
dün gece	Dün gece lokantada Ahmetle görüşebildik.
ev	Dün gece evde Ahmetle görüşebildik.
yemek yemek	Dün gece evde yemek yiyebildik.
(ben)	Dün gece evde yemek yiyebildim.

d) Random Substitution-Correlation Drill

Cue	Pattern
	Dün biraz vaktim vardı, mektup yazabildim.
(onun, o)	Dün biraz vakti vardı, mektup yazabildi.
akşam	Akşam biraz vakti_vardı, mektup yazabildi_.
(onların, onlar)	Akşam biraz vakitleri vardı, mektup yazabildiler.
sabahleyin	Sabahleyin biraz vakitleri vardı, mektup yazabildiler.
(bizim, biz)	Sabahleyin biraz vaktimiz vardı, mektup yazabildik.

<u>Sabahleyin</u> biraz vaktimiz vardı, mektup yazabildik.

dün   Dün biraz vakt<u>imiz</u> vardı, mektup yazabildi<u>k</u>.

(benim, ben)   Dün biraz vaktim vardı, mektup yazabildim.

e) Sample Sentence Drill

Demin görüşebildik.

Çok şükür anlayabildi.

Dün o evi tutabildim.

Sonunda konsolosla konuşabildiniz mi?

Epey aradılar, fakat sonunda iyi bir ev bulabildiler.

Maşallah gelebildin!

29.9 Grammar Drills on $\{-(y)á\}$ + /bil-/ + $\{-(y)acak\}$

a) Simple Substitution Drill

Yarın saat	onda	burada olabilecekler.
	üçte	
	beşte	
	birde	
	ikide	

(Repeat the drill with singular and plural subjects in all persons.)

b) Multiple Substitution Drill

Onlara	yardım	edebilecekler mi?
Bize	telefon	edebilecek misiniz?
Adnan'a	teşekkür	edebilecek mi?
Konsolosluğa		edebilecek misin?

c) Progressive Substitution Drill

Cue	Pattern
	<u>Yarın</u> dersini çalışabilecek mi?
bu akşam	Bu akşam <u>dersini çalışabilecek</u> mi?
götürmek	Bu akşam götürebilecek_mi?

	Bu akşam götürebilecek_mi?
(onlar)	Bu akşam götürebilecekler mi?
Yarın akşam	Yarın akşam götürebilecekler mi?
yardım etmek	Yarın akşam yardım edebilecekler mi?
(siz)	Yarın akşam yardım edebilecek misiniz?
o gün	O gün yardım edebilecek misiniz?
çalışmak	O gün çalışabilecek misiniz?
(o)	O gün çalışabilecek mi?
yarın	Yarın çalışabilecek mi?
dersini çalışmak	Yarın dersini çalışabilecek mi?

d) Random Substitution Drill

Cue	Pattern
	Bu gün haber alabileceklerini bilmiyorlar.
mektup	Bu gün mektup alabileceklerini bilmiyorlar.
kitap	Bu gün kitap alabileceklerini bilmiyorlar.
(sizin)	Bu gün kitap alabileceğinizi bilmiyorlar.
(o)	Bu gün kitap alabileceğinizi bilmiyor.
izin	Bu gün izin alabileceğinizi bilmiyor.
(benim)	Bu gün izin alabileceğimi bilmiyor.
yarın	Yarın izin alabileceğimi bilmiyor.
haber	Yarın haber alabileceğimi bilmiyor.
(onların)	Yarın haber alabileceklerini bilmiyor.
bu gün	Bu gün haber alabileceklerini bilmiyor_.
(onlar)	Bu gün haber alabileceklerini bilmiyorlar.

29.10 Note: {-(y)á} + {-ma} : The 'Negative Abilitative' Verbal Extension.

The negative of the forms treated above is not formed with the negative stem of the verb bilmek but rather with the negative verbal extension {-ma} added to the verbal noun form with suffix {-(y)á}.

Kitapları açámazsınız.   'You may not open the books.'/'You can't open
                              the books.'

Note that {-ma} is an unstressable suffix and the stress accordingly remains on the {-(y)á} suffix throughout. This is true even in the forms (like the one illustrated above) with the negative participle the suffix of which is {-maz}. In 4.7 it was noted that the negative of the participle with {-(á,í)r} was formed with the suffix {-má(z)} which unlike other negatives is stressable. Here in the negative abilitative we see a reversion to the 'regular' pattern in stress.

The form açáma in the example above is an extended verb base with two suffixes {-(y)á} representing here the 'abilitative' concept and {-ma} the negative

concept. As an extended base this form may serve as stem for a great variety of verbal forms, including the positive abilitative (see 29.5). Thus a form like:

Açamayabilírsiniz.   'You may be unable to open [it].'   (You may be
                          able not to open [it].')

is perfectly possible. Note that the stress in this form comes at the appropriate place following the bil root of the positive abilitative part of the form rather than preceding the /-m/ of the negative base. This is presumably due to the fact that bil- is a verb root in its own right and not just a suffix.

29.11 Grammar Drills on the Negative Abilitative Form

a) Sample Sentence Drill

Her gün saat sekizde gelémiyor.	He can't come at 8 o'clock every day.
Buradan telefon edémiyoruz.	We aren't able to call from here.
Güzel tekrarlayámıyorsunuz.	You're not able to repeat well.
İyi bir şey bulámıyorum.	I can't seem to find anything good.
Hiç güzel oynayámıyorlar.	They can't manage to play well at all.

b) Simple Substitution Drill

Gece	postahaneye	telefon edémezsiniz.
	Alilere	
	oraya	
	konsolosluğa	
	buraya	

(Repeat the drill with singular and plural in all persons.)

c) Multiple Substitution Drill

Yarın	evde	oturámaz.
Akşam	kütüphanede	bekliyémezsin.
Sabah	dairede	çalışámayız.
Bu gün	istasyonda	konuşámazlar.
	salonda	kalámazsınız.

d) Sample Sentence Drill

Dersini iyi çalışámıyor mu?	Can't he study (his home work) well?
İyi tarif edémiyor muyuz?	Aren't we managing to explain well?
Kitaplarınızı burada bırakámıyor musunuz?	Aren't you permitted to leave your books here?
İyi türkçe konuşámıyor muyum?	Am I not able to speak Turkish well?
Yarın buraya gelémiyorlar mı?	Aren't they able to come here tomorrow?

e) Sample Sentence Drill with the Interrogative

Otelin önünde bekliyémez miyim?

Mektubu yarın akşam gönderémez misin?

Sabah saat dokuzda burada olámaz mı?

Yarın sabah öğrenémez miyiz?

Dersinize şimdi başlıyámaz mısınız?

Bizimle saat sekizde konuşámazlar mı?

f) Progressive Substitution Drill

Cue	Pattern
	Dün akşam saat onda haber verémedik.
sabah	Sabah saat onda haber verémedik.
erken	Sabah erken haber verémedik.
telefon etmek	Sabah erken telefon edémedik.
(ben)	Sabah erken telefon edémedim.
dün akşam	Dün akşam erken telefon edémedim.
saat onda	Dün akşam saat onda telefon edémedim.
haber vermek	Dün akşam saat onda haber verémedim.
(biz)	Dün akşam saat onda haber verémedik.

g) Progressive Substitution Drill

Cue	Pattern
	Her gün kütüphanede bekleyémiyorum.
Bu gün	Bu gün kütüphanede bekleyémiyorum.
burada	Bu gün burada bekleyemiyorum.
çalışmak	Bu gün burada çalışámıyorum.
her zaman	Her zaman burada çalışámıyorum.
evde	Her zaman evde çalışámıyorum.
otur	Her zaman evde oturámıyorum.
akşam	Akşam evde oturámıyorum.

Akşam <u>evde</u> oturámıyorum.

kütüphanede   Akşam kütüphanede <u>oturámıyorum</u>.

beklemek   <u>Akşam</u> kütüphanede bekleyémiyorum.

her gün   Her gün kütüphanede bekleyemiyorum.

(Repeat drill (e) with other persons, singular and plural.)

h) Progressive Substitution Drill

<u>Bu gün</u> sizlere gelémeyeceğim.

gelecek hafta   Gelecek nafta <u>sizlere</u> gelémeyeceğim.

konsoloshaneye   Gelecek hafta konsoloshaneye <u>gelémeyeceğim</u>.

uğramak   <u>Gelecek hafta</u> konsoloshaneye uğrayamayacağım.

saat onda   Saat onda <u>konsoloshaneye</u> uğrayamayacağım.

Alilere   Saat onda Alilere <u>uğrayamayacağım</u>.

yardım etmek   <u>Saat onda</u> Alilere yardım edémeyeceğim.

bu gün   Bu gün <u>Alilere</u> yardım edémeyeceğim.

sizlere   Bu gün sizlere <u>yardım edémeyeceğim</u>.

gelmek   Bu gün sizlere gelémeyeceğim.

(Repeat drill (h) with other persons, singular and plural.)

29.12 Grammar Drills on abilitative plus $\{-(\acute{a},\acute{i})r\}$ + $\{-(y)d\imath\}$ and $\{-m\acute{a}(z)\}$ + $\{-(y)d\imath\}$:

a) Progressive Substitution Drill

Cue   Pattern

Acaba <u>onunla</u> dün akşam konuşabilir miydiniz?

kendisiyle   Acaba kendisiyle <u>dün akşam</u> konuşabilir miydiniz?

bu sabah   Acaba kendisiyle bu sabah <u>konuşabilir</u> miydiniz?

görüşmek   Acaba <u>kendisiyle</u> bu sabah görüşebilir miydiniz?

onunla   Acaba onunla <u>bu sabah</u> görüşebilir miydiniz?

dün akşam   Acaba onunla dün akşam <u>görüşebilir</u> miydiniz?

konuşmak   Acaba onunla dün akşam konuşabilir miydiniz?

b) Progressive Substitution Drill

Cue	Pattern
	<u>Yolu</u> bize tarif edebilirler miydi?
bunu	Bunu <u>bize</u> tarif edebilirler miydi?
size	Bunu size <u>tarif edebilirler</u> miydi?
bırakmak	Bunu size bırakabilir<u>ler</u> miydi?
(o)	<u>Bunu</u> size bırakabilir miydi?
kitabı	Kitabı <u>size</u> bırakabilir miydi?
bize	Kitabı bize <u>bırak</u>abilir miydi?
tarif etmek	Kitabı bize tarif edebilir_miydi?
(onlar)	<u>Kitabı</u> bize tarif edebilirler miydi?
yolu	Yolu bize tarif edebilirler miydi?

c) Progressive Substitution-Correlation Drill

Cue	Pattern
	Oraya <u>gi</u>demez miydim?
gelmek	Oraya gelemez miydi<u>m</u>?
(siz)	<u>Oraya</u> gelemez miydiniz?
buraya	Buraya <u>gel</u>emez miydiniz?
bulmak	Burayı bulamaz mıydı<u>nız</u>?
(biz)	<u>Burayı</u> bulamaz mıydık?
kitap	Kitabı <u>bul</u>amaz mıydık?
başlamak	Kitaba başlayamaz mıydı<u>k</u>?
(onlar)	<u>Kitaba</u> başlayamazlar mıydı?
ders	Derse <u>başla</u>yamazlar mıydı?
öğrenmek	Dersi öğrenemez<u>ler</u> miydi?
(ben)	<u>Dersi</u> öğrenemez miydim?
ora-	Orayı <u>öğrenemez</u> miydim?
gitmek	Oraya gidemez miydim?

d) Progressive Substitution Drill

Cue	Pattern
	Dün akşam telefon edebilirdi.
saat birde	Saat birde telefon edebilirdi.
gelmek	Saat birde gelebilirdi_.
(siz)	Saat birde gelebilirdiniz.
dün akşam	Dün akşam gelebilirdiniz.
telefon etmek	Dün akşam telefon edebilirdiniz.
(o)	Dün akşam telefon edebilirdi.

e) Sample Sentence Drill (As needed, employ each sentence of this drill as the basis for a substitution driil like those above.)

Dün buraya gelebilir miydin?

Bu sabah Ankaraya götürebilir miydi?

Acaba o mektubu tercüme edebilir miydiniz?

Acaba onlara dün akşam uğrayabilir miydik?

Dün gece size gelemezdim. Burada değildim.

Hastaydı, gelmezdi.

Geçen hafta sizi ziyaret edemezdik.

O yazıyı tercüme edemezdiniz.

Postahane kapalıydı, mektubu gönderemezlerdi.

Beni evin önünde bekeyemez miydin?

Dün akşam onlarla gidemez miydi?

O gece sizinle sinemaya gidemezler miydi?

Mektubu dün gönderemez miydiniz?

29.13 Grammar Drills on Abilitative Forms + {-(y)sa} :

a) Simple Substitution Drill

     Cue   Pattern

                        Yarın Ankaraya gelebilirse, bana uğrasın.

otel   Yarın otele gelebilirse, bana uğrasın.

lokanta   Yarın lokantaya gelebilirse, bana uğrasın.

sinema   Yarın sinemaya gelebilirse, bana uğrasın.

elçilik   Yarın elçiliğe gelebilirse, bana uğrasın.

kütüphane   Yarın kütüphaneye gelebilirse, bana uğrasın.

postahane   Yarın postahaneye gelebilirse, bana uğrasın.

Ankara   Yarın Ankaraya gelebilirse, bana uğrasın.

b) Random Substitution Drill

     Cue   Pattern

                     Bu gün haber alabilirsem, size telefon ederim.

mektup   Bu gün mektup alabilirsem, size telefon ederim.

(o)   Bu gün mektup alabilirse, size telefon eder.

yarın   Yarın mektup alabilirse_, size telefon eder_.

(biz)   Yarın mektup alabilirsek, size telefon ederiz.

(onlar)   Yarın mektup alabilirlerse, size telefon ederler.

bu akşam   Bu akşam mektup alabilirlerse, size telefon ederler.

bize   Bu akşam mektup alabilirlerse, bize telefon ederler.

(siz)   Bu akşam mektup alabilirseniz, bize telefon edin.

randevu   Bu akşam randevu alabilirseniz, bize telefon edin.

(o)   Bu akşam randevu alabilirse, bize telefon eder.

haber   Bu akşam haber alabilirse, bize telefon eder.

bu gün   Bu gün haber alabilirse, bize telefon eder.

size   Bu gün haber alabilirse_, size telefon eder_.

(ben)   Bu gün haber alabilirsem, size telefon ederim.

c) **Progressive** Substitution Drill

Cue	Pattern
	<u>Bu gün</u> evdeyse uğrayabilirim.
bu akşam	Bu akşam <u>ev</u>deyse uğrayabilirim.
kütüphane	Bu akşam kütüphanedeyse <u>uğ</u>rayabilirim.
görmek	Bu akşam kütüphanedeyse görebilir<u>im</u>.
(sen)	<u>Bu akşam</u> kütüphanedeyse görebilirsin.
öğleden sonra	Öğleden sonra <u>kütüphane</u>deyse görebilirsin.
otel	Öğleden sonra oteldeyse <u>gö</u>rebilirsin.
konuşmak	Öğleden sonra oteldeyse konuşabilir<u>sin</u>.
(o)	<u>Öğleden sonra</u> oteldeyse konuşabilir.
bu gece	Bu gece <u>otel</u>deyse konuşabilir.
lokanta	Bu gece lokantadaysa <u>konuş</u>abilir.
bulmak	Bu gece lokantadaysa bulabilir_.
(biz)	<u>Bu gece</u> lokantadaysa bulabiliriz.
bu sabah	Bu sabah <u>lokanta</u>daysa bulabiliriz.
daire	Bu sabah dairedeyse <u>bul</u>abiliriz.
çalışmak	Bu sabah dairedeyse çalışabilir<u>iz</u>.
(siz)	<u>Bu sabah</u> dairedeyse çalışabilirsiniz.
öğleden evvel	Öğleden evvel <u>daire</u>deyse çalışabilirsiniz.
elçilik	Öğleden evvel elçilikteyse <u>çalış</u>abilirsiniz.
vermek	Öğleden evvel elçilikteyse verebilir<u>siniz</u>.
(onlar)	<u>Öğleden evvel</u> elçilikteyse verebilirler.
bu gün	Bu gün <u>elçilik</u>teyse verebilirler.
ev	Bu gün evdeyse <u>ver</u>ebilirler.
uğramak	Bu gün evdeyse uğrayabilir<u>ler</u>.
(ben)	Bu gün evdeyse uğrayabilirim.

d) Progressive Substitution Drill

      Cue   Pattern

                           Bu gün evde olursam çalışabilirim.

bu akşam   Bu akşam evde olursam çalışabilirim.

kütüphane   Bu akşam kütüphanede olursam çalışablirim.

okumak   Bu akşam kütüphanede olursam okuyabilirim.

(sen)   Bu akşam kütüphanede olursan okuyabilirsin.

bu sabah   Bu sabah kütüphanede olursan okuyabilirsin.

konsolosluk   Bu sabah konsoloslukta olursan okuyabilirsin.

görmek   Bu sabah konsoloslukta olursan görebilirsin.

(o)   Bu sabah konsoloslukta olursa görebilir.

Bu gece   Bu gece konsoloslukta olursa görebilir.

otel   Bu gece otelde olursa görebilir.

konuşmak   Bu gece otelde olursa konuşabilir.

(biz)   Bu gece otelde olursak konuşabiliriz.

öğleden sonra   Öğleden sonra otelde olursak konuşabiliriz.

daire   Öğleden sonra dairede olursak konuşabiliriz.

bulmak   Öğleden sonra dairede olursak bulabiliriz.

(siz)   Öğleden sonra dairede olursanız bulabilirsiniz.

öğleden evvel   Öğleden evvel dairede olursanız bulabilirsiniz.

elçilik   Öğleden evvel elçilikte olursanız bulabilirsiniz.

görüşmek   Öğleden evvel elçilikte olursanız görüşebilirsiniz.

(onlar)   Öğleden evvel elçilikte olurlarsa görüşebilirler.

bu gün   Bu gün elçilikte olurlarsa görüşebilirler.

ev   Bu gün evde olurlarsa görüşebilirler.

çalışmak   Bu gün evde olurlarsa çalışabilirler.

(ben)   Bu gün evde olursam çalışabilirim.

e) Progressive Substitution Drill

Cue	Pattern
	<u>Yarın</u> evde çalışamazsam, dinlenirim.
akşam	Akşam <u>evde</u> çalışamazsam, dinlenirim.
sefarethanede	Akşam sefarethanede çalışamazsa<u>m</u>, dinleniri<u>m</u>.
(o)	Akşam sefarethanede çalışamazsa, <u>dinlenir</u>.
bize gel	<u>Akşam</u> sefarethanede çalışamazsa, bize gelir.
öğleden sonra	Öğleden sonra <u>sefarethanede</u> çalışamazsa, bize gelir.
evde	Öğleden sonra evde çalışamazsa__, bize gelir__.
(onlar)	Öğleden sonra evde çalışamazlarsa, <u>bize gelir</u>ler.
telefon et	<u>Öğleden sonra</u> evde çalışamazlarsa, telefon ederler.
yarın	Yarın <u>evde</u> çalışamazlarsa, telefon ederler.
kütüphanede	Yarın kütüphanede çalışmazlarsa, telefon eder<u>ler</u>.
(siz)	Yarın kütüphanede çalışamazsanız, <u>telefon eder</u>siniz.
dinlen	Yarın kütüphanede çalışamazsanız, dinlenirsiniz.

f) Progressive Substitution Drill

Cue	Pattern
	<u>Dersini</u> anlayamazsa, bana sorsun.
söyleyeceğimi	Söyleyeceğimi anlayamazsa__, bana sorsun?
(sen)	Söyleyeceğimi anlayamazsan, <u>bana</u> sor.
arkadaşına	Söyleyeceğimi anlayamazsa<u>n</u>, arkadaşına sor_.
(onlar)	<u>Söyleyeceğimi</u> anlayamazlarsa, arkadaşlarına sorsunlar;
derslerini	Derslerini anlıyamaz<u>larsa</u>, arkadaşlarına sorsun<u>lar</u>.
(o)	Dersini anlayamazsa, <u>arkadaşına</u> sorsun.
bana	Dersini anlayamazsa, bana sorsun.

29.14 Miscellaneous Grammar Drills with Abilitative Forms and {-(y)sa} :

Sample Sentence Drills (As required use each sentence as the pattern for

a substitution drill.)

a) Bu gün kütüphanedeyse onu görebilirim.   'If he's at the library today, I'll
                                                 be able to see him.'

    Bu gece buradaysa onu görebiliriz.

    Sabahleyin evdeyse sizi görebilirler.

b) Oraya gelebilirsem, benimle konuşa-   'If I can come there, will you be
                                                 able to talk with me?'
    bilir misiniz?

    Otele gidebilirsek, bizimle konuşa-

    bilecek mi?

c) Oraya gelemezsen, seninle telefonla   'If you can't come there, can't he
                                                 talk with you by phone?'
    konuşamaz mı?

    Lokantaya gidemezlerse, onlarla

    telefonla konuşamaz mısınız?

d) Dün gece otele saat 11'de gelebildiyse,   'If he was able to come to the hotel
                                                 by 11 o'clock last night, that's
    çok iyi.   very good.!

    Dün akşam iyi okuyabildiysem, buna

    çok memnunum.

e) Geçen hafta satın alabildiyse, ben   'If he was able to buy [it] last
                                                 week, I needn't buy [it].'
    almayayım.

    Dün yapabildilerse, biz yapmayalım.

f) Okumadysa, nasıl anlatabilir?   'If he didn't read [it], how can he
                                                 explain [it]?'

    Öğrenemedilerse, neyi yazabilirler?

    Çalışamadıysan, ne yapabilirsin?

g) Anlayamadılarsa mı, sorsunlar?   'Is it in case they weren't able to
                                                 understand that they are to ask?'

    Göremediyse mi, gitsin?

h) Her gün saat 9'da gelebiliyorsa,

     gelsin.

     'If she can come at nine every day, have her come.'

     Her hafta saat 10'da gelemiyorsa,

     saat kaçta gelsin?

i) Gelebilecekse, bize haber versin.

     'If he's going to be able to come, have him let [us] know.'

     Gelemeyeceklerse, biz beklemeyelim.

29.15   Review Drills: {-(y)mış} with Nouns.   Sample Sentence Drills

a) Ali dün evdeymiş.

     Şimdi sizin sıranızmış.

     Sinema buraya çok yakınmış.

     O kitap çok pahalıymış.

     Dün telefon eden Ahmetmiş.

     Dün siz de oradaymışsınız.

     O gün izinliymişsiniz.

b) var + {-(y)mış}

     Çok iyi bir odacısı varmış.

     Bu akşam Türkçe dersi varmış.

     Dün ziyaretçileri varmış.

     O tarafta iyi bir otel varmış.

     Bu akşam randevusu varmış.

c) yok + {-(y)mış}

     Alinin odacısı yokmuş.

     Kâfi benzini yokmuş.

     Telefonunuz yokmuş.

     Haberi yokmuş.

     Sinemada yer yokmuş.

d)   değil + {-(y)mış} + Personal Endings

Ali oradan memnun değilmiş.

Dün sinemada değilmişsiniz.

O kitap iyi değilmiş.

Bizim sıramız değilmiş.

Onlara yakın değilmişiz.

e)   Pronouns + {-(y)mış}   Sample Drill

benmişim	beninmiş	banaymış	bendeymiş
senmişsin	seninmiş	sanaymış	sendeymiş
oymuş	onunmuş	onaymış	ondaymış
bizmişiz	bizimmiş	bizeymiş	bizdeymiş
sizmişsiniz	sizinmiş	sizeymiş	sizdeymiş
onlarmış	onlarınmış	onlaraymış	onlardaymış

UNIT 30

30.0 Dialog: 'Learning About the Family'

Mete

kardeş	sibling (brother or sister)

Adnan, kaç kardeşin var?

Adnan, how many brothers and sisters do you have?

Adnan

ábla	older sister
yáni	that is, that means, I mean, that is to say
kız	girl
kíz kardeş	sister
ölmek	to die

İki. Ablam ve ağabeyim. Yani

Üç kardeşiz. Bir kız kardeşimiz

daha vardı, ama öldü.

Two. My older sister and my older brother. That is there are three of us ('we are three siblings'). We had another sister but she died.

Mete

rahmet	mercy, God's compassion; rain
eylemek	to perform, to do (used as synonym for <u>etmek</u> in certain formulae)
yaş	year of age

Allah rahmet eylesin. Kaç

yaşındaydı?

May God be merciful. How old was she?

Adnan

hasta olmak	to become sick
doktor	physician
kurtarmak	to save, to rescue

Küçüktü. Bir gün hasta oldu.

Doktorlar hastalığı anlayamadılar.

Kurtaramadılar yavrucuğu.

She was small. One day she got
sick. The doctors couldn't
diagnose the illness. They
couldn't save the poor child.

Mete

başın[ız] sağ olsun

my sincere sympathy [as
condolence] ('may
your head be healthy')

Başınız sağ olsun. Çok üzüldüm.

My sincere condolences. I'm very
sorry.

Adnan

eksik olmak

to be deficient

dost

friend, companion

Eksik olmayın. Dostlar sağ

olsun.

Thank you. ('Be not deficient')
May [your] friends remain well.

Mete

Kardeşlerinin en büyüğü hangisi,

ablan mı ağabeyin mi?

Which (of your siblings) is older,
your sister or your brother?

Adnan

şaşmak

to be amazed, bewildered; to
go astray

Ablam. Annemi görsen şaşarsın.

My sister. If you saw my mother
you'd be amazed.

Mete

Niçin?

Why?

Adnan

hálá

still

genç

young; youth

336

Halâ genç te ondan.

Because she's still young.
('[She's] still young (and) on
account of that.')

Mete

evlenmek

to get married

O halde genç yaşta evlenmiş olmalı.

In that case she must have married
young.

Adnan

görünmek

to appear

Tabii. Maşallah halâ genç görünüyor.

Of course. God be praised she still
looks young. You wouldn't suspect
she's the mother of four children.

Dört çocuk annesi demezsin.

Mete

sahi mi?

really?

Sahi mi?

Is that so?

Adnan

aynı / ayni

the same

büyükanne

grandmother

Hem annem aynı zamanda büyük-

annedir de.

At the same time, my mother is a
grandmother.

Mete

can

soul, heart (figuratively)

canım

my dear

Yok canım, nasıl olur?

Oh no, my friend ('my dear'), how
could that be?

337

Adnan

evli   married

sene   year

Tabii. Ablam evlidir. İki sene   Sure. My sister is married. Two
                                              years ago she had a girl.

evvel bir kızı oldu.

Mete

kéşke   if only, would that .....

Keşke sen de evlenseydin!   If only you'd gotten married!

Adnan

İnşallah bir gün ben de   God willing I too will mary one
                                              day.

evlenirim.

30.1 Questions on the Dialog and Related Questions.

    1. Adnanın kardeşi var mı?

    2. Kaç kardeşi varmış?

    3. Kim evliymiş? Ağabeyi mi?

    4. Hasta olan kim?

    5. Kim ölmüş ve ne zaman ölmüş?

    6. Doktorlar neden kurtaramamışlar?

    7. Kardeşlerin en büyüğü kim?

    8. Kimin dört çocuğu varmış?

    9. Adnanın annesi nasıl duruyor?

   10. Ağabeyisinin kızı var mıymış?

   11. Sizin kaç kardeşiniz var?

Kardeşiniz varsa, şu sorulara cevap veriniz:

   12. Kaç kardeşin var?

   13. Kardeşiniz sizden büyük mü?

14. Kardeşiniz evli mi? Evliyse çocuğu var mı?

Kardeşiniz yoksa, şu sorulara cevap veriniz:

15. Kaç yaşındasınız?

16. Evli misiniz?

Evliyseniz, şu sorulara cevap veriniz:

17. Eşiniz kaç yaşında?

18. Çocuğunuz var mı? Varsa kaç yaşındalar?

Continue this exercise until you have learned the family composition and status

of each member of the class.

30.2 Narrative Drill

New words:

cevap	answer
diye	saying (from demek)

Mete, Adnan beyin iki kardeşi daha olduğunu bilmiyordu. Annesi çok genç
olmalıydı. Adnan 'Annem aynı zamanda büyükannedir' dediği zaman, Mete çok şaştı.
Çünkü Adnanın ablasının iki sene evvel evlendiğini ve şimdi bir kızı olduğunu
bilmiyordu. Adnan Mete'ye 'bir kız kardeşimiz daha vardı ama öldü' dediği zaman,
tabii Mete çok üzüldü ve 'başınız sağ olsun' diye cevap verdi.

30.3 Vocabulary Drills:

a) <u>yaş</u> ('year of age') Sample Sentence Drill

Ablam benden dokuz yaş büyüktür.	My older sister is nine years older than I.
Kız kardeşim benden dört yaş küçük.	My sister is four years younger than I.
Benimle aynı yaşta.	He's the same age as I.
Kaç yaşında buraya geldiniz?	At what age did you come here?
Bir yaşıma daha girdim.	I'm a year older [now]. ('I have entered upon another year of my life.')

339

Kaç yaşındasınız?   How old are you? ('In the how manyth year of [your] life are you?')

Genç yaşta çalışmalı.   One must work in ones youth.

b) <u>yaşamak</u> 'to live' Sample Sentence Drill

Hâlâ yaşıyor.   He's still living.

Çok yaşa!   Live long!

Yaşa ve öğren.   Live and learn.

c) <u>yaşıt</u> 'of the same age' Sample Sentence Drill

Adnan ve Mete yaşıttır.   Adnan and Mete are the same age.

Biz hep yaşıtız.   We're all the same age.

Onlar yaşıtlar mı?   Are they the same age?

d) <u>yaşıyan</u> 'who lives' Sample Sentence Drill

Çok yaşıyan, çok görür.   Who lives long sees much.

184 yaşına kadar yaşıyan adam duydum. I heard [of] a man who lived to the age of 184.

e) <u>yaş</u> 'wet, damp, fresh, green' Sample Sentence Drill

Yaş odun alma.   Don't get green firewood.

Odun yaşsa, alma.   If the wood is green, don't get it.

Ellerim yaş.   My hands are wet.

f) <u>dost</u> 'friend, companion' Sample Sentence Drill

Mete Adnan beyin dostudur.   Mete is Adnan's friend.

Amerikayla Türkiye dosttur.   America and Turkey are friends.

İyigün dostu istemem.   I don't want a fair-weather friend.

g) <u>dost</u> 'lover, mistress' Sample Sentence Drill

Zeynebin dostu genç bir adamdır.   Zeynep's boyfriend is a young fellow.

Onun dostu yokmuş.   He doesn't have a mistress.

Kızın dostu Amerikadaymış.   The girl's lover is in America.

h) <u>eksik</u> 'deficient' Sample Sentence Drill

Affedersiniz, eksik para verdiniz. Excuse me, you gave me too little change.

340

Parayı eksik verme.	Don't short-change [anyone].
Senden ne eksikliğim var?	What have you got that I haven't got? ('What deficiency have I compared to you?')
Ne eksik?	What's missing?
Eksik olmayın.	Thank you. ('Be not deficient.')
Eksik olsun, yardım istemiyorum.	Skip it ('let it be missing'), I don't want any help.
Yardımın eksik olsun.	I can do without your help. ('May your help be missing.')

30.4 Note: The 'Conditional Tense' with Suffix {-sá}

   In 28.4 the enclitic {-(y)sa} was introduced as a form of 'imek' parallel
to {-(y)dı}, {-(y)mış} and {-(y)ken} . This form added to a noun:

          hastaysa   'if [he] is sick'

or to a participle:

          giderse   'if [he] goes'

forms a conditional clause which commonly reports a conditional state or action
which may very well be true - a 'real condition'. Thus the translation may, in
appropriate context, be 'when' or 'since' rather than 'if':

   Onu görürsen, lütfen ona hemen   'If/when you see him, please tell him
                                            I'm coming at once.'
      geleceğimi söyle.

   Buraya geldiyse, hemen bulalım,   'If/since he came here, let's find
                                            [him] right away and talk.'
      konuşalım.

   In contrast to this conditional enclitic construction, the verbal form with
the suffix {-sá} added directly to the verb base forms a conditional predicate
(clause) having the sense of an unreal or impossible condition.

      Beni görsé, şaşár.   'Were he to see me, he'd be amazed.'

This verbal form accepts the same set of personal endings as the past tense with
suffix {-dí} and the enclitics {-(y)dı} and {-(y)sa} . With the verb <u>yap</u> the
forms thus are:

      yapsám   'if I do', 'if I were to do'   yapsák   'if we do' yapsán   'if you [sg.] do'   yapsaníz   'if you do'

yapsá   'if he/she does'   yapsalár   'if they do'

This form and the past tense are the only verbal predicate forms in Turkish
which do not admit, at least occasionally, of use in some syntactic position in
the sentence other than predicate. All of the participles which we have seem
(yapıyor, yapar, yapacak, yapmış) can be used as adjectives or nouns under some
circumstances. This is not true of yaptı and yapsa, which we can call tenses
of the verb to contrast them with the participles. These two tenses, thus, are
always used as predicates. The past tense commonly occurs as the main predicate
of a sentence, the conditional tense usually as a subordinate clause predicate.
However, the conditional tense may also be used as the main or only predicate in
a sentence, in which case it expresses a desire or wish on the part of the speak-
er that the situation expressed might be true. In this sense it frequently is
accompanied by the word kéşke. Note this example from the dialogue:

Keşke sen de evlenseydin.   'Would that you too had married.'

This sentence illustrates also the use of the tense with suffix {-sá} followed
by the past enclitic {-(y)dı} . In subordinate clauses this is a very common
construction expressing a condition which might have obtained, and preceding a
clause expressing the result which would have occurred has such been the case:

Geç kalsaydın, beni görmezdin.   'Had you been late you wouldn't have
                                  seen me.'

Hasta olsaydık, gelemezdik.   'Had we been ill, we wouldn't have been
                                  able to come.'

30.5 Grammar Drills on the Verbal Form with Suffix {-sá}.

30.5.1 The Conditional Tense as Main Predicate

a) Simple Substitution Drill

Cue   Pattern

Bu gün eve gitse de görse.   Would that he would go home
                                   today and see!

	Bu gün eye gitse de görse.
sinema	Bu gün sinemaya gitse de görse.
elçilik	Bu gün elçiliğe gitse de görse.
daire	Bu gün daireye gitse de görse.
siz	Bu gün size gitse de görse.

b) Progressive Substitution Drill

	Cue	Pattern
		Bu gün evde otursam da dinlensem.
yarın		Yarın evde otursam da dinlensem.
kütüphane		Yarın kütüphanede otursam da dinlensem.
kalmak		Yarın kütüphanede kalsam da dinlensem.
çalışmak		Yarın kütüphanede kalsam da çalışsam.
(sen)		Yarın kütüphanede kalsan da çalışsan.
bu akşam		Bu akşam kütüphanede kalsan da çalışsan.
konsoloshane		Bu akşam konsoloshanede kalsan da çalışsan.
gitmek		Bu akşam konsoloshaneye gitsen de çalışsan.
okumak		Bu akşam konsoloshaneye gitsen de okusan.
(o)		Bu akşam konsoloshaneye gitse de okusa.
öğleden sonra		Öğleden sonra konsoloshaneye gitse de okusa.
sınıf		Öğleden sonra sınıfa gitse de okusa.
gelmek		Öğleden sonra sınıfa gelse de okusa.
görmek		Öğleden sonra sınıfa gelse de görse.
(biz)		Öğleden sonra sınıfa gelsek de görsek.
bu sabah		Bu sabah sınıfa gelsek de görsek.
otel		Bu sabah otele gelsek de görsek.
uğramak		Bu sabah otele uğrasak da görsek.
konuşmak		Bu sabah otele uğrasak da konuşsak.
(siz)		Bu sabah otele uğrasanız da konuşsanız.
öğleden evvel		Öğleden evvel otele uğrasanız da konuşsanız.

	Öğleden evvel <u>otele</u> uğrasanız da konuşsanız.
elçilik	Öğleden evvel elçiliğe <u>uğrasanız</u> da konuşsanız.
telefon et	Öğleden evvel elçiliğe telefon etseniz de <u>konuşsanız</u>.
görüşmek	Öğleden evvel elçiliğe telefon ets<u>eniz</u> de görüş<u>seniz</u>.
(onlar)	<u>Öğleden evvel</u> elçiliğe telefon etseler de görüşseler.
bu gün	Bu gün <u>elçiliğe</u> telefon etseler de görüşseler.
ev	Bu gün eve <u>telefon etseler</u> de görüşseler.
oturmak	Bu gün evde otursalar da <u>görüşseler</u>.
dinlenmek	Bu gün evde otursa<u>lar</u> da dinlense<u>ler</u>.
(ben)	Bu gün evde otursam da dinlensem.

c) Random Substitution Drill

Cue	Pattern
	Bari bu gün için bir <u>haber</u> alsam.
mektup	Bari bu gün için bir mektup alsa<u>m</u>.
(sen)	Bari bu gün için bir <u>mektup</u> alsan.
kitap	Bari <u>bu gün</u> için bir kitap alsan.
yarın	Bari yarın için bir kitap alsa<u>n</u>.
(o)	Bari yarın için bir <u>kitap</u> alsa.
randevu	Bari <u>yarın</u> için bir randevu alsa.
akşam	Bari akşam için bir randevu alsa_.
(biz)	Bari akşam için bir <u>randevu</u> alsak.
söz	Bari <u>akşam</u> için bir söz alsak.
yarın sabah	Bari yarın sabah için bir söz alsa<u>k</u>.
(onlar)	Bari <u>yarın sabah</u> için bir söz alsalar.
gelecek hafta	Bari gelecek hafta için bir <u>söz</u> alsalar.
haber	Bari gelecek hafta için bir haber alsa<u>lar</u>.
(ben)	Bari <u>gelecek hafta</u> için bir haber alsam.
bu gün	Bari bu gün için bir haber alsam.

30.5.2 In Subordinate Clauses:

a) Substitution-Correlation Drill

Cue	Pattern
	Adnan bey bu akşam sinemaya gelse, görür.
(ben)	Bu akşam <u>sinemaya ge</u>lsem, görürüm.
müsaade almak	Bu akşam müsaade alsa<u>m</u>, görürü<u>m</u>.
(sen)	<u>Bu akşam</u> müsaade alsan, görürsün.
yarın	Yarın <u>müsaade al</u>san, görürsün.
uğramak	Yarın uğrasa<u>n</u>, görür<u>sün</u>.
(biz)	<u>Yarın</u> uğrasak, görürüz.
sabah	Sabah uğrasa<u>k</u>, görür<u>üz</u>.
(siz)	Sabah uğrasanız, <u>görürsünüz</u>.
görür müsünüz?	<u>Sabah</u> uğrasanız, görür <u>müsünüz?</u>
bu gün	Bu gün uğrasan<u>ız</u>, görür <u>müsünüz?</u>
(onlar)	Bu gün uğrasa<u>lar</u>, görür<u>ler</u> mi?
Adnan bey	Adnan bey <u>bu gün</u> uğrasa, görür mü?
bu akşam	Adnan bey bu akşam <u>uğrasa</u>, görür mü?
kütüphaneye gelmek	Adnan bey bu akşam <u>kütüphaneye</u> gelse, görür mü?
sinema	Adnan bey bu akşam sinemaya gelse, görür <u>mü?</u>
(Evet)	(Evet), Adnan bey bu akşam sinemaya gelse, görür.

30.5.3. The Negative Verb Base plus {-sá}

a) Sample Sentence Drill

Şimdi okumasam, daha iyi olur.	It would be better if I didn't read now.
Bari çok erken uğramasa.	I hope at least he doesn't come too early.
Bu saattan sonra hareket etmese, bari.	At least let's hope he doesn't start this late ('after this hour').
Bu akşam sinemaya gitmesen, iyi olur.	It would be better if you didn't go to the movies this evening.

Bari, bu gece geç telefon

etmesen.

At least we'll hope you don't call late
this evening.

Şimdi anlatmasam, daha iyi.

It's better I not explain now.

Bu gün söylemesek.

How about not telling today.

Çocuklar erken kalkmasalar da,

uyusalar.

Let's hope the kids don't get up early
but get some sleep.

30.5.4 In Questions

a) Sample Sentence Drill

Mete'ye sorsam, tarif eder mi?

Were I to ask Mete would he explain?

Şimdi uğrasam mı, acaba?

I wonder, what if I drop in now?

Erken mi taşınsa iyi olur?

Would it be better if he were to move
early?

Hemen gitsen, görür müsün?

Would you see [him] if you went right
away?

Ona sorsak mı?

What if we were to ask him?

Babanızdan mı izin alsak?

What if we were to ask your dad for
permission?

Taksiyle gitseniz kaç dakika

sürer?

How many minutes would it take if you
went by cab?

Sinemaya gidip filimi görseler mi?

What about their going to the movies and
seeing that film?

Şimdi daireye uğramasam mı?

What if I didn't stop by the office now?

Erken onu görmesen, olmaz mı?

Would it not do if you didn't see her
early?

Bu gün kütüphaneye kitap getir-

mese mi?

How about his not bringing books to the
library today?

Bunu okumasak mı, acaba?

I wonder what if we didn't read this?

Acaba sormasanız mı, daha iyi?

I wonder if it'd be better if you didn't
ask.

30.5.5 {-sá} + {-(y)dı}

a) Simple Substitution Drill

Geçen hafta	mektubu	gönderseydi, alırdı.
	kitabı	
	parayı	
	adresi	
	tercümeyi	
	kirayı	
	koltuğu	
	kontratı	
	kömürü	
	odunu	
	telgrafı	

Had he sent the letter last week, she would have gotten [it].

b) Simple Substitution Drill

Cue	Pattern
	Bilseydi_, söylerdi.
(ben)	Bilseydi<u>m</u>, söylerdim.
(biz)	Bilseydi<u>k</u>, söylerdik.
(sen)	Bilseydi<u>n</u>, söylerdin.
(siz)	Bilseydi<u>niz</u>, söylerdiniz.
(onlar)	Bilse<u>ler</u>di, söylerlerdi.
(o)	Bilseydi, söylerdi.

'Had he known, he would have told.'

c) Transformation Drill (using the pattern sentences of drill (b) as cues, produce sentences with the first clause in the negative, the second in the interrogative.

Cue	Pattern	
Bilseydi, söylerdi.	Bilmeseydi, söyler miydi?	'Had he not known, would he have told?
etc.		

d) **Progressive Substitution Drill**

Cue	Pattern
	Akşam kütüphanede kalsaydım da çalışsaydım, keşke.
	(If only I'd stayed and work at the library in the evening.)
dün	Dün kütüphanede kalsaydım da çalışsaydım, keşke.
ev	Dün evde kalsaydım da çalışsaydım, keşke.
oturmak	Dün evde otursaydım da çalışsaydım, keşke.
okumak	Dün evde otursaydım da okusaydım, keşke.
(sen)	Dün evde otursaydın da okusaydın, keşke.
öğleden sonra	Öğleden sonra evde otursaydın da okusaydın, keşke.
sınıf[1]	Öğleden sonra sınıfta otursaydın da okusaydın, keşke.
gitmek	Öğleden sonra sınıfa gitseydin de okusaydın, keşke.
görüşmek	Öğleden sonra sınıfa gitseydin de görüşseydin, keşke.
(o)	Öğleden sonra sınıfa gitseydi de görüşseydi, keşke.
akşam	Akşam sınıfa gitseydi de görüşseydi, keşke.
kütüphane	Akşam kütüphaneye gitseydi de görüşseydi, keşke.
kalmak	Akşam kütüphanede kalsaydı da görüşseydi, keşke.
çalışmak	Akşam kütüphanede kalsaydı da çalışsaydı, keşke.
(ben)	Akşam kütüphanede kalsaydım da çalışsaydım, keşke.

e) **Progressive Substitution Drill**

Cue	Pattern
	Saat onda uğrayabilseydi, onunla konuşabilirdi.
	(Had he been able to drop by at ten, he would have been able to talk with him.)
akşam	Akşam uğrayabilseydi, onunla konuşabilirdi.
telefon etmek	Akşam telefon edebilseydi, onunla konuşabilirdi.
benimle	Akşam telefon edebilseydi, benimle konuşabilirdi.
görüşmek	Akşam telefon edebilseydi_, benimle görüşebilirdi_.

---

[1]   sınıf - classroom, class

	Akşam telefon edebilseydi_, benimle görüşebilirdi_.
(sen)	**Akşam** telefon edebilseydin, benimle görüşebilirdin.
dün	Dün <u>telefon edebilseydin</u>, benimle görüşebilirdin.
gelmek	Dün gelebilseydin, <u>benimle</u> görüşebilirdin.
bizimle	Dün gelebilseydin, bizimle <u>görüşebilirdin</u>.
gitmek	Dün gelebilseydi<u>n</u>, bizimle gidebilirdi<u>n</u>.
(siz)	<u>Dün</u> gelebilseydiniz, bizimle gidebilirdiniz.
saat onda	Saat onda <u>gel</u>ebilseydiniz, bizimle gidebilirdiniz.
uğramak	Saat onda uğrayabilseydiniz, <u>bizimle</u> gidebilirdiniz.
onunla	Saat onda uğrayabilseydiniz, onunla <u>gid</u>ebilirdiniz.
konuşmak	Saat onda uğrayabilseydi<u>niz</u>, onunla konuşabilirdi<u>niz</u>.
(o)	Saat onda uğrayabilseydi, onunla konuşabilirdi.

f) **Simple Substitution-Correlation Drill**

Cue	Pattern
	Kitabı olmasaydı, dersini çalışamazdı.
	(Had he not had a book, he wouldn't have been able to study his lesson.)
(benim)	Kitabı<u>m</u> olmasaydı, dersimi çalışamazdım.
(senin)	Kitabı<u>n</u> olmasaydı, dersini çalışamazdın.
(bizim)	Kitabı<u>mız</u> olmasaydı, dersimizi çalışamazdık
(sizin)	Kitabı<u>nız</u> olmasaydı, dersinizi çalışamazdınız.
(onların)	Kitapları olmasaydı, derslerini çalışamazlardı.
(onun)	Kitaplar<u>ı</u> olmasaydı, derslerini çalışamazdı.
(sizin)	Kitaplar<u>ınız</u> olmasaydı, derslerinizi çalışamazdınız.
(bizim)	Kitaplar<u>ımız</u> olmasaydı, derslerimizi çalışamazdık.
(senin)	Kitaplar<u>ın</u> olmasaydı, derslerini çalışamazdın.
(benim)	Kitaplarım olmasaydı, derslerimi çalışamazdım.

g) **Progressive Substitution-Correlation Drill**

Cue	Pattern
	Kütüphaneye gidemeseydi, dersini çalışamaz mıydı?
	(Had he not been able to go to the library, would he not have been able to study his lesson?)
sınıf	Sınıfa gidemeseydi, dersini çalışamaz mıydı?
kalmak	Sınıfta kalamasaydı, dersini çalışamaz mıydı?
okumak	Sınıfta kalamasaydı_, dersini okuyamaz mıydı_?
(sen)	Sınıfta kalamasaydın, dersini okuyamaz mıydın?
ev	Evde kalamasaydın, dersini okuyamaz mıydın?
gelmek	Eve gelemeseydin, dersini okuyamaz mıydın?
kitap	Eve gelemeseydin, kitabını okuyamaz mıydın?
almak	Eve gelemeseydin, kitabını alamaz mıydın?
(biz)	Eve gelemeseydik, kitabımızı alamaz mıydık?
kütüphane	Kütüphaneye gelemeseydik, kitabımızı alamaz mıydık?
gitmek	Kütüphaneye gidemeseydik, kitabımızı alamaz mıydık?
ders	Kütüphaneye gidemeseydik, dersimizi alamaz mıydık?
çalışmak	Kütüphaneye gidemeseydik, dersimizi çalışamaz mıydık?
(o)	Kütüphaneye gidemeseydi, dersini çalışamaz mıydı?

30.6 Note: The 'Necessitative' Participle with Suffix: {-málí}

There remains a single participle which has not yet been illustrated in dialog sentences. It is fairly simple both in its formation and in its usage. Its introduction at this point will enable us to summarize Turkish main predicate formation. Examples of this usage are:

Oraya gitmelisiniz.   'You must go there./ You have to go there.'

Bu kitabı okumalıydım.   'I should have read this book.'

In form this participle resembles the verbal noun with suffix {-má} plus the suffix {-lí}. It is possible to conceive of the necessity of doing something as arising from being characterized by the performance of the action. This line of thought is perhaps analogous to the English relation between <u>having something to do</u> and <u>having to do something</u>. The translation <u>have to</u> is frequently appropriate for this suffix. In any case, regardless of the origin of this bi-syllabic suffix, its present function is as a participle, commonly restricted to use as a predicate, indicating the necessity of doing the action denoted by the verb. It is somewhat stronger in its constraint upon the actor to perform the action than is the phrase with the verbal noun with suffix {-má} plus possessed suffix plus the word <u>lâzım</u>. Compare:

> Oraya gitmeniz lâzım.   'You should go there.'
>
> Oraya gitmelísiniz.   'You must go there.'

but, of course, as in the comparison of <u>should</u>, <u>ought to</u>, <u>need to</u>, <u>have to</u> and <u>must</u> in English, the shades of meaning of these expressions will be influenced by the context. Thus it is perfectly possible to say <u>gitmem lâzım</u> either with or without intention to go, and the same applies to <u>gitmeliyim</u>, though, in general, the latter would be less likely if the intention to go is not present.

     See the drills below for further examples of this suffix.

30.7 Drills on the Participle with Suffix {-málí}

a) Simple Substitution Drill

Cue	Pattern	
	Bu gün <u>Ankaraya</u> gitmeli.	'He has to go to Ankara today.'
nereye	Bu gün <u>nereye</u> gitmeli.	
elçiliğe	Bu gün <u>elçiliğe</u> gitmeli.	
kime	Bu gün <u>kime</u> gitmeli?	
onlara	Bu gün <u>onlara</u> gitmeli.	
niçin?	Bu gün niçin gitmeli?	

b) **Multiple Substitution Drills**

Saat yedide	orada	olmalı	.
Ne zaman	burada		?
Bu akşam	bizde		
Saat beşte	evde		

Bunu	ona	sormalıyım	.
Neyi	Aliye		?
Onu	babama	sormalıyım	
Bunu	kime	sormalıyım	

Oraya	gitmelisiniz.
Onlara da	
Saat altıda	
Ankaraya da	

Saat altıda	evde	olmalıyız	.
Saat üçte	istasyonda	olmalıyız	?
Ne zaman	orada	olmalıyız	
Saat kaçta	hazır	olmalıyız	

Bunu	Aliye	sormalılar	.
Onu	bize	sormalılar	?
Adresi	kime	sormalılar	
Bunu	ona	sormalılar	

c) **Progressive Substitution Drill**

Cue	Pattern	
	<u>Yarın</u> Manisaya gitmeliyim.	'Tomorrow I must go to Manisa.'
bu gün	Bu gün <u>Manisaya</u> gitmeliyim.	
elçilik	Bu gün elçiliğe <u>git</u>meliyim.	
uğramak	Bu gün elçiliğe uğramalıyı<u>m</u>.	
(sen)	<u>Bu gün</u> elçiliğe uğramalısın.	

	Bu gün elçiliğe uğramalısın.
bu akşam	Bu akşam elçiliğe uğramalısın.
annen	Bu akşam annene uğramalısın.
yardım etmek	Bu akşam annene yardım etmelisin.
(o)	Bu akşam annene yardım etmeli.
şimdi	Şimdi annene yardım etmeli.
onlara	Şimdi onlara yardım etmeli.
vermek	Şimdi onlara vermeli_.
(biz)	Şimdi onlara vermeliyiz.
öğleden evvel	Öğleden evvel onlara vermeliyiz.
haber	Öğleden evvel haber vermeliyiz.
göndermek	Öğleden evvel haber göndermeliyiz.
(siz)	Öğleden evvel haber göndermelisiniz.
derhal	Derhal haber göndermelisiniz.
elçi	Derhal elçi göndermelisiniz.
görmek	Derhal elçiyi görmelisiniz.
(onlar)	Derhal elçiyi görmeliler.
yarın sabah	Yarın sabah elçiyi görmeliler.
doktor	Yarın sabah doktoru görmeliler.
ziyaret etmek	Yarın sabah doktoru ziyaret etmeliler.
(biz)	Yarın sabah doktoru ziyaret etmeliyiz.
yarın	Yarın doktoru ziyaret etmeliyiz.
Manisa	Yarın Manisayı ziyaret etmeliyiz.
gitmek	Yarın Manisaya gitmeliyiz.
(ben)	Yarın Manisaya gitmeliyim.

d) Random Substitution Drill

Cue	Pattern	
	Bu gün <u>elçilik</u>te çalışmalıyım.	'I have to work at the Embassy today.'
kütüphane	Bu gün kütüphanede çalışmalı<u>yım</u>.	
(sen)	<u>Bu gün</u> kütüphanede çalışmalısın.	
yarın	Yarın kütüphanede çalışmalı<u>sın</u>.	
(o)	Yarın <u>kütüphane</u>de çalışmalı.	
ev	<u>Yarın</u> evde çalışmalı.	
bu akşam	Bu akşam evde çalışmalı_.	
(biz)	Bu akşam <u>ev</u>de çalışmalıyız.	
konsolosluk	<u>Bu akşam</u> konsoloslukta çalışmalıyız.	
öğleden sonra	Öğleden sonra konsoloslukta çalışmalı<u>yız</u>.	
(siz)	Öğleden sonra konsoloslukta çalışmalısınız.	
görmek	<u>Öğleden sonra</u> konsoloslukta görmelisiniz.	
bu gün	Bu gün konsoloslukta görmeli<u>siniz</u>.	
(onlar)	Bu gün <u>konsolosluk</u>ta görmeliler.	
elçilik	Bu gün elçilikte <u>gör</u>meliler.	
çalışmak	Bu gün elçilikte çalışmalı<u>lar</u>.	
(ben)	Bu gün elçilikte çalışmalıyım.	

e) Random Substitution-Correlation Drill

Cue	Pattern
	<u>Mete bey</u> bu gün eve gidip babasından müsaade almalı.
	'Mr. Mete has to go home today and get permission from his dad.'
(ben)	Bu gün eve gidip <u>baba</u>mdan müsaade almalıyım.
anne	Bu gün eve gidip annemden <u>müsaade</u> almalıyım.
izin	Bu gün eve gidip annemden izin almalı<u>yım</u>.
(sen)	<u>Bu gün</u> eve gidip annenden izin almalısın.

354

	Bu gün eve gidip annenden izin almalısın.
yarın	Yarın eve gidip annenden izin almalısın.
Ankara	Yarın Ankaraya gidip annenden izin almalısın.
elçi	Yarın Ankaraya gidip elçiden izin almalısın.
elçilik	Yarın elçiliğe gidip elçiden izin almalısın.
(biz)	Yarın elçiliğe gidip elçiden izin almalıyız.
konsolos	Yarın elçiliğe gidip konsolostan izin almalıyız.
(siz)	Yarın elçiliğe gidip konsolostan izin almalısınız.
bu sabah	Bu sabah elçiliğe gidip konsolostan izin almalısınız.
konsoloshane	Bu sabah konsoloshaneye gidip konsolostan izin almalısınız.
(onlar)	Bu sabah konsoloshaneye gidip konsolostan izin almalılar.
İstanbul	Bu sabah İstanbula gidip konsolostan izin almalılar.
Mete bey	Mete bey bu sabah İstanbula gidip konsolostan izin almalı.
babası	Mete bey bu sabah İstanbula gidip babasından izin almalı.
müsaade	Mete bey bu sabah İstanbula gidip babasından müsaade almalı.
ev	Mete bey bu sabah eve gidip babasından müsaade almalı.
bu gün	Mete bey bu gün eve gidip babasından müsaade almalı.

f) Simple Substitution Drills

Burada	beklemeliydi
Evde	
İstasyonda	
Kapının önünde	
Sizi nerede	

Bunu	babama	söylemeliydim.
Geleceğimi	size	
Gelmeyeceğimi	onlara	
Telefon edeceğinizi	ağabeyime	

Oraya	gitmemeliydim.
Yalnız	
Geç	

Ona müsaade	etmemeliydiniz.
Geç telefon	
Çok acele	

Ona	mani olmamalıydık.
Size	

Geç	kalmamalıydılar.
Orada çok	

Gelmeyeceğinizi	söylemeliydiniz.
Vermeyeceğinizi	
Saat sekizde geleceğinizi	
Alinin de orada olacağını	
Bana da	

Saat altıda orada olacağımızı	bildirmeliydik.
Trenle geleceğimizi	
Bunu ona	
Geç kalacağımızı	

Size müsaade	etmeliydiler.
Size telefon	
Kahvaltı	
Biraz acele	
Onu ziyaret	

Bunu ona	söylememeli.
Ona bugün	

Oraya yalnız	gitmemeliyim.
Erken	
Onu ziyaret	

Ona müsaade	etmemelisiniz.
Saat beşte telefon	
Bu kadar acele	

Burada	beklememeliyiz.
Onu	

Geç	kalmamalılar.
Orada çok	

Bunu ona	söylememeliydi.
Gideceğimi	

g) **Transformation Drill (positive to negative)**

Example:

Cue	Pattern
Yarın akşam sinemaya gitmeli.	Yarın akşam sinemaya gitmemeli.

Drill:

Cue	Pattern
Şimdi iki saat okumalı.	Şimdi iki saat okumamalı.
Her gün sekiz saat çalışmalısın.	Her gün sekiz saat çalışmamalısın.
Derhal eve gitmelisiniz.	Derhal eve gitmemelisiniz.
Hemen elçiliğe gitmeliyim.	Hemen elçiliğe gitmemeliyim.
Bu gün anneme uğramalıyız.	Bu gün anneme uğramamalıyız.
Sabah kütüphaneye gitmeliler.	Sabah kütüphaneye gitmemeliler.
Bu kitabı derhal okumalı.	Bu kitabı derhal okumamalı.
Her gün ders çalışmalısınız.	Her gün ders çalışmamalısınız.
Her zaman çok yemelisin.	Her zaman çok yememelisin.
Adnan beyi ziyaret etmeliler.	Adnan beyi ziyaret etmemeliler.
Onlara yardım etmeliyiz.	Onlara yardım etmemeliyiz.

h) Using all the sentences of drill (g) (both cue sentences and pattern sent-
ences) as cues produce sentences with the enclitic suffix {-(y)mış}. For example:

> Şimdi iki saat okumalıymış   Şimdi iki saat okumamalıymış.
>
> Her gün sekiz saat çalışmalıymış- Her gün sekiz saat çalışmamalıymışsın.
>
> sın. etc.

i) Using all the sentences of drill (g) as cue sentences, produce sentences
with the enclitic suffix {-(y)dı}. For example:

> Şimdi iki saat okumalıydı.
>
> etc.

j) Progressive Substitution Drill:

Cue	Pattern	
	Bunu size söylemeli mi?	Should he tell you this?
haberi	Haberi size söylemeli mi?	
bize	Haberi bize söylemeli mi?	
vermek	Haberi bize vermeli_ mi?	
(onlar)	Haberi bize vermeliler mi?	
kitap	Kitabı bize vermeliler mi?	
(size)	Kitabı size vermeliler mi?	
okumak	Kitabı size okumalılar mı?	
(biz)	Kitabı size okumalı mıyız?	
adres	Adresi size okumalı mıyız?	
şoför	Adresi şoföre okumalı mıyız?	
vermek	Adresi şoföre vermeli miyiz?	
(ben)	Adresi şoföre vermeli miyim?	
bunu	Bunu şoföre vermeli miyim?	
(size)	Bunu size vermeli miyim?	
söylemek	Bunu size söylemeli miyim?	
(o)	Bunu size söylemeli mi?	

k) Repeat Drill (j) above using the negative stem of the verbs. For example:

     Cue   Pattern

                  Bunu size söylememeli mi?

     haber   Haberi size söylememeli mi?

     etc.

l) Repeat Drills (j) and (k) above using the enclitic suffix {-(y)dı} following
the predicates. For example:

     Cue   Pattern 1 (j)   Pattern 2 (k)

               Bunu size söylemeli miydi?   Bunu size söylememeli miydi?

     haber   Haberi size söylemeli miydi?   Haberi size söylememeli miydi?

     etc.

m) Repeat Drills (j) and (k) above using the enclitic suffix {-(y)mış} following
the predicates. For example:

     Cue   Pattern 1 (j)   Pattern 2 (k)

               Bunu size söylemeli miymiş?   Bunu size söylememeli miymiş?

     haber   Haberi size söylemeli miymiş?   Haberi size söylememeli miymiş?

     etc.

n) Additional Drill Patterns (As required construct drills similar to (j), (k),
(l), (m) above,with the following sentences:

Bunu Adnana sormalı mı?

Mektubu elçi beye okumalı mısın?

Ev alacağımı anneme söylemeli miyim?

Akşam saat sekizde yemek yemeli miyiz?

Yarına kadar dersinizi öğrenmeli misiniz?

Size yardım etmeliler mi?

o) As necessary construct similar drills with the following sentences contain-
ing question words:

Ne zaman evde olmalı?

Neyi söylemelisin?

Kime, neyi sormalıyım?

Bunu kime göndermeliyim?

Ne zaman orada olmalıyız?

Saat kaçta istasyonda hazır olmalıyız?

Kime soracağınızı bilmeli misiniz?

Nereye telefon etmeliler?

Kimden sizin adresinizi sormalıyım?

30.8 Note: Time Telling

The telling of time in Turkish must be considered along two dimensions:

1. Whether the time of action is being announced (It's ten o'clock. It was three fifteen.) or a time is being set for an action before or after the main time of the sentence (We went <u>at four thirty</u>, we'll be ready at seven o'clock .

2. Whether the time being discussed is/was <u>before</u> or <u>after</u> the hour or half hour.

a) Announcing the Time:

Saat kaç?   'What time is it?'

Saat iki.   'It's two o'clock.'

Saat üç buçuk.   'It's half past three.'

(Saat) dokuzu on geçiyor.   'It's ten after nine.'

Saat yarım. *   'It's twelve thirty.'
                                        ('It's half [hour].')

(Saat) bir buçuğu beş geçiyor.   'It's one thirty-five.'
                                        ('It's five past one
                                        thirty.')

(Saat) sekizi çeyrek geçiyor.   'It's quarter past eight.'

(Saat) dörde beş var.   'It's five to four.'

(Saat) on buçuğa beş var.   'It's ten twenty-five.'
                                        ('It's five minutes to
                                        ten thirty.')

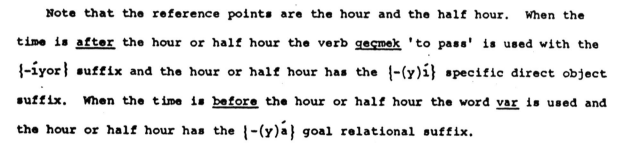

Note that the reference points are the hour and the half hour. When the time is <u>after</u> the hour or half hour the verb <u>geçmek</u> 'to pass' is used with the {-íyor} suffix and the hour or half hour has the {-(y)í} specific direct object suffix. When the time is <u>before</u> the hour or half hour the word <u>var</u> is used and the hour or half hour has the {-(y)á} goal relational suffix.

Generally the half hour point of reference is used only when the time is within ten minutes of that point.

On bir buçuğa sekiz var.   ('It's eight [minutes]
                                        to eleven thirty.')

---

*<u>Yarım</u> is a new word. It means 'half' when there is no whole number preceed-ing. For example contrast: <u>yarım saat</u> 'half an hour' with <u>bir buçuk saat</u> 'an hour and a half.' This word is derived from <u>yarmak</u> 'to split.' Note that 12:00 (noon or midnight) is considered the zero point for counting time, hence 12:30 is 'one half' i.e. <u>saat yarım</u>.

Beş buçuğu on geçiyor.   It's twenty to six.

or: Altıya yirmi var.

When the announced time is not the present time, the past enclitic {-(y)dı}

or the potential participle of the verb <u>olmak</u> are used:

Saat kaçtı?   'What time was it?'

Saat sekizdi.

Saat kaç olacak?   'What time will it be?'

Saat yedi olacak.   'It will be seven o'clock.'

Saat altı buçuktu.   'It was six thirty.'

Saat altı buçuk olacak.   'It will be six thirty.'

Saat üçe çeyrek vardí.'   'It was quarter to three.'

Saat üçe çeyrek olacak.   'It will be quarter to
                                     three.'

Saat onu çeyrek geçiyordu.   'It was quarter past ten.'

The construction with <u>olacak</u> is not normally used for future prediction of

specific times like 10:15 since it is all in the future anyway. Normally a

construction like <u>Saat onu geçmis olacak</u> 'It will be after ten.' is sufficient

to predict that it will be <u>past</u> ten.

Saat sekiz buçuğa beş vardı.   'It was 8:25.'

b)   Setting a Time:

Ne zaman gelecekler/geldiler?   'When will/did they come?'

(Saat) ikide gelecekler/   'They will come/came at
    geldiler.   two o'clock.'

(Saat) yarım da gelecekler/   'They will come/came at
    geldiler.   twelve thirty.'

Saat biri çeyrek geçe gelecekler/ 'They will come/came at
    geldiler.   one fifteen.'

Saat dördü yirmi geçe gelecekler/ 'They will come/came
    geldiler.   at four twenty.'

or: Saat dört buçuğa on kala   'They will come/came
    gelecekler/geldiler.   at ten [minutes] to
                                     four thirty.')

Saat bire on beş kala gelecekler/ 'They will come/came at
    geldiler.   a quarter to one.

Saat bire yirmi kala gelecekler/   'They will come/came
    geldiler.   at twenty to one.'

or: Saat yarımı on geçe gelecekler/ ('They will come/came at
    geldiler.   ten past twelve thirty.')

Note that in setting a time at the hour or half hour, the point of time is
suffixed with the locative relational suffix {-dá}.

363

In setting a time <u>after</u> the hour or half hour the form <u>geçe</u> 'passing' is used and the point of time has the {-(y)i} specific direct object suffix.

In setting a time <u>before</u> the hour or half hour the verb <u>kalmak</u> 'to remain' occurs in the form <u>kala</u> and the point of time has the {-(y)a} goal relational suffix.

The following chart summarizes time telling:

	At the point	Before the point	After the point.
Announcing the time.	Saat beş. 'It's five o'clock.'	Saat beşe çeyrek var. 'It's quarter to five.'	Saat beşi on geçiyor. 'It's ten after five.'
	Saat altı buçuktu. 'It was six thirty.'	Saat altı buçuğa yedi vardı. ('It was seven [minutes] to six thirty.')	Saat altı buçuğu üç geçiyordu. (It was three [minutes] past six thirty.'
Setting a time.	Saat dörtte. 'At four o'clock.'	Saat dörde altı kala. 'At six to four.'	Saat dördü on sekiz geçe. 'At four eighteen.'
	Saat yarımda. 'At twelve thirty.'	Saat yarıma beş kala. ('At five [minutes] to twelve thirty.')	Saat yarımı bir geçe. ('At one [minute] past twelve thirty.')

Turks make frequent use of the 24 - hour system, especially in formal invitations. Thus a party may be announced for 'Saat yirmi' (8 P.M.) or 'Saat on altı buçuk' (4:30 P.M.). The Turkish military, like the U. S., uses this system exclusively.

In time-tables, radio and movie schedules and the like the 24 hour system is used and the times are announced simply by reading the digits in groups for hour and minutes. For example the plane from Diyarbakır to Van leaves the former city at '1510', read 'on beş, on.' In schedules published in Turkey the hour and minutes are often separated by a period: 15.10. When setting a time by such a schedule the locative relational suffix is added to the time: Uçak on beş onda kalkar.

30.9 Drills on Time Telling.

a) Using a clock face with moveable hands or a blackboard, display various times and make sentences about them in answer to the following questions:

1. Saat kaç?

2. Saat kaçtı?

3. Tren saat kaçta geldi?

4. Saat kaçta gelecekler?

b) From the following time table describe various trips around Turkey in terms of the departure and arrival times of planes. Use the numbers as printed on the table. Then repeat, translating the numbers into the common way of telling time: i.e. for 1510 say 'öğleden sonra saat üçü on geçe.'

c) Continue to use time telling daily in class and outside by announcing and discussing all class breaks, schedule changes, special appointments, etc. in Turkish.

(5030) TURKEY

5030

5030

ISTANBUL–IZMIR–ANKARA–ADANA–VAN

TK – Turkish Airlines — VC – Vickers Viscount; F7 – Fokker Friendship; D3 – Douglas DC-3

Bus provided. (44 lbs.)
Bg. T 20 kg. 15 kg. (33 lbs.)

ISTANBUL, Yesilköy
Bandirma
Bursa
IZMIR
Afyon
Balikesir
Bursa
Antalya
Samsun
ANKARA, Esenboga

RETURN

ANKARA, Esenboga
Samsun
Antalya
Bursa
Balikesir
Afyon
IZMIR
Bandirma
ISTANBUL, Yesilköy

Bus provided.
Bg. T 20 kg. (44 lbs.)
15 kg. (33 lbs.)

Lv ANKARA, Esenboga
ADANA
Lv ADANA
Ar Gaziantep
Lv Gaziantep
Ar Urfa
Lv Urfa
Ar Samsun
Lv Samsun
Ar Afyon
Lv IZMIR
Ar Kayseri
Lv Kayseri
Ar Sivas
Lv Sivas
Ar Malatya
Lv Malatya
Ar Trabzon
Ar Elazig
Ar Diyarbakir
Ar Erzincan
Lv Erzincan
Ar Erzurum
Ar VAN

GLOSSARY

abla	older sister	30
acaba	[I] wonder	6
acele	hurry, rush; quick, hasty	19
acelé acele	in a hurry	19
acele etmek	to hurry	25
açmak	to open	7
açabilmek	to be able to open	7
ad /at/	name	4
adam	man	20
Adnan	personal name	29
adres	address	13
af	pardon	5
áffetmek	to forgive	5
ağa	aga (a title of respect)	28
ağábey	elder brother	28
ağır	heavy; serious; slow	19
Ahmet	personal name	8
aile	family	29
akşam	evening	2
Ali	personal name	16
Allah	God	3
Allahaısmarladık	goodbye	3
almak	to get, buy, receive	8
almánca	German (language)	20.1
altı	six	3
altmış	sixty	5
áma	but	8

Ameríka	America	13
Amerikalı	(an) American	13
Amerikán	American (N)	11
Ánkara	Ankara	5
Ankara Palás	hotel name	5
anlamak	to understand	7
ánne	mother	27
Ar	proper name of theater	28
aramak	to look for, to search	22
arkadaş	friend	17
asker	soldier	15
Atatürk	personal name	26
ay	moon, month	29
aydán aya	monthly, month to month	29
aydın	bright	1
aynı/ayni	the same	30
ayrı	other, apart, separated isolated	29
áyrıca	separately, in addition, besides	29
az	little (amount), few	8
bíraz	a little, a bit	8
baba	father	19
bakmak	to look at	18
bakalım	how about	18
bakan	one who looks after	24
bárı	how about, why not, at least, might as well	20
baş	head, top	5
başınız sağ olsun	expression of condolence	30

başlamak	to begin	4
başka	(an) other, different	24
bekçi	watchman	24
beklemek	to await; to expect; wait for	14
bekleme solonu	waiting room	22
belki	perhaps, possibly	11
ben	I	1
benzin	gasoline	8
benzinci	gasoline seller, gas station	8
beraber	together	25
beri	since, this side [of]	24
beş	five	3
bey	Mr. (title)	8
beyefendi	sir	18
beyaz	white	13
bilmek	to know	12
bıldırmek	to inform	21
bin	thousand	6.6
bina	building	6
bir	one, a/an	3
bir çok	a lot of, many	17
biri/birisi	someone, somebody, one	21
bitmek	to end, to finish	10
bırakmak	to leave, drop off, allow	10
borç	debt	13
böyle	thus, like this	21
bu	this	6
bura	here	6

búrada	(at) here	8
buçuk	and a half	28
bulmak	to find	2
bulvar	boulevard	26
buyurmak	to do [one] the honor	2
Bülent	personal name	18
büyük	big, adult, grown up	6
büyúkanne	grandmother	30
cadde	avenue	26
can	soul, heart	30
canım	my dear	
cevap	answer	30.2
çağırmak	to call, to send for, to invite	12
çalışmak	to work, to study, to work on	10
çay	tea	16
çekmek	to pull, etc.	20.4
çeyrek	quarter	30.8
çıkmak	to come out, to come up, to go out, to go up	21
çocuk	child	21
çok	very	9
çünkü	because	26
daire	office, circle	22
daha	more	26
dakika/dakka	minute	8
defa	time, occasion	27
bír defa	once	27
değil	not equivalent, [is not]	8

demek	to say	4
démin	just now, a moment ago	19
dérhal	at once, immediately	19
ders	lesson	4
diplomat	diplomat	15
dinlenmek	to rest	17
diye see demek	saying	30.2
doğru (A)	straight, correct	5
doğrusu	truly	5
(B)	toward	22
doktor	physician	30
doksan	ninety	6.6.
dokuz	nine	3
dolmak	to fill up (of itself)	11
dolmuş	jitney, share cab	11
doldurmak	to fill (something)	9
dost	friend, companion	30
dönmek	to turn, return	6
dört	four	3
durmak	to stop; to stay; to stand	15
duymak	to hear; to feel, to sense	19
dün	yesterday	19
düşünmek	to think, to think of	20
ee	well....., so....	20
eféndi	(title usually accorded servant or menial)	24
efendim	'my master', sir, madame	1
eğer	if	28.4
eksik	deficient	30
eksík olmak	to be deficient	30

elçi	ambassador	11
elçilik	embassy	11
elli	fifty	6.6
en	most	27.5
épey	quite a lot	29.2
épeydir	it's a long time	29
erken	early	26
eski	old, ancient	19
eskiden	formerly	19
estağfurullah	don't mention it	5
eş	mate, peer, husband, wife	21
etmek	to do, perform	1
ev	house	26
evlenmek	to get married	30
evli	married	30
evet	yes	30
evlât	daughter or son child	27
evvel	ago, before	17
évvelâ	first of all, at first	17
eylemek	= etmek (formulae)	30
fákat	but	14
fırsat	opportunity	25
filim/film	film, movie	28
Fransízca	French (language)	20.1
gangister	gangster	28
gáyet	extremely	16
gece	night	3
gecelik	nightgown	24.3

gecikmek	to be late, delayed	14
geçmek	to pass	16
geç	late	22
geçen	past	24
gelmek	to come	2
genç	young, youth	30
getirmek	to bring	24.5
gezmek	to go about, to stroll, to sightsee	29
né gezer!	not likely! fat chance!	29
girmek	to enter	24.1
gitmek	to go	6
göndermek	to send	12
görmek	to see	9
göre	according to	13
görünmek	to appear, to seem	30
görüşmek	to discuss; talk, see one another	9
götürmek	to lead, conduct, take	12
gülmek	to laugh	3
gülé güle	goodbye	3
gün	day	1
güzel	beautiful, lovely, fine	29
haber	news, information	14
habér vermek	to inform	14
hafta	week	24
hal	state, condition	12
hérhalde	probably, in any case; I think	12
hálâ	still	30

hámdolsun	Thank goodness	18
hángi	which?	5
hanım	lady	27
hanímefendi	honored lady, madame	27
hareket	movement, behavior, departure	19
hariciyeci	foreign service office, diploma, diplomat	15
Hasan	personal name	20
hasta	sick; patient	19
hastá olmak	to get sick	30
hava	air, weather	24.1(
hatır	sake, well being, feeling	20
háy hay	all right	13
háyır	no	7
hémen	just, right	26
hep	all,always	24
her	every	8
hiç	not at all, never, ever	17
hoş	pleasant	2
hoşcá kalın	'stay happy', so long, bye-bye	25
ısıtmak	to heat	29
ısmarlamak	to order, place an order	3
iadé etmek	to return, give back	26
iç	inside	24
içeri	interior, inner	14
içerde	inside	14
için	for, on account of	19
içmek	to drink	16
(sıgára) içmek	to smoke	23

ihtiyaç	need	11
iki	two, 2	3
ile/ {-(y)la}	with, by (means of), and	17
ilk	first	6
İngiliz	English (people)	10
Ingilizce	English (language)	10
İngiltere	England	10
inşallah	God willing	15
isim (ism-)	name	4
İspanyólca	Spanish (language)	20.1
İstánbul/ Istanbul	place name	18.5
istasyon	station	19
istemek	to want, to ask for	11
işitmek	to hear	19
işte	here's, there's	18
iyi	good, well	1
iyilik	goodness	18
izin	leave, permission	24
izinli	on leave	24
İzmir	place name	18.5
kaç	how many	5
kadar	amount	7
Kadíköy	place name	18.5
kâfi	enough	13
kâğıt	paper	21.1
kahvaltı	breakfast	16
kahvaltí etmek	to breakfast	16
kahve	coffee; coffee house	16
kalmak	to remain	17

kalem	pencil, pen	7
kalkmak	to arise; to depart	15
kalorifer	radiator, central heat	29
kapamak	to close	7
kapı	door	.
kapıcı	doorman	14
kardeş	sibling	30
karı	wife	21
karışık	confused, mixed, complicated	24
karşı	opposite, facing, across	21
karşılamak	to confront, to meet, to welcome	21
kâtip	clerk	11
keskin	sharp, (also personal name)	28
kéşke	if only, would that ----	30
kırk	forty	6.6
kıymet	value, worth	20
kıymetli	valuable, worthy	20
kız	girl	30
kíz kardeş	sister	30
kibrit	match	23
kim	who	14
kira	rent	29
kirayla oturmak	to rent, to live in a rented place	29
kitap	book	7
koca	husband	21
kók kömürü	coke	29
kokteyl	cocktail party, cocktail	18.1
kolay	easy	24.6

koltuk	armchair	27
konsolos	consul	11
konsolosluk	consulate	11
konsoloshane	consulate	11
kontrat	lease, contract	29
konuşmak	to speak	10
kömür	charcoal, coal	29
köşe	corner	5
kóvboy	cowboy	28
kurtarmak	to save, to rescue	30
kusur	shortcoming, defect	24
kuşet	couchette	17
kutlamak	to celebrate	27
küçük	small	24
kütüphane	library	26
lâzım	necessary	25
lira	lira	5
litre	liter	9
lokánta	restaurant	5.1
lütfen	please	4
mani	hindrance	25
mani olmak	to hinder	25
mása	table	10
maşallah	God be praised	29
mektup	letter	22
memnun	pleased, glad, happy	9
memnún olmak ⎫ memnún kalmak ⎬	to be pleased	17
memnuniyet	satisfaction, pleasure	15

merak	concern, anxiety, curiosity	13
merák etmek	to be concerned, curious	13
merdiven	stairs, ladder	13
mérhaba	hello!	2
mersi	thanks	13
meslek	profession	15
meşgûl	busy	18
Mete	personal name	29
milyar	billion	6.6
milyon	million	6.6
muhakkak	for sure	20.4
mutlu	fortunate, lucky	4
müsaade	permission	15
müsaadé etmek	to permit	23
müşerref	honored	18
násıl	how?	1
ne	what?	4
neden	why? from what cause	21.4
né gezer!	not likely! fat chance	29
né olacak /nólucak/	what will come of it	23
nérede	(at) where?	5
néredeyse	almost, about to ----	28
niçin	why? for what?	19
niye	why? to what end?	21.4
Nejat	personal name	19
o	he, she, it, that	7
oda	room	24
odacı	janitor	24

odun	firewood	29
okumak	to read	10
olmak	be, become	9
on	ten	3
oo	oh!	2
óra-	there	8
Orhan	personal name	26
orta	middle, medium	5
otel	hotel	5
otuz	thirty	6.6
oturmak	to sit down, to reside	15
oynamak	to play	28
öğle	noon	29.6
öğrenmek	to learn	10
ölmek	to die	30
ön	front	11
öyle	thus	18
pahalı	expensive	5
para	money	16.5
párdon	excuse (me)	4
pek	very	4
péki, pékiyi	OK, very good	4
peşin	in advance; former, first; ready (money)	29
posta	mail	6
postahane, postane	postoffice	6
rahat	comfort, comfortable	3
rahatlık	comfort	3

rahatsız	ill, uncomfortable	18
rahatsız etmek	to disturb	18
rahmet	mercy, God's compassion; rain	30
rakam	figure, number	6.6
randevu	appointment	14
rica	request	23
rica etmek	to request	23
saat	watch, clock, meter; hour	13
sabah	morning	16
sabahleyin	in the morning	16
sabahlık	housecoat	24.3
sağ	right (hand)	5
sağ	alive; living	18
sağlık	health, well being	18
sahi	really	30
sahife (see sayfa)		
salon	lounge, salon	22
bekleme salonu	waiting room	22
satın almak	to buy	29
sayfa	page	29
seans	showing, performance	28
sefaret/sefarethane	embassy	11
sefir	ambassador	11
sekiz	eight	3
seksen	eighty	6.6
selâm	greeting	18
selâm vermek	to greet, to salute	19
sene	year	30

sevmek	to like, to love	23
seyahat	trip	16
sıra	turn, order, row, pupil's desk	4
sigára	cigarette	23
simit	pretzel like roll	16
sinéma	movies	28
Sívas	place name	18.5
siz	your (plural), you (sg. polite)	1
sol	left	6
son	end, the last	17
sónra	after, afterward, at last	17
sormak	to ask	20
soy	family, race (ancestors)	4
sóyadı	family name	4
söylemek	to say, to tell	19
söz	word	25
söz vermek	to give ones word	25
sürmek	to spread, to take [time]; to last; to drive	8
şaşmak	to be amazed, bewildered; to go astray	30
şeker	sugar	23
şeref	honor	29
şey	thing	11
şímdi	now	7
şímdilik	the time being	7
şoför	driver	13
şöyle	thus, in that fashion	27

şu	that (there)	13
şúracık	a little way off, just there	26
tábi	of course	8
tabii	natural, naturally	8
tabla	tray	23
sigára tablası	ash tray	23
takdim	introduction	17
takdim etmek	to introduce	17
táksi	taxi	11
táksimetre	taxi meter	18.6
tam	complete, exact	9
tanımak	to know; to recognize	15
tanışmak	to get acquainted	15
tanıştırmak	to introduce	15
taraf	side	5
tarif	description	8
tarif etmek	to describe	8
taşımak	to move, to carry	29
taşınmak	to move, to change residence	29
taze	fresh	16
tehir	delay	22
tehirli	delayed	22
tekrar	(a) repetition	4
tekrarlamak	to repeat	7
telefon	telephone	12
telefón etmek	to phone	12
telgraf	telegram	19
telgráf çekmek	to telegraph	20.4

temiz	clean	23
temizlemek	to clean	23
teneffüs	break, recess, breathing	10
tercüme	translation	4
tesadüf	coincidence, chance	26
tesadüf etmek	to chance upon	26
teşekkür	(a) thanking	1
tevekkeli değil	[it is] not surprising	19
tip	type	28
ton	ton	29
tren	train	21
tuhaf	strange, peculiar	20
tutmak	to hold, to catch, to amount to, to hire, to rent	12
Türk	Turk, Turkish	10
Türkçe	Turkish (language), as a Turk	10
ucuz	inexpensive	5
uğramak	to call, to drop in, to stop at	26
umum	public, general (noun)	8
umumî	general, public (adjective)	8
umumiyétle	generally, ordinarily	8
uyku	sleep	24.1
uyumak	to sleep	24
uzak	far	8
uzun	long	24
üç	three	3
üzmek	to disturb, to worry	20
üzülmek	to be concerned, to be worried	20
vagon	car	16

vagon restoran	dining car	16
vallahi	really, truly	18
var	existent (there is)	6
varlık	existence, wealth	24.3
ve	and	13
vermek	to give	3
ya!	Oh? So?	22
yabancı	stranger, foreigner	23
yakın	near, close	26
yalnız	only, just, except that	16
yani	that is, that means, I mean, that is to say	30
yapmak	to make; to do	10
yardım	help, aid	11
yardım etmek	to help	11
yarım	half	30.8
yarın	tomorrow	9
yaş	year of age	30
yaşamak	to live	30.2
yaş	wet damp, green, fresh	30.2
yatak	bed	17
yataklı	sleeping car	
yavru	offspring	27
yazmak	to write	22
yazı	a writing	22
yazıhane	office, study	22
yazık	to bad! a pity	20
yemek	to eat	16
yedi	seven	3

yer	place, space, ground floor	22
yetmek	to suffice	
yetmiş	seventy	6.6
yıl	year	27
yılbaşı	new years	27
yirmi	twenty	6.6
yok	non-existent, there isn't	12
yol	road, way	8
yorgun	tired	17
yürümek	to walk	26
yüz	hundred; face	6.6
yüzbaşı	captain	15
zahmet	trouble	12
zaman	time	8
zan	supposition, opinion	22
zannetmek	to think, to suppose	22
zarar	harm, loss	23
zararı yok	it's OK, No matter	23
zaten	anyway	8
zevce	wife	21
zevç	husband	21
Zeynep	personal name	28
zor	difficult	25.3

Final Copy Typed by Betty Painter

Printed in the United States
88573LV00005B/7/A